〈ひと〉から問うジェンダーの世界史 第3巻

「世界」をどう問うか？

—地域・紛争・科学

井野瀬久美惠

粟屋利江

長志珠絵

編

大阪大学出版会

はしがき──『〈ひと〉から問うジェンダーの世界史』（3巻本）の企画趣旨

◆なぜ、「〈ひと〉から問うジェンダーの世界史」か？　2014～15年、わたしたち比較ジェンダー史研究会のメンバーは、ジェンダー視点から高校世界史と高校日本史の記述を書き換えるという意欲をもって、『歴史を読み替える』（2巻本）を上梓した。『〈ひと〉から問うジェンダーの世界史』（3巻本）は、その後継である。しかし、本書は、『歴史を読み替える』を上回る特徴を持つ。それは、三つの問いを立て、それらの問いを各巻のタイトルと構成にはっきりと反映させたことである。「ひと」に女性が含まれない歴史は「歴史」とは言えない──これがわたしたちの原点である。

　章構成にあたっては、アジア・アフリカ・イスラーム圏などを重視し、欧米中心にならないように配慮した。テーマごとに最もふさわしい事例や日本的「世界史」の常識を覆すような事例を選んだため、時代・地域に必ずしも統一性はない。しかし、できるだけ比較ジェンダー史として有益な章・節・項・コラムになるよう工夫をこらした。比較ジェンダー史研究会WEBサイトとの連携もはかっている。読者のみなさんが本書を気軽に手に取って「なぜ？」と身の回りを振り返り、本書が「あたりまえ」を問い直すきっかけとなってくれることを心から願っている。

◆第1巻『「ひと」とはだれか？──身体・セクシュアリティ・暴力』　第1巻『「ひと」とはだれか？』は、本企画全体の「問い」の方向性を明確に示した。すなわち、国家や社会からではなく、「ひと」から問うというスタンスを示したのである。そもそも「ひと」は、年齢・身体的特徴・性自認・性的指向など多様な属性をもつ。しかし、しばしば国家や共同体により男女いずれかの性別を出生時に割り当てられ、それに応じた役割やふるまいを期待される。そのような役割期待は、特定の「ひと」の暴力を正当化し、別の「ひと」の尊厳を著しく損なう。男女二分法は多様な性の在り方を否定し、社会規範に「ひと」を飼い馴らす手立てとして機能する。このような「ひと」の定義の根幹にかかわるのがジェンダーであるとの認識に立ち、身体、生殖、セクシュアリティ、身体表現、性暴力を取り上げた。

◆第2巻『「社会」はどう作られるか？──家族・制度・文化』　第2巻『「社会」はどう作られるか？』は、「ひと」が相互に紡ぎあう親密関係や生活共同体を問う。家族や親族などは、近代歴史学では「私的領域」として不可視化されてきた。家族の捉え方は社会によって異なることはよく知られるが、本書では家族の在り方が社会の在り方を規定するとの認識から「家族から社会そして国家へ」というベクトルで問

いを立てた。公私分離や男女隔離などの区別が社会的ヒエラルキーをどう構築するのかを問い、王権の男性性を問い直し、文化や芸術において女性が主体や客体になった歴史的文脈を明らかにする。これらの問いのいずれもが日常生活の中のジェンダーバイアスを可視化し、政治や体制の本質を暴き、矛盾を喝破する。こうした立場から、家・家族、社会的ヒエラルキー、政治体制、労働・教育・文化を取り上げた。

◆第3巻『「世界」をどう問うか？──地域・紛争・科学』 第3巻『「世界」をどう問うか？』は、ジェンダー視点からグローバルな問題を問う。第1巻、第2巻のテーマが近年のジェンダー史の重要トピックであるのに対して、第3巻で取り上げるテーマはいずれも非常に新しい。「世界」も「地域」も作られるのであって、歴史的に変化する。そのような「世界」の再定義にはしばしば戦争や植民地支配が利用されるが、わたしたちが共有すべきは抵抗の歴史である。戦争も開発も地球環境を破壊する。男性中心の科学もまたしばしばそれに加担してきた。21世紀の世界的危機の中では、ジェンダー平等社会の実現こそが持続可能な未来を拓く。この信念に立ち、地域、世界の再創造、戦争と暴力への抵抗、地球環境、科学を取り上げ、ジェンダー視点からそれらを読み替える。

◆出版にあたって 本書は、科学研究費基盤研究（B）「『アジア・ジェンダー史』の構築と『歴史総合』教材の開発」（2020〜22年度）の成果である。本書の出版を引き受けてくださった大阪大学出版会には深く感謝申し上げる。特に編集担当者である川上展代さんは非常に丁寧に本書を見てくださり、総勢130名以上にのぼる執筆者からなる本をまとめ上げてくださった。また、本科研費研究の補助を務める安宅亮子さんは、原稿のとりまとめ、書式統一、編集の進捗状況のチェックなど実にこまごまとした業務を的確にやり遂げてくださった。お二人の女性のご尽力がなければ、本書は完成できなかったと言っても過言ではない。心からの感謝を述べたい。

2023年6月

編者一同

第1巻　三成美保・小浜正子・鈴木則子

第2巻　姫岡とし子・久留島典子・小野仁美

第3巻　井野瀬久美惠・粟屋利江・長志珠絵

『〈ひと〉から問うジェンダーの世界史』のご利用にあたって（お願い）

本書は以下の原則に従って執筆されています。ご利用にあたってご参照ください。

(1)全体の構成

① 全体構成

1）本書は全3巻構成です。各巻とも全4〜5章で、「節・項」と「コラム」からなります。「節」は複数の「項」からなり、「項」は見開き2〜6頁、「コラム」は2段組1〜2頁としています。

2）「項」には、巻・章・節ごとに①・②などの番号を振っています。

3）「コラム」には、各巻で通し番号を振っています。

② 総論と概論

1）各巻の冒頭には、それぞれの巻の全体に関わる「総論」（6頁）を設けています。この「総論」では、各巻の全体に関わる事項や概念、歴史的背景などについて記述しています。

2）各章の冒頭には、それぞれの章の全体に関わる「概論」（4頁）を設けています。この「概論」では、各章の全体に関わる事項や概念、歴史的背景などについて記述しています。

③ 巻末資料

1）巻末資料として、「参考文献」「人名索引」「事項索引」をつけました。

2）「参考文献」は、「Ⅰ．基本文献」（史料集・事典・叢書・講座・入門書など）と「Ⅱ．各項の参考文献」（各項で挙げられた文献の一覧）からなります。いずれも著者・編者の50音順で記載しています。

3）「人名索引」では、本文で取り上げた重要な人名について取り上げています。「事項索引」は地名・用語などのうち重要なものを取り上げました。

(2)記述方法について

① 項・コラム

1）各項あるいはコラムの末尾に、執筆者名を記しています。

2）各項あるいはコラムの末尾には、2〜3の参考文献を挙げています。参考文献は、日本語文献を優先しました。スペースの関係上、参考文献を略記（著者の姓、出版年、タイトル）している場合がありますので、適宜「参考文献」をご参照ください。

3）本文の記述のなかで、用語説明など他の項・コラムを参照していただくほうがよい場合等には（☞〇〇）として指示しています。

4）項タイトルの下部には、『〈ひと〉から問うジェンダーの世界史』の関連個所、『歴史を読み替える』の関連個所を番号で示しています。

5）「項」の本文に❶・❷などの数字をつけている場合には、末尾に注があります。注では、史料・資料、解説などが記述されています。

② 国名・地名・人名

国名・地名・人名については高校世界史教科書の表記に倣いましたが、研究成果や執筆者の判断を尊重して、新しい表記を使っている場合もあります。

(3)比較ジェンダー史研究会WEBサイトと『歴史を読み替える』2巻本

① 比較ジェンダー史研究会では、本書の補遺記事を掲載し、随時更新しています。ぜひご利用ください。

【WEBサイトのURL】https://ch-gender.jp/wp/

② QRコード

1）各章の扉に、QRコードをつけています。関連記事をWEBサイトに掲載していますので、ご利用ください。

2）一部の項には、編者の判断でタイトル右横にQRコードを付け、比較ジェンダー史研究会WEBサイトの関連ページを示している場合があります。

③ 『歴史を読み替える』2巻本

この3巻本は、下記2点の書物の発展版です。あわせてご利用下さい。

三成美保・姫岡とし子・小浜正子編 (2014)『歴史を読み替える―ジェンダーから見た世界史』大月書店
久留島典子・長野ひろ子・長志珠絵編 (2015)『歴史を読み替える―ジェンダーから見た日本史』大月書店

(4)凡例(項タイトル)

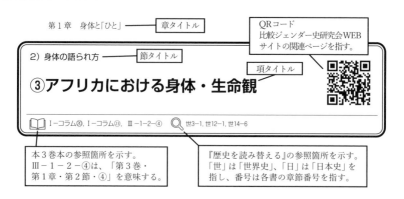

目　次

第３章　戦争と暴力に抵抗する

総論—現代的諸課題の根幹を探る

1．第3巻（本巻）の意義と目的

◆本巻の目的　『〈ひと〉から問うジェンダーの世界史』（全3巻）の第3巻となる本巻のメインテーマは、『「世界」をどう問うか？』である。「　」付きの「世界」とは何か、それはどこかという問いかけ自体が、改めて私たちに各々の立ち位置を考えさせるだろう。今私はどこにいるのか。ここから私が見ている「世界」は、他の人たちが別の場所から見ている（であろう）「世界」と同じだろうか。「世界」を問い、「世界を問う私」を問う——この双方向性のなかに身を置くとき、私たちは、「世界」が決して自明のものではないことを再認識させられる。だとしたら「世界」の歴史、「世界史」とは何だろうと、西洋中心、成人男性中心に描かれてきた従来の「世界史」を見直さざるをえなくなる。これが本巻の第一の目的であり、それを、時間軸と空間軸とを交差させ、比較と関係性を考えるジェンダー史の視点で考察していく。

　本巻のもう一つの目的は、現代的諸課題と向き合うことである。2015年9月の国連サミットにて全会一致で採択された「持続可能な開発目標（SDGs）」を引き合いに出すまでもなく、私たちは今、地球規模で考え、協力して取り組まねばならない問題を数多く抱えている。新型コロナウィルス・パンデミックを経験し、ロシア・ウクライナ戦争やイスラエルのガザ侵攻といった20世紀の分断を引きずりながら、私たちは、ビッグデータやIoT、生成AIといったデジタル技術が人間の諸関係を左右する21世紀を生きている。そのなかで、諸課題の解決に向かう端緒を開くためには、適切な問いを発し、その問いを根拠（史料/資料）に基づいて多角的・多層的に掘り下げていかなければならない。

　本巻では、シリーズ全体を貫くジェンダー史の視点から現代世界に斬り込み、その「現代性」の本質を熟考する。換言すれば、それは、20世紀という時代をジェンダー史の視点で「歴史化」し、「相対化」する作業にほかならない。

　◆本巻の構成　本巻は上記二つの目的を、以下、五つの章で考えていく。

　第1章では、私たちが知る「世界」がどのように創られ、語られてきたのかを、「世界」を構成する「地域」との関係性で考察する。「地域」が創られる過程にも、

当時の人々が「世界」をどのように捉えていたのかという自己・他者認識が重要な意味を持つ。「地域」の特性とその喪失、さらにはその再創造を、各々の時代の「世界」との関係で問う第1章は、続く2，3章への問題提起ともなっている。

第2章では、「世界」と「地域」の関係性が創られ、創り直されていく大きな契機となった植民地化と脱植民地化をジェンダー視点で検証する。植民地主義は政治や経済、産業や労働などに影響を与えるが、その影響は誰の人生にも同じ形で現れるわけではない。同じ女性でも、階級、人種、民族といった別のカテゴリーと交差すれば、独特の状況——差別や抑圧、偏見が生じ、女性同士の連帯を難しくする。独立運動において、そして独立後も植民地主義の影響を脱することのできないポストコロニアル状況のなかで、ジェンダーとの交差性には積み残された問題が顔をのぞかせる。そこに絡まるのが、20世紀末の技術革新で急速に進展したグローバル化の問題であり、第3章ではその諸相が議論される。ひとの移動とそれに伴う運動や思想、とくにフェミニズムの変化、戦争や紛争といった数々の暴力に抗う人々の連帯と異議申し立ての多様性が、各地域の具体的な出来事とともに解剖される。

第4章と第5章では、SDGsで可視化された地球規模の課題と直接的に関わるテーマや論点が俎上にあげられる。第4章では地球環境の変化——気候変動や環境破壊、災害、原子力や廃棄物の問題、疫病などがテーマである。第5章では、近代科学そのものに埋め込まれた男性性とそのゆくえを再考する。この二つの章はいずれも、現代の時空間で考えられがちな問題に「歴史的文脈を与える」という重要な役割を担っており、本巻のオリジナリティもここにある。

2．本巻の特徴——地域・紛争・科学というキーワード

◆地域・紛争・科学　20世紀という時代の「歴史化」と「相対化」が本巻の一つの目的であることはすでに述べた。読者のなかには、高校の「世界史」の授業では「二つの世界大戦にもたどり着けなかった」という人も少なくないだろう。古代から始まる世界史の授業において20世紀は「新しい時代」であるのだが、その一方で、私たちが生きる「今」は、ゆっくりと20世紀から遠ざかりつつある。ゆえに、21世紀を考える試行錯誤のプロセスに、20世紀の「歴史化」は位置する。本巻の特徴は、この試行錯誤を副題に掲げた三つのキーワードで追究しながら、20世紀を網羅的に捉え、その延長線上にある現代世界の理解につなげていくことにある。以下、三つのキーワードについてもう少し説明を加えておきたい。

◆「地域」から「世界」「世界史」を問い直す　自分が身を置く「地域」を意識したう

えで「世界」を問う。このこと自体、地域も世界も自明で静的なものではなく、時空間のなかで絶えず変化する動的なものという認識のうえに成り立っている。そこから見える「世界史」とは何だろうか。

辞書を引くと、「世界史」の説明には「世界全体を総合的に捉えた人類の歴史」（大辞泉）とあるが、それは世界全体を誰が捉えるかによって、その中身も、それがどう「総合的」なのかも、違ってくる。教科書の多くは、19世紀の西欧諸国で生まれた「近代歴史学」をベースとする時代区分（古代、中世、近代）に従っているが、それは19世紀末、「進んだ欧米諸国」の経験を教えるために来日したお雇い外国人たちによって、明治日本の帝国大学に接合された。お雇い外国人にとっての「世界」とは、欧米諸国から見える風景にほかならない。この「西洋史」の枠組みに収まらない過去を回収したのが、「国史（日本史）」であり「東洋史」であった。これら三つを足せば「世界史」となる……かのような認識は、今なお根強いのではないか。歴史叙述における西洋中心主義はすでにさまざまに批判されているが、ほぼ全員男性だった当時のアカデミズムに欠落していたジェンダーという比較の視点は、「世界」と「世界史」を見直す重要な鍵である。

ここに、第二次世界大戦後の民主化に基づく教育改革で生まれた「日本史」「世界史」という２本柱を見直して立ち上げられた新科目「歴史総合」（2022年度から施行）を重ねてみよう。日本のなかの世界、世界のなかの日本はもはや二項対立で考えるものではない。ましてや、欧米流の「国民国家」をモデルに、地域を国家に、地域で暮らす人々を「国民」という言葉に回収することには無理がある。ジェンダー史は、このことにずっと異議申し立てをしてきた。

◆**単数形ではなく、複数形で思考する**　従来の歴史叙述の西洋中心主義を欧米諸国に痛感させたのは、冷戦体制崩壊後の1990年代、ヨーロッパ連合（EU）の東への拡大による人、モノ、情報や文化の交流であった。歴史教科書の共同執筆などの対話を通じて、東欧諸国の経験が西欧諸国のそれと大きく違っていたことが意識されるとともに、20世紀後半以降に活発化したグローバルな人間の移動と相まって、「ヨーロッパの過去があてはまらない人々」をどう語るかにも強い関心が向けられるようになった。

その一つの試みを、イギリスの歴史研究者、ルーシー・デラップの『フェミニズムズ——グローバル・ヒストリー』（邦訳は明石書店、2023年）に認めることができる。従来、思想であり運動でもあるフェミニズムは、欧米諸国、わけてもイギリス、アメリカの中産階級の白人女性を中心に生まれ育まれ、世界各地に広がっていったと語られてきた。いわばこの「大文字・単数のFeminism」を、デラップは明確に否

定する。そして、フェミニズムのルーツは世界各地にあるとして、「小文字で複数の feminisms」を主張するのである。

フェミニズムは、いつも同じ顔をしているわけではない。重要なのは、フェミニズムが議論される文脈、なのである。それらに共通しているのは、それぞれが生きた時空間において、女性たちが（ときに男性たちも）、資本主義や帝国主義、植民地主義や人種主義、グローバリズムなどが創り出す時代的文脈と、自分のジェンダーを結び合わせる「主体」であったことだ。

◆**日常と非日常の間を考える**　21世紀の今、気候変動が地球全体に危機的状況を創り出していることは広く認識されつつある。「気候変動に関する政府間パネル（IPCC）」（1988年設立）の評価報告書の内容は年々厳しくなり、第6次報告書（2023年3月）には「科学的見地から気候変動が生じていることに議論の余地はない」と明記された。その影響は千差万別で、ある地域に長期にわたる干ばつや砂漠化を引き起こす一方で、別の地域には集中豪雨や洪水の形で多大な被害をもたらす。森林火災の程度も頻度も悪化するばかり。もはや災害は「非日常」とはいえない状況だ。

国内避難民監視センター（IDMC、本部ジュネーブ）によると、2023年5月時点で、紛争が原因の避難民は約2830万人（過去10年平均の約3倍）、気候変動と関わる自然災害による避難民は約3260万人。国連高等難民弁務官事務所（UNHCR）はすでに、「難民に関するグローバル・コンパクト」（2018年12月の国連総会で採択）で、「気候変動と環境劣化、自然災害と強制移動の原因はますます相互に影響しあっている」と強調していた。

「気候難民」という言葉が人口に膾炙しつつある一方で、難民・避難民となった人々の移動は、彼らの受け入れ先で、あるいは彼らの帰還をめぐっても、新たな暴力を生み続けている。レイプを含めて、その暴力のすべてにジェンダーに基づく差別や抑圧が絡みつく。コロナ禍の経験から、私たちには、避難所の劣悪な環境が感染症を拡大させ、子どもたち、妊産婦、高齢者らの生命を脅かすことが容易に想像できる。今こそ、私たちの日常／非日常にジェンダー史の知見を重ねて考える必要がある。

◆**科学とジェンダー**　ジェンダー視点を前提とする本巻では、他巻同様、章・節タイトルの多くで「ジェンダー」という言葉を避けた。その例外が第5章「科学とジェンダー」であり、それには理由がある。

近年、類似のタイトルの著作が多く出版されるようになり、ジェンダー視点の重要性が広く共有されていることを実感する。その一方で、多くは現代の科学研究を取り巻く環境や実態が対象であり、時間軸を入れて、つまりジェンダー史の視点から、現在を考えることにはなっていない。

　いくつかの例外のなかに、スタンフォード大学ジェンダー研究所所長を務めたロンダ・シービンガーの一連の著作がある。彼女は、科学史上知られていなかった女性の功績に光を当てるのみならず、女性を排除してきた「近代科学」という知のありかた自体を問題にし、その構造を明らかにしようとしてきた。そこから拓かれた「無知学（アグノトロジー）」という新たな分野は、21世紀の学際領域を刺激するとともに、ジェンダー視点をごく当たり前のものとして前景化しつつある。

　もう一つ、科学の価値中立性に異議を唱えた著作として、エヴリン・ケラー『ジェンダーと科学——プラトン、ベーコンからマクリントックへ』(1985年、邦訳1993年、工作舎) を挙げておきたい。理論物理学から科学史に転じたケラーは、その名も「ジェンダーと科学」(1978年) という論文で、それまで誰も疑わなかった「科学＝男性性＝客観性」という方程式に疑義を呈した。ケラーの著書が刊行された1985年には、第17回国際科学史会議 (カリフォルニア大学バークレー校にて開催) のシンポジウムで「科学における女性」というテーマが初めて取り上げられ、多くの注目を集めている。

　以来40年ほどの歳月のなかで、欧米を中心に多くの国々が研究の価値や研究者の評価と関わる科学のジェンダー・バイアスと向き合ってきた。目立つのは、日本政府・社会の対応の遅れである。世界ジェンダーギャップ指数 (GGGI) の低迷はそのほんの一例にすぎない。多様性がイノベーションにつながることが声高に叫ばれる21世紀、シービンガーが主唱した「ジェンダード・イノベーション」(生物的のみならず、社会的・文化的な性差に注目することで新たな視点や方向性を見出し、推進力を得た技術革新) は、国際的な実践が進められている。

　第5章は、科学の世界で進められる「脱男性中心」の動きをジェンダー史と融合させる、きわめてユニークな試みである。それは、生成AIやディープフェイク、家事ロボットなど、私たちの眼前で展開される未来と過去との対話でもある。

3．本巻の「先」に開かれるもの

　◆近代の経験を現代につなぐ　比較と関係性を問うジェンダー史は、地域と世界を双方向で捉え直し、植民地主義や脱植民地化、その延長線上に現れたグローバル化への洞察を深める視点を提供する。それは日本内外の開発や支援の現場で求められることではあるが、過去の経験を今にどうつなぐかは、常に慎重を要する作業である。

　例えば、2020年代に全世界に広がったアメリカの「ブラック・ライヴズ・マター（BLM）」運動は、15世紀末以降、アフリカ大陸から1000万人を大きく超える人々を南・北アメリカ大陸、カリブ海域へと強制移動させた奴隷貿易、奴隷制度、そして

植民地主義の過去に焦点を当てた。BLM運動を牽引したZ世代の若者たちの関心はもっぱら、これらの過去が人種主義を増殖したことにあり、それぞれの出来事の時代的文脈やその変化が問われることは少なかった。人種主義が内包する複合性・重層性も、「白人 vs 非白人（主として黒人）」という二項対立に絡めとられた感がある。現代的問題を解決に向けていく運動としては「やむを得ない単純化」という見方もあろうが、それでは問題の本質を見失うことにもなりかねない。

　20世紀以降の紛争や戦争、あるいは気候変動などでアフリカ大陸から南北アメリカ大陸に移動する難民や移民のなかには、奴隷貿易・奴隷制度の過去とは直接的な関係を持たない人たちも増えている。それを加味して、「黒人である」とはどういうことなのかを環大西洋上で問い直したミシェル・ライト『黒さの物理学——中間航路認識論を超えて』（2015年、未訳）は、「黒人性」もまた社会的、文化的に構築されるものであることを強調する。その姿勢はジェンダー史の視点そのものである。

　◆「総合知」の場となり、対話を進める　本巻の醍醐味の一つは、ジェンダー史と科学史、技術史、環境史との協働にある。ここでは、従来の歴史学ではあまり考察対象とされなかったロボットやAI、ビッグデータ、及び情報工学や脳科学などの学知が、ジェンダー視点で分析の俎上にあげられる。デジタル化時代を迎えてデータをどう分析するかの方法に悩む歴史研究者は、そこにデジタル・ヒューマニティーズの未来を重ねるかもしれない。あるいは、歴史学のテーマとしてなじみ深い国家の仕組みや産業・労働構造、国際関係などが、さまざまな地域の問題とクロスしながらジェンダー視点で分析される本巻に、これまでとは異なる過去の語りを聞き取る読者もいるだろう。

　このように、本巻自体が多様な「知」が集う場であり、とくに第4章、5章は、人文学・社会科学と自然科学の知が融合する「総合知」の実践となっている。そこから「新たな価値を創出する知の活力」が生まれることを強く願っている。

　こうした知の遭遇は、学術の世界に留まらず、政治や行政、法律の世界、並びに国際社会にさまざまな居場所を持つ市民たちとつながってこそ、意味があるものだ。国連やその関連組織、グローバル企業、NGOなどが知恵を絞る提言にも、各現場での実践にも、多様な知が出会い、刺激し合う場が不可欠である。本巻がその場の一つとなってジェンダーの視点を浸透させ、それぞれの分野に閉じがちな議論をそれ以外の場、人々へと広げていく一助となれば、これ以上うれしいことはない。（井野瀬久美惠）

第1章

創られる「世界」と「地域」

1）概論

創られる「世界」と「地域」

◆**「世界史」を問い直す**　「世界史」とは長らく、ヨーロッパが影響力を駆使する歴史であった。大航海時代以降、西洋の経験・西洋の資本主義化がもたらした、人口も生産力も常に右肩上がりに拡大・発展していく社会をモデルとし、普遍化されてきたのである。発展史としての「近代化」の道筋＝歴史の主体もフランス史、イギリス史といった国民国家に置かれた。こうした歴史の見方は、越境的で多様な異なる世界と人々の相互の関係性、さらには植民地支配の歴史を国民国家の経済発展の外部に追いやり、グローバルな規模での「世界史」の動態を閉ざし、国民国家形成から外れた地域や民族の経験を周辺化させた。国民国家内に向けては、人々を性差によって二つに区分して序列化し、社会秩序として新たな制度に紐づけた。私たちが学んだ「世界史」は、このような、時間的空間的に限定を持つ近代化モデルに基づいて形作られてきた。この章は二つの構成によって、歴史的に創られてきた「世界」認識を問い直す。以下の概論では、空間の切り取られ方の歴史性や近代地図の登場による空間表象を手がかりに「世界史」を問うてみよう。

◆**「領域の罠(territorial trap)」**　「大陸」とはどのような範囲なのか、地理学的に明確な指標が存在したわけではない。ヨーロッパがどこを指すのかをめぐっても、文脈や時代に依存する。大航海時代以降、「東」や「南」とは、「西」（The West）という既存の世界の外部とされた。「新大陸」も西洋が発見し名づけた。政治地理学者のJ.アグニューは、人々が実際に生活する領域と国境が作りだした領域を分け、これらを同一視するような空間認識を「領域の罠（territorial trap）」と名づけ、境界線を固定化し、正当化する政治を批判した。ヒトやモノを境界内に封じ込めてその移動を管理することを国家責任とする論理に対し、現実との乖離も批判した。「領土主権」概念は、国家による領土の排他的管理を正当化する。その起点はウェストファリア条約（1648年）に置かれてきたが、空間の可変性・歴史性という論点は、これまで「世界史」が依拠してきた自他を区分する境界とは何か、「主権」や「主体」とは誰なのか、問題提起的な位相に及ぶ。

◆**近代地図と権力**　大航海時代以降、海図測量に加え、探検家たちは内陸を次々

と調査の対象とし、地図を作成した。近世日本でも小縮尺・中縮尺の国絵図（村境の絵図や街道図など生活空間や街道筋情報が明確になる）が多く作成されたが、大縮尺の地域図はこれらと異なり、境界をめぐる国家間での支配や承認の政治と不可分である。とくに19世紀後半、三角測量技術による海図作成や電信技術の独占的な広がりと探検家たちによる情報集積は、海域を含めた内部と外部を計測可能な対象とした。未知の空間とみなされた領域は近代地図に落とし込まれ、計測する側はその情報を独占した。近代知による空間の掌握は権力の源泉と関わる。世界の地図史のなかで「未知の土地」だった「蝦夷地」は16世紀、すでにイエズス会宣教師が把握し、登場させてはいたものの、その精緻化は19世紀初頭以降である。幕府及び明治政府は測量調査によって領域・領土の確定を進め、測定による近代地図は、先住民アイヌに対する強制移住政策にも効力を発揮した。

◆ナショナルな身体とジオ・ボディ（地理的身体）　創られた「世界」に位置を占めようとすることと近代国家のナショナリズム形成は相互に関わる。タイの歴史学者、トンチャイ・ウィニッチャクンは近代地図による国土イメージをジオ・ボディ（「地理的身体」）と捉え、国民国家成立のツールとして着目した。非西洋圏にあって、「世界」への参入を目指した19世紀日本でも、清国経由の訳書である「万国公法」を通じ、ウェストファリア体制の受容が進められた。その際、幕末維新期の日本の為政者たちは、近代地理学の成果でもある地球儀を公的な場でパフォーマティヴに用いた。よく知られる明治天皇の即位儀礼（慶應4（1868）年8月27日）は象徴的な例だろう。それまでの慣例であった唐風の幟を止め、「大地球儀」を紫辰殿内庭に据えることは、脱中華世界としての「維新」を示そうとするものだった。

　数年後の明治初期、内国債の百円高額証書の図案には、ギリシア神話風の装束と結髪・容貌を持つ「神功皇后」が地球儀とともに選ばれた。同時期の日本の社会で地球儀の馴染みは薄い。近世で人気だった神功皇后像は、鎧甲冑・束髪の軍神姿だったからだ。女神像への読み替えは、先行するマリアンヌ像などを真似た、維新政権のヨーロッパ近代に対する自画像の創出だろう。一方、高額証書の原画を作成した大蔵省お雇いイタリア人のE.キヨソーネは、1889年、断髪、蓄髭、軍装という普遍的な男性近代君主像の身体として明治天皇の公式肖像画（「ご真影」）をつくりあげたことで知られる（キヨソーネは大元帥服の軍装でポー

図1　1878年、日本初の起業公債証書
　　　（国立印刷局　お札と切手の博物館所蔵）

図2　『国会準備新報』18号附録，
　　　1889.2.14（東京大学法学部明治新聞
　　　雑誌文庫所蔵）

図3　1902.3.21発行「日英同盟記念画」，
　　　副島種臣題字「皇威恭々」
　　　（宮津市教育委員会所蔵）

ズを取って自身を撮影、顔の部分だけ明治天皇と入れ替えた）。ここでは対外戦争や帝国支配を具現化して見せる表現が、男性像に加え、地図情報を備えることに注目したい。憲法発布時（図2）、騎乗の大元帥姿（フランス軍制をモデルとする軍装）は、輪郭のぼやけた「大陸」図上に置かれた。歴史総合の教科書には1895年、台湾戦争時では同様の構図のまま、日本帝国の植民地として割譲された台湾島を踏みつけた版がある。さらに20世紀初頭、朝鮮半島の権益をめぐって大国ロシアを仮想敵とする段階では、19世紀世界の覇権国家、大英帝国と結んだ「日英同盟」を祝し、エドワード7世と明治天皇の軍装（プロシア軍制に制度変更段階）・騎馬で並ぶ想像図を登場させた（図3）。視線を交わし合う構図は、ハイパーマスキュリニティを備えた主体同士を親密なホモソーシャルな関係として描き、大国ロシアを踏みしだく「地図」表現は、「樺太」を焦点に、覇権国家群への参入を目指す夢を具体的に示すだろう。主権国家間の関係に地図表現を組み込む手法は、ジェンダー表象を有効に用いつつ、権力の所在を説得的に明示する。

　◆**風刺画が描く「空間」**　18世紀の画家ティエポロは、女性と人種化された身体、動物の組み合わせによって世界の四大陸を描き、その終着点にヨーロッパ大陸を位置付けた。空間表象はパワーバランスを単純化して見せる仕掛けであり、その読み解きはジェンダー視点が有効だろう。本章で言及されるように、ヨーロッパ各国もインドもそれぞれのナショナルな身体はジェンダー化された表現を用いた。加えて対外戦争や外交関係を表す19世紀後半以降の風刺画には、社会階層・階級をふまえ、性差や人種化された表現が多用される。これに簡略化された世界地図が組み込まれることで世界と地域の複雑な関係は、ジェンダー化された身体と地理的情報とが交差した表象として一層効果的に可視化された。

　よく知られた画像を考えてみよう。ケープ植民地相セシル＝ローズ（1853-1902）の

風刺画（1892年12月10日、イギリス「パンチ」誌掲載）は、イギリスによるアフリカ分割の寓意として高校「歴史総合」教科書に多く掲載される。原画は、世界七不思議の一つである像を模した「ロードス島の巨像（The Rhodes Colossus）」（1570年）をモチーフに、アフリカの鉱山開発で成功、巨万の富を築いたローズ（Rhodes）を、背に銃、左手に電信線、右手に探検用ヘルメットを持ち、カイロからケープタウンを両足で跨ぐ洋装・蓄髭紳士の男性身体として描いた。暴力による支配と近代テクノロジーを共に備えた著名な男性身体は、地図表現を用いることで、計測可能な客体である「アフリカ大陸」を踏みつけ、覆いつくそうとする。デフォルメされた構図は、支配する帝国と支配される側との関係性を単純にし、空間間の圧倒的な序列を視る側に示す。地図を用いたジェンダー表象の効果を示すプロパガンダでもあるだろう。

　植民地支配を基底とした世界の切り取られ方の影響は深刻だ。旧オスマン帝国領に属したアラブ地域は19世紀、帝国の秩序にインドを組み込んでいた大英帝国によって、「東」のインドに至る過程にあるという観点から近東、中近東として一括りにされた。第二次世界大戦後の米国は、地政学的関心からアフガニスタンやトルコも含めて広げられた地域を「中東」と称する一方、歴史的経緯をまったくもたない「東南アジア」という区分を地理的概念として作りだしたことでも知られる。

　◆**地域の多様性を読み直す**　「近代」以前、ヨーロッパもその一つであった複数の「世界」は、必ずしも中心と周縁を持たず、「ひと」はそれぞれの生業圏間を移動し、交通関係を結んだ。本章が扱う事例では、近代国家の境界と社会の境界をまたぐ集団の存在やはざまの生き方、看過されてきた交通関係に焦点をあてる試みが進められている。これらが反映された地域認識、地域秩序や古地図から読み解かれる自己認識のありようも一様ではない。多元的で複眼的な捉え方は、異なる文明や国家との関係を考える際に必要なだけでなく、私たちの社会自体のあり方を考える際、今後一層求められる。その際、家父長制や身分制秩序を編成原理とする社会にジェンダーの視点を向けることは喫緊の課題でもある。地域秩序に組み込まれた「ひと」とは誰か。歴史をあらたに読み返す方法として有効だろう。（長志珠絵）

▶**参考文献**

山下範久編（2019）『教養としての世界史の学び方』東洋経済新報社

杉本史子（2022）『絵図の史学──「国土」・海洋認識と近世社会』名古屋大学出版会

小川幸司（2023）『世界史とは何か』岩波新書

井野瀬久美惠（2023）『「近代」とは何か』ミネルヴァ書房

川久保文紀（2022）「書評　J.アグニュー著、グローバル化と主権」『中央学院大学法学論叢』36(1)

2)「地域」の認識と語られる「世界史」

① さまざまな世界・地域論

📖 Ⅲ−1−1−②, Ⅲ−1−1−③

◆**空間の分節化**　個人は、特定の国家のみならず、複数の「地域」単位への所属感を有する。グローバル化がさらに進展するなか、「地域」の意識が相対的に希薄化している、もしくは流動化している。人々はさまざまな「地域」の感覚(「世界」の感覚も同様)を持ち、それを表現してきた。そうした「地域」像は、政治、権力の問題としばしば密接に関係している。ここでは、地域の捉え方の変遷や特徴を、とくに歴史研究と歴史像の構築との関係で振り返り、今日的な意味を考える。

◆**啓蒙の時代と国民国家**　世界の各地域で、しばしば当該地域を中核に据えて、世界が想像されてきた。しかし、17世紀末からのヨーロッパにおける「啓蒙」の時代以降、「国民国家」形成に伴って、固定的な国境によって定められた国家領域が地域の単位として優勢となり、19世紀のパラダイムとして確立する。19世紀ヨーロッパで成熟する近代的な歴史研究は、国民国家の来歴を辿る性格を濃厚に持った。ヨーロッパ、とくにドイツから近代歴史学のモデルを吸収した近代日本における西洋史、東洋史、日本史(国史)という区分は、ナショナル・ヒストリーを中核に据えたという意味で、19世紀パラダイムをなぞったという側面はありつつも、「東洋史」を一つのカテゴリーとして設けた点に「非西洋の国民国家」日本の独自性があったと言えるかもしれない。なぜなら、19世紀ヨーロッパの学知構成のなかに「東洋学(Oriental Studies)」はあっても、「東洋史」という領域は念頭に浮かばなかったであろうからである。「東洋学」の関心の中で、東洋の歴史はせいぜい古代文明どまりであり、そもそも基本的に非ヨーロッパは歴史を欠いているとみなされたからである。

国民国家(帝国主義の時代には「帝国」)が視覚化されるとき、地図のほかに、フランスのマリアンヌ、イギリスのブリタニアなど、それらを表象するイメージとして女性像がしばしば使われたことは注目に値する。所属や所有といった感情を表現するとき、その対象は、そうした表象を創造する主な担い手であったであろう男性にとって、「女性」の形象を取るのだろうか?インドでは民族運動期に、インドを表象する女性(女神)像「バーラト・マーター(母なるインド)」が登場した。

近代国民国家として成立した西ヨーロッパ諸国が非ヨーロッパ地域を植民地化し

た歴史は、「西洋とその他」として世界を概念的・空間的に二分化する強固な思考を
定着させた。この思考枠組みは、西洋と東洋、先進国と途上国（後進国）、北と南、
最近ではグローバルサウスなど、表現を変えつつ今日まで続いている。この枠組み
のなかで西洋諸国に遅れて植民地支配に乗り出した近代日本の位置は実に微妙で矛
盾に満ちているが、「西洋とその他」という発想は、非ヨーロッパ諸国と共有してい
るといえよう。

◆**サイードの「オリエンタリズム」批判**　1978年に刊行されたエドワード・サイー
ドによる『オリエンタリズム』は、「オリエント」（東洋）という地域概念が権力構
造によって規定されたイデオロギー的なものであると徹底的に批判した点で、近代
ヨーロッパに起源する既存の学知に大きな衝撃を与えた。サイードによれば、「オリ
エント」とは、非合理性、性的ルースさなど、近代ヨーロッパ（の男性）にとって否
定的な属性を付与され、西洋の「東洋学」によって構築されたものであった。「オリ
エント」の構築の過程は、同時に、合理的な「西洋」像を立ち上げる過程でもあっ
た。「オリエント」はしばしば「女性的なるもの」としてイメージされたことも、
ジェンダーの視角からは重要である。

サイード以降さかんとなる「オリエンタリズム」批判は、しばしば「オリエント」
に対峙される西洋近代に関して、画一的で均質的な理解にとどまっていることや、
西洋の言説の一方的で絶対的な覇権を強調することなどが批判されてきた。いずれ
にせよ、オリエンタリズム批判は、「西洋とその他」といった枠組みを乗り超えるた
めの一段階でしかない。

◆**国民国家を超えて**　19世紀以来の国民国家を単位とする思考への批判は、1960
年代からさまざまな形で提起されてきた。地中海を一つの世界として分析したブロー
デルの研究の影響力は大きいと言えよう。1974年に第1巻が刊行されたイマニュエ
ル・ウォーラーステインの『近代世界システム』論もブローデルの影響を受けてい
る。彼によれば、16世紀に北西ヨーロッパを中核として形成された資本主義的な世
界＝経済（近代世界システム）が19世紀にグローバルに拡大したとされる。一方、ア
メリカの社会学者ジャネット・アブー＝ルゴドは、『ヨーロッパ覇権以前』（1998年）
で、北西ヨーロッパから中国に至るユーラシアの各地に存在した八つほどのサブシ
ステムからなる13世紀世界システム（14世紀なかばに分解）について論じた。彼女に
よれば、この世界システムに唯一の覇権（中核）は存在しなかった。

非ヨーロッパ地域を近代世界システムに「周辺」、「半周辺」として取り込まれる
存在とするウォーラーステインの理解は、ヨーロッパ中心主義として批判されてき

た。例えば、アンドレ・グンダー・フランクは、『リオリエント』（1998年）で、1400〜1800年まで、世界経済のなかで東アジアが支配的な地位を占めていたと主張した。

　インド洋や大西洋など、海洋をめぐる交易・人的ネットワークに焦点をあてた研究群もまた、一国史の限界を批判するとともに、とかく「陸」中心な歴史像・叙述を再考する視角を提供してきた。

◆歴史実践・運動論としての地域　ある空間的な単位（例えば、国民国家や帝国など）を所与の実体として前提とする歴史研究の在り方に対して、一部の歴史家は、問題の所在・歴史への問いかけ（課題化的認識）から出発したところに立ち上がる地域というものを想像してきた。古くは、1964年の歴史教育者協議会での講演「歴史研究の思想と実践」において、上原専禄は、地域が有する課題の共通性などを指標として地域を捉える方向性を示した。ただ、上原が具体的に13ほどの地域を挙げたことは、結局は、地域を固定化してしまうことになったきらいがある。一方、1973年の歴史学研究会大会報告、「民族と民主主義」で板垣雄三が提起したn地域論は、より動態的である。彼によれば、n地域とは、極端には個人から宇宙まで縮小拡大するものである。板垣は、民衆レベルの民族的な運動と民族主義体制を区別し、後者を、帝国主義に対峙する民衆レベルの民族的な運動に対する抑圧的な介入と理解する。民衆的な民族的運動の具体相こそが考察対象の「地域」を決定するということである。

　「イスラーム世界」とは、羽田正によれば、イスラーム教徒が多数居住し、宗教としてのイスラームが強い影響力を持つ地域として、世俗化が進む19世紀の西ヨーロッパにおいて成立した概念だと言う。それは、ヨーロッパに対置され否定的な意味を帯びたものだったが、同時期、西洋列強の帝国主義に抗するとして唱えられたパン・イスラーム主義によっては積極的な意義を与えられた。19世紀末に欧米の黒人エリートたちが掲げた「パン・アフリカニズム」もまた、「アフリカ」という空間的概念を運動単位として想像したと言えよう。

◆地域研究からグローバル・ヒストリーへ？　冷戦期（正確には、第二次世界大戦にアメリカが参戦した時期）に登場した「地域研究」は、現地言語の運用能力を重視し、学問領域横断的（インターディシプリナリ）に特定地域の理解を深めることを目指した。「地域研究」は、冷戦時代におけるアメリカの政治的・戦略的関心と無関係でない。アメリカでは、ロックフェラー、フォードなどの民間財団が積極的に「地域研究」に資金を提供した。そうした「地域研究」は、植民地主義と結びついた「東洋学」の新たなヴァージョンにすぎないといった批判もあるが、地域研究が、西洋中心主義な学問を一定程度是正し、ときに覇権的な欧米の学知や政策への批判を生み

出してきたことも事実である。

　冷戦の終結とともに、とくにアメリカにおいて関心は地域研究からグローバル研究へとシフトし、この動きは資金援助に反映したと指摘される。21世紀になって流行とも言える盛況ぶりをみせているグローバル・ヒストリー❶は、もちろん、ベルリンの壁の崩壊、ソ連圏の消滅に伴って、一挙に加速化した新自由主義経済のもとでのグローバル化を背景にしていることは疑いないところであろう。今日の状況は、過去におけるさまざまな境界を横断するヒト・モノ・情報・知識・文化の相互交流や移動への関心を高め、一国史への批判をさらに推し進めた。また、これまでも論じられてきたさまざまなテーマを、よりグローバルな文脈のなかで再考しようとする努力を喚起した。同時に、アジア諸国（とくに中国）の経済成長もまた、過去におけるグローバルな歴史における非ヨーロッパ地域の重要性を跡付けようとする営為を促進することによって、西洋中心主義的な歴史理解に批判的な性格を一部のグローバル・ヒストリーに付与している。かつてのナショナル・ヒストリーが国民国家を下支えしたように、グローバル・ヒストリーが単にグローバル化状況を正当化する作業になっていないかが問われる。

　◆**地球・惑星思考**　歴史研究の関心や様式は、その時代を取り巻く政治・社会条件や、歴史家個人の立ち位置によって大きく左右される。今日、盛況を極めているグローバル・ヒストリーは、現実社会において進むグローバル化現象なしには、今のような形で恐らく登場しなかったであろう。ビッグバンから現代までというタイムスパンを対象とするビッグ・ヒストリーや、種としての人間の歴史を扱うディープ・ヒストリーが関心を呼んでいるのも、まさに、地球温暖化、気候変動、環境破壊の惨状を前にして、地球（グローブ）全体と生命の危機が実感としてあるからであろう。その一方で、グローバルなレベルでの社会不安は、「安全保障」思考も同時に強化し、国民国家という19世紀パラダイムが復権している傾向も看過できない。（粟屋利江）

---

❶ 英語圏における global history と world history とがどのように区別されるのか、必ずしも明確ではない。類似した用語としてトランスナショナル・ヒストリーがあるが、こちらはネイションの存在を前提とするために、もっぱら対象時代は近代以降に限定されよう。

　▶**参考文献**
秋田茂他編（2016）『「世界史」の世界史』ミネルヴァ書房
板垣雄三（1992）『歴史の現在と地域学―現代中東への視角』岩波書店
羽田正（2005）『イスラーム世界の創造』東京大学出版会

| **問い** | ①歴史研究の対象単位としてどのような「地域」が設定されてきただろうか？ |
| | ②「地域」とジェンダーが結びつく事例としてどのようなものがあるだろうか？ |

2)「地域」の認識と語られる「世界史」
②構築される地域―「オリエント」

📖 Ⅱ−1−3−④, Ⅱ−4−4−⑥　🔍【読】世2−5, 世7−6, 世9−1, 世12−5

◆オリエントと「日出ずる国」　オリエントとは、ラテン語の「オリエンス」oriens に由来する言葉であり、ギリシア・ローマ世界から見て「日が昇る方向」、すなわち「東」を意味した。ローマ帝国では「オリエント管区」（小アジア・シリア・パレスチナ・エジプト）という行政用語にもなった。日本という国名も、その意味や由来がオリエントとよく似ている。古代中国から見て「日出処（日が昇るところ）」、すなわち「日出ずる国」であったことから「日の本」と名づけられたと言われるからである。しかし、この中国を中心にした前近代東アジアの地域秩序における位置から生まれた日本という国名と、近代になって西洋が創りあげたオリエント概念とは、基本的に異なる点がある。それは前近代と近代の地域概念の相違に関係している。

◆近代の世界地域概念の画期性　近代以前の世界には、王朝の版図における支配の中心地と、その周辺や辺境（「化外の地」）とを区別する地域秩序が各地に存在した。例えば「旧大陸」の東端には中国を中心にした「華夷秩序」が作られた。他方、西端のモロッコでは「ビラード・マフザン（政府の地）」とベルベル人部族の「ビラード・シーバ（不服従の地）」が区別されていた。これらの伝統的な地域秩序では、王朝が「文明」の中心を名乗るに当たり「野蛮」な存在である「従属的な他者」を必要とした。その場合、王朝が従属する地域に名前を付ける行為そのものが支配を意味した。この名づけによる支配という関係性の構築は、近代世界の地域秩序でも同様に見られる。西洋が近代文明の中心として、世界全体に新しい支配秩序を築こうとしたとき、野蛮な「従属的な他者」となる諸地域をオリエント（あるいは「東洋」や「アジア」）と呼んだのだった。

　しかし、この近代に作りだされた「オリエント」概念は、それまでの伝統的な従属地域の概念とは性格が根本的に異なっていた。中心・周辺の間の支配のかたちや従属の在り方が違っていたからである。近代世界における地域間の支配と従属の関係は、西洋列強の主権国家システムを中心にして築かれた。そして、この中心的政治制度は、世界規模で展開する資本主義と結びつき、帝国主義あるいは植民地主義と呼ばれる支配の骨組みを形成した。重要なのは、この支配体制による政治的な抑圧や経済的搾取において、物理的暴力を伴うハードな支配の側面と並んで、ソフト

な知的支配が巧妙に編みだされたことである。このソフトな支配の側面を、「知＝権力の構造」として暴こうとしたのが、エドワード・サイードの『オリエンタリズム』および『文化と帝国主義』であった。

　◆世界の二分法の徹底性　こうした近代西洋の世界支配を特徴づけるのは、地球の隅々にまで及ぶその徹底性である。この支配の徹底性は、近代的な私的所有権の主張による、資源の収奪や土地の領有への飽くなき欲望、その帰結としての国境画定への執着として現れた。この世界支配のハードな側面で中心的な役割を果たしたのは、植民地官僚・軍人・商人など実務家からなる直接的な支配の担い手であった。しかし、重要なのは、彼らに加えて文化の担い手たちが「知＝権力」の支配のシステムを作りあげるのに重要な役割を果たしたことである。地理学者・歴史学者・考古学者などの学者たち、探検家や聖職者、詩人や小説家といった文学者たちなどであった。彼らは世界を支配する側と支配される側の地域に二分する精緻な図式を作りあげた。「西洋と東洋」・「オキシデントとオリエント」・「ヨーロッパとアジア」という二分法である。この二分法において、支配を受け従属した諸地域は、以下のような類似したイメージで表現されることになった。

　◆従属的な他者の表象　オリエントは、「優越」する西洋に従属する他者として、その「劣等さ」を表すさまざまな表象で形容された。その代表は「文明」に対する「野蛮」であった。さらに「進歩」に対する「停滞」・「退行」・「堕落」、時代が下ると「先進的」に対する「後進的」・「発展途上的」といった形容も加えられた。こうした特徴づけにより「無知」で「半人前」、あるいは「幼児」の段階にあるとされたオリエントは、近代的な規律を教え込む訓育の対象としてイメージされた。これは西洋の資本主義的「勤勉」に対する「怠惰な」東洋人という言説にも関係している。

　こうした西洋の文明的優位を裏づけているのは、その「理性」と「合理性」であり、オリエントは「感情的」で「非合理的」な存在として対置された。さらに「リベラル」で「寛容な」西洋に対して、オリエントは「抑圧的」で「専制的」なイメージで語られた。また「禁欲的」で「自制的」とは反対の「性的放縦」・「無秩序」・「猥雑」、あるいは「正常」・「健常」ではなく「異常」で「病的な」諸特徴も強調された。このような倫理的規範から逸脱した、グロテスクで誘惑的なオリエント像は、快楽の対象として西洋人によって消費された。その他、犯罪者・貧乏人・病人・精神障がい者など、抑圧された少数者、排除された弱者についての数々のイメージがオリエントには押しつけられた。

　これらの表象は、いずれも西洋社会の内部で否定的とされた特徴を、「従属的な他者」である地域、オリエントに投影した結果として生まれたものである。こうした

西洋のネガティブな自己の投影として描きだされたオリエントの表象を代表するのが女性である。サイードがフランスの歴史学者エドガール・キネ『諸宗教の精髄』に関して紹介する「受動的で生殖力に富み、女性的で無言のままに仰臥しているがごとき東洋」という形容はまさにその典型的な表現であった❶。

◆**地域の人格化**　以上の近代西洋が描くオリエントのイメージには、野蛮の地に住む野蛮人、というように、地域とその住民をひとまとめにしてする思考のパターンが認められる。「黒人種」の居住地をブラック・アフリカ、「マホメット教」の信者が住む地をイスラーム世界と呼んだのも同様の例である。前者では文明的「白人」に対して「暗黒大陸」の未開・野蛮が強調され、後者ではキリスト教にとっては「まがい物」の宗教であるイスラームが地域全体の「文化的・人種的規定要因」とされた。これらの近代西洋の他地域に対する見方、他者認識に共通するのは、「人種」や「宗教」という何か単一の要因が、その地域＝住民のすべてを規定する、という本質主義的な思考である。

こうした地域と住民を一括りにする思考パターンの根底には、あたかも一つの地域が特定の個性や特徴を持つ人格であるかにみなす独特の認識の様式がある。それは地域を擬人化する、あるいは人格的存在と考える「地域の人格化」というべき認識の様式であった。この地域の人格化という認識の様式は、西洋諸国においてナショナリズムが成長するのに重要な役割を果たした。国民国家に組み込まれた各個人は、郷土＝祖国という人格を持つ地域に自身を投影し、一体化することを（ときによっては人格化された地域（くに）のために自らの命を捧げることも）求められたのである。

しかし、この地域の人格化という認識の様式は、近代のナショナリズムを生みだしただけではない。世界を徹底した二分法で解釈する主体、その地理的な自覚として、西洋（ヨーロッパ）という人格化された地域概念も作りだされたのである。この擬人化された西洋という地域に対し、自らを投影し、それと一体化することで、西洋人という集合意識が生まれた。その結果、西洋人が東洋人と出会うとき、対等な個人同士として関係を取り結ぶのではなく、まずは集合的自己である西洋人として相手に向きあった。オリエントと一体化した集合的な他者、東洋人に相対したのである❷。

◆**「出オリエント」の記憶、拡大するオリエント**　オリエントという地域概念は、西洋＝西洋人自身の歴史的なアイデンティティ意識と深い関係がある。オリエントは、近代西洋人にとって、自らの起源を問うとき絶えず立ち返る、既視感のある地域であった。しかし、西洋文明の祖先とされたギリシア古典文明は、バナールの研究『黒いアテナ』が指摘したように、「アーリア人」が創造したのではなく「アフロ・アジア的ルーツ」を持つものだった。また同時に、この近いオリエント（近東）は、唯一神から預言者への

啓示がなされ、近代合理主義の起点とされる「出エジプト」（ウェーバー）が起きた聖書的オリエントであった。ただし、この文明的故郷は、後に進化が止まり衰退・停滞し、野蛮状態に陥ってしまった。再び訪れてみると、その地は今や「元文明人」のアラブ人が住むイスラーム的オリエントとなっていた。また十字軍やオスマン帝国の脅威の記憶をもとに培われてきた烈しい反イスラーム感情は、セム的（イスラーム的およびユダヤ的）オリエントという観念も作りだした。この観念は、ヨーロッパの内に棲むオリエント＝ユダヤ人を排撃する反ユダヤ（反セム）主義と密接に結びついていた。

　本来、オリエントという言葉は、西洋が身近に接するこの威嚇的なオリエント、イスラーム的オリエントを指していたが、やがて非西洋地域のすべてに拡大していった。これらの地域は、植民地経営プロジェクトの展開によって西洋の手元に引き寄せられて従属化した。そして、個々の地理的なアイデンティティを失い、オリエントという同質的な地域として観念されるに至った。こうして東洋的（アジア的）という形容詞を付けられたさまざまな学術的概念（東洋的専制、アジア的生産様式など）が創りだされ、各地域の豊かな多様性を無視して全オリエントに適用されてくことになった。（長沢栄治）

---

❶ ギュスターヴ・フロベール(1998)(斎藤昌三訳)『フロベールのエジプト』法政大学出版局、126頁
　［1850年2月］7日、木曜日。一甲板に上がってみると、船は［ナイル川の］岸のすぐそばに来ていた。間近に近づいた陸地の色は奴隷市場で見かけたヌビア女の肌の色にそっくりである。

　▶解説　「現代小説の創始者」とも評せられるフロベールのオリエント旅行記は、古代文明への憧憬と実際に出会う醜怪で野蛮な現実との混淆で織りなされている。しかし、一貫して見られるのは、男に隷属し性的に放縦な東洋の女性に対する絶えざる欲望の眼差しである。引用した箇所はブラック・アフリカの描写としても特徴的である。

❷ The Earl of Cromer (1908), *The Modern Egypt*. London: Macmillan. pp. 6 - 7.
　私は東洋に暮らしはじめてまもなく、東洋人の願望や希望や意見が本当に何であるかをヨーロッパ人が推測するのが難しいということを知った。東洋に滞在し、現地の住民と交わろうとした誰もが、ヨーロッパ人が東洋人と同じ眼で世界を見ることが不可能であることに気づくのである。実際、しばらくの間は、ヨーロッパ人は、彼と東洋人が互いを理解できるものと夢見るのだが、遅かれ早かれ、この夢から醒めるときが訪れる。そして、まるで土星の住民の心のように、自分にとってまったく異質な心に相対していることに彼は気がつくのである。

　▶解説　大英帝国の植民地官僚を代表するクローマー卿の回顧録『現代エジプト』には、東洋・東洋人に関する差別的なイメージが随所に見られる。引用箇所は、東洋人を異星人になぞらえ「疑似人間」・「準人間」扱いしている例である。

▶参考文献
エドワード・W・サイード（板垣雄三・杉田英明監修、今沢紀子訳）(1986)『オリエンタリズム』平凡社
エドワード・W・サイード（大橋洋一訳）(1998, 2001)『文化と帝国主義（1・2）』みすず書房
M・バナール（金井和子訳）(2004, 2005)『黒いアテナ—古典文明のアフロ・アジア的ルーツ（上・下）』藤原書店

■ **問い**　①ヨーロッパ人がオリエントを女性のイメージで表象したのはなぜか？
　　　　　②日本は西洋が作りだした近代のオリエント概念とどのように関係したか？

2)「地域」の認識と語られる「世界史」

③ヨーロッパの成立と
地理的表象としての女性

📖 Ⅱ－4－4－①　🔍【読】世14－9, 日7－13, 日8－13

◆「ヨーロッパ」の位置とT-Oマップ　ラテン語でヨーロッパを指す「エウローパ（Europa）」はギリシア語の「エウロパ（Εὐρώπη）」に由来し、「eurys（広い）」＋「ops（目や顔、表情）」を意味するとされる。紀元前5世紀、古代ギリシアの歴史家ヘロドトスの『歴史』は、「エウローパ」の東西南北は「アジアとリビア（アフリカ）を合わせたより長い」と記しており、「広い目」とは「地中海に沿った長い海岸線」であった可能性も指摘される。ローマ時代のストラボンの『地理誌』やプトレマイオスの『地理学』では、タナイス川（現在のドン川）以西の地が「エウローパ」とされた。

　その後、8世紀後半のスペインの修道士、リエバナ（スペイン北西部）のベアトゥスが作成したT-Oマップは、聖地エルサレムを中心としつつ、やはりタナイス川と地中海でアジア、アフリカと区切られた空間を「エウローパ」とした。その後、この三つの地域には、旧約聖書「創世記」にちなむノアの3人の息子の名が付記され、地域と民族が結びつけられるようになる（図1）。

　T-Oマップ作成とほぼ同じ頃、フランク王国（カロリング朝）のシャルルマーニュ（カール大帝）は、ローマ教皇による戴冠（800年）によって正統な「ローマ皇帝」❶となり、当時の聖職者は彼の領土を「エウローパ」と呼んだ。大帝の死後、領土分割によってフランス、ドイツ、イタリアという「西ヨーロッパ」の基礎が築かれたと解されている。この歴史認識に立って、20世紀後半に進められたヨーロッパ統合では、シャルルマーニュは「ヨーロッパの父」と位置付けられた。

図1 T-Oマップ
ノアの息子たち、セム、ヤペテ、ハムの名が見える。（アウグスブルクのギュンター・ツァイナー印刷, 1472年）

◆エウロペ神話　「エウローパ」という地名は、ギリシア神話に登場するエウロペという女性に由来している。古代ローマの詩人オウィディウス（BC43～AD17）の『転身物語』によれば、エウロペはフェニキアの都市テュロスの王アゲアノールの娘とされる。フェニキアは、現在のレバノン・シリア一帯、地中海の東沿岸地域を中心とする古代の海洋国家であり、クレタ文明、ミノス文明の衰退後、交易と植民を通じて西へと進出し、BC1200年頃、地中海の覇権を握った。エウロペの父が治める

テュロス（現在のスール）は、フェニキアの西への拡大の拠点であった。そもそも、「フェニキア人」とは、ギリシア人が東方からやってきた人々に当てた呼称である。

　ギリシア神話によれば、エウロペを見初めた大神ゼウス（ユピテル）は、侍女たちと花を摘む彼女に白い牡牛の姿で近づき、うずくまった。エウロペは、人懐っこくおとなしそうに見える牡牛の角に花を結び、その背に座った。そのとたん、牡牛（に化けたゼウス）は、彼女を乗せたまま全力で疾走し、そのまま海を渡ってクレタ島に上陸する。そこで姿を現したゼウスとエウロペは結ばれ、3人の息子（ミノス、ラダマンティス、サルペドン）が生まれた。ゼウスはエウロペをクレタ島の女王とし、島を守る青銅の巨人タロス、必ず獲物を捕える猟犬ライラプス、決して外さない投槍の三つを与えた後、再び牡牛となって天空に昇り、牡牛座になったとされる。

　エウロペの息子ミノスはクレタ島の伝説的な王であるが、白い牡牛をめぐって海神ポセイドンの怒りを買い、彼の妻パーシパエーは「牡牛に性的欲望を抱く」という呪いをかけられた。彼女と牡牛との間に生まれたミノタウロス（ミノスの牡牛という意味で、牛頭人身の怪物）は手に負えない乱暴者で、ミノス王によって迷宮に監禁され、最後はアテナイの英雄テーセウスに倒された。

　エウロペにせよ、息子ミノスの妻にせよ、ギリシア神話では、クレタ島における女性と牡牛との性的な関係が強調されている。そこに、牡牛を荒々しい「男性的な生命力のシンボル」とする地中海文化世界のジェンダー認識も映し出されている。ちなみに、ヨーロッパ連合の単一通貨であるユーロ硬貨は8種類あり、片面には各国独自のデザインが施されている。ギリシアの硬貨はもちろん、「エウロペと牡牛」（図2）である。

図2　ギリシアの2ユーロ硬貨

　◆エウロペの略奪　オウィディウスの『転身物語』は、ゼウス（白い牡牛）に連れ去られるエウロペをこう描いている。「あとにしてきた海岸の方をふりかえり、左手を牛の背にあてがい、右手で角をしっかりとにぎりしめていた。彼女の衣服は風にふくらんではためいていた。」（田中秀央・前田敬作訳、81頁）

　このシーンは、グレコ・ローマン期のヒュドリア（黒陶器）の壺絵以来、さまざまな芸術作品を彩ってきた。オウィディウスが「再発見」されたイタリア・ルネサンス期以降は、わけても絵画のモチーフとして人気を集めた。15世紀末のデューラー、16世紀のティツィアーノ、17世紀にはルーベンスやレンブラントらが、「エウロペの略奪（あるいは誘拐）」に挑んでいる。なかでも、スペイン国王フェリペ2世のために、ティツィアーノが『転身物語』の神話を題材に描いた「詩想画（ポエジア）」という連作7枚の最

後を飾る「エウロペの略奪」（図3）は、表
現力で他を圧倒すると高く評価されている。

◆ヨーロッパ女王（エウロパ・レギーナ）

ティツィアーノの時代、「再発見」された
エウロペ神話に刺激されて、ヨーロッパを
表現する奇妙な地図が作成された。「ヨー
ロッパ女王（エウローパ・レギーナ）」であ
る。全身をヨーロッパの地名で彩られたこ
の女性像は、1537年、地図製作者のヨハネ
ス・プッチ（1516-42年）が初めて描き、1580

図3　ティツィアーノ「エウロペの略奪」（1560-62年）

年代以降、ヨーロッパの地理を可視化した図として広く流布した。ケルンの出版社
（ブッセマッハー）から出されたマチアス・クアッド（1557-1613年）の手になる同名の
地図もよく知られる。いずれも、西は大西洋、東はドン川、南は地中海で区切られ
た地域をヨーロッパと捉えている。

　頭部はイベリア半島（イスパニア）で、そこには、フランク王国のシャルルマーニュの
時代、カロリング朝風の王冠が描かれている。首はイベリア半島とフランス（ガリア）と
を隔てるピレネー山脈。胸から下の胴体には神聖ローマ帝国の領土が広がる。心臓部

にはボヘミアの文字が見える。女性がまとう長
い上衣には、神聖ローマ帝国の皇帝位を継承
してきたハプスブルク家支配の地名（ハンガ
リー、ポーランド、リトアニア、ブルガリア、マケド
ニア、ギリシアなど）が散りばめられている。右
腕はイタリア半島で手には宝珠（オーブ）（シチ
リア島）を持ち、左腕はデンマークで手には王
笏を握っている。近くにはイングランド（アン
グリア）とスコットランド、スカンディナヴィア
などの地名が読める。彼女の目は「アフリカ」
をにらみ、足元には「アジア」も配されている。

　頭部がスペインであること、上衣が16世紀ハ
プスブルク宮廷で流行したものと似ていること、
さらには王冠、王笏、宝珠という王位（皇帝位）
継承の「三種の神器」から、描かれた「ヨー

図4　ヨーロッパ女王（エウロパ・レギーナ）

ロッパ女王」とは、ハプスブルク家のカール5世（スペイン王として在位1516-56年、神聖ローマ皇帝として在位1519-56年）の妻イザベラ（1503-1539年）だと推測されている。ポルトガル王マヌエル1世の娘である彼女は、母方の祖母であるカスティーリャ王国のイザベル1世にちなみ命名された。ヨーロッパを転戦する夫に代わって、スペインでは摂政として能力を発揮した。プッチが「ヨーロッパ女王」を描いたのも、イザベラが摂政を務めた時期である。難産のあげく、彼女が36歳で死亡するのは、その2年後のことであった。

◆**一つのヨーロッパ**　カール5世の時代は、彼が統治したスペイン、神聖ローマ帝国において、広く古典古代の復興であるルネサンス文化がいきわたった時代であった。と同時に、彼の足元で起こったルターの宗教改革は、神聖ローマ帝国のみならず、ヨーロッパ各地を激しく揺さぶり、宗教対立を激化させた。さらには、ヨーロッパにオスマン帝国の脅威が迫った時代としても記憶されている。陸上ではスレイマン1世率いるオスマン帝国軍にウィーンを包囲され（第一次、1529年）、海上ではローマ教皇やヴェネツィアと組んだプレヴェザ海戦（1538年）に敗北して地中海の制海権を失った。多額の戦費は新大陸からの富をもってしても賄うことはできず、心身ともに疲弊したカール5世の退位後、その領土は神聖ローマ帝国とスペインに再び二分された。

　それゆえに、興味深いのは、西は大西洋、東はドン川、南は地中海というヨーロッパの空間を単一の集合体として描いた地図が、「ヨーロッパの王」ではなく、「ヨーロッパの女王」であったことである。女性の身体で可視化される「ヨーロッパ」とは何なのだろうか。

　19世紀を通じて、ヨーロッパでは国民国家化が進展し、帝国主義の風潮とも相まって、イギリスのブリタニア、フランスのマリアンヌ、ドイツのゲルマニアといった国家の女性表象化が推進された。それは従来、ナショナリズムや愛国心との関係で分析されることが多かったが、それ以前に、「ヨーロッパ」という空間認識自体がジェンダー化されていたことの意味を問い直す必要があるだろう。（井野瀬久美惠）

---

❶ シャルルマーニュの戴冠の背景には、本人の意志以上に、同時期に東ローマ（ビザンツ）帝国で息子に代わって即位したローマ帝国初の女帝、エイレーネー（在位797-802年）に対して、西ローマ側、とりわけ「女帝支配は違法」とするローマ教皇や聖職者たちの強い反発が指摘されている。ローマの皇帝であることを東ローマ帝国に認めさせようとするシャルルマーニュとの交渉過程で、エイレーネーは自身が女帝であることを西ローマ側に認めさせようと、シャルルマーニュとの結婚を提案したが、クーデターで帝位を追われた。

▶**参考文献**

井上浩一（2009）『ビザンツ皇妃列伝—憧れの都に咲いた花』白水社
高木昌史（2012）「『エウロペの誘拐』——文学と絵画」『ヨーロッパ文化研究』31
オウィディウス（田中秀央・前田敬作訳）（1961）『転身物語』人文書院

2）「地域」の認識と語られる「世界史」

④世界史教科書における地域の捉え方

📖 Ⅲ−1−1−①，Ⅲ−1−1−②，Ⅲ−1−1−③

◆高校世界史における固定化されがちな「地域」　高校世界史の教科書では、まず各章の冒頭に、東アジア・内陸アジア・西アジア・ヨーロッパ…といった自然環境で特色づけられる「地域（リージョン）」（国家のなかの地域と区別するならば「広い地域」）を概観し、次にそのなかで展開してきた「国家」の歴史を学習することが、歴史叙述の基本的な枠組み（フレーム）になっている。それぞれの「地域」に独自な文明（文化）が育まれてきたことが重視され、そのなかに現代の国家の起源をさかのぼるイメージで「国家」の歴史が横並びに配置されているわけである。

　しかし、このような歴史認識には、「地域」の区切り方を固定化しているという大きな問題点がある。そのために、そのような「地域」を超えて多様な形で存在してきた実際の人々の空間的なつながりのありようが、見えにくくなってしまっている。私たちはいつしか「地域」を「国家」と同じように見てしまい、外から「地域」に移動してきた勢力を侵略者であるかのように認識してしまいがちになる。つまり、一つの認識の区分の方法でしかない「地域」を「領土」のように考えてしまっている。

　そのような歴史認識のもとでは、「地域」をこえて活動した人々について、彼らは移動先の社会を征服したのか、それとも移動先の社会に同化したのかといった二項対立の単純な捉え方になりがちになる。東アジアに移動してきた内陸アジアの勢力を、中国社会に同化した北魏と、中国社会を征服した遼・金・元・清に区別する発想は、その典型的なものであろう。それと表裏一体の関係として、純粋な中国王朝としての秦・漢・隋・唐・宋・明が認識されるわけである。

◆高校世界史教科書のトランスリージョナルな視点　実際には、世界史のなかの「地域」が、どのように人々のつながりがうみだされることによって形成されたものなのか、そして「地域」が形成されるプロセスが人々の空間意識にどのような変化をもたらしたのかが、大切になってくる。つまり、「国家」の領域を超えた人々のつながりや移動に着目するトランスナショナルな視点とともに、「地域」についても脱領域的に見るトランスリージョナルな視点を持つことで、私たちの歴史認識は、より豊かなものになるはずである。このような視点は、人々の活動が展開する空間と

しての「地域」が、世界史のなかでは、常に相互の重なり合い（重層性）と越境可能性（多孔性）を持っていたということに気づかせてくれるであろう。

　2022年度から施行された高等学校学習指導要領では、世界史は必履修科目「歴史総合」と選択科目「世界史探究」に再構成された。新しい「世界史探究」の教科書を紐解くと、「地域」のなかで台頭した政治勢力・文化などが、互いに影響を与え合ったり融合し合ったりする歴史が描かれるようになったことがわかる。「地域」が相互に重なり合い、その重層性のなかで新たな歴史が展開されていくことに、注目をしているのである。例えば、「世界史探究」の多くの教科書では、古代文明から14世紀までの歴史について「東アジアと中央ユーラシア」という章立てをして、二つの地域を統合的に見つめている。また、オリエント文明からローマ帝国・イラン文明までを「西アジアと地中海周辺」という形で統合的に叙述しているのも、同様の視点である。

　◆**「胡漢融合帝国」としての北魏・隋・唐**　具体的な事例を、いくつかの「世界史探究」の教科書の中国史の描き方に見てみよう。

　実教出版の『世界史探究』は、北魏から北朝・隋・唐にいたる中国王朝について、鮮卑の拓跋部の出身者が漢人貴族と協力して政権を運営した「胡漢融合帝国」であり、遊牧民や漢人など多様な人々を統治することが政権の課題となったことを指摘している。帝国書院の『新詳世界史探究』、東京書籍の『世界史探究』、山川出版社の『新世界史』、第一学習社の『高等学校世界史探究』なども、北朝以来、遊牧民と漢人の融合が進み、遊牧社会と農耕社会が接する地域から登場した一群の人々が中核となって隋・唐王朝が誕生したことや、唐の太宗が東突厥をくだしたとき「天可汗」の称号を贈られ、騎馬遊牧民国家の君主の伝統的な称号を、唐の皇帝が名乗ったことを具体的に記述している。山川出版社の『詳説世界史』も、北魏から唐までを「拓跋国家」と呼ぶことを補足的に注記しているほか、太宗が遊牧民にとっての可汗であったと本文で説明している。

　つまり各社の「世界史探究」の教科書記述では、東アジアと中央ユーラシアの「地域」の重層性のなかで、北魏から唐にかけて漢人と遊牧民の融合がすすみ、中国の歴史のなかで独自な空間と特徴を持った時代が形成されたことを強調しているのである。多くの高校生は、万里の長城が中国王朝と遊牧民国家との不変の境界線であるかのように思い込んでいるのだが、北魏や唐の最大領域が万里の長城をこえて中央ユーラシアに及んでいることに改めて注目しておくべきであろう。以上のような世界史教科書の記述は、旧学習指導要領の「世界史B」の後半期から現れ始め、「世界史探究」になって一層顕著になったものである。

◆**「胡漢融合帝国」とジェンダー**　東アジアと中央ユーラシアの社会・文化の融合についての具体的な事例として、いくつかの教科書が取り上げているのが「唐代の女性」である。残念ながら世界史教科書にはいまだジェンダーの視点は限定的であり、女性参政権というテーマ以外の記述がとても少ないことは、「世界史探究」においても同様である。そうであるだけに「唐代の女性」についての教科書記述は注目されるべきであり、トランスリージョナルな視点が、ジェンダー史の視点をうみだしていると言えよう。

　例えば、第一学習社の『高等学校世界史探究』は、コラムのなかで「女性の地位が比較的高い遊牧文化の影響を受け、唐代の女性は活動的で、馬に乗って街を闊歩した。また、女性も男性と同様にポロ競技を楽しみ、貴族の女性の間では男装も流行したという」と説明している。山川出版社の『新世界史』も「騎馬女性俑」の写真のキャプションとして、「唐代には、女性が馬に乗って外出することも珍しくなかった」と記述している。山川出版社の『詳説世界史』は、「世界史へのまなざし」というイントロダクションのテーマ史で「歴史のなかの家族」を掲げている。東アジアの伝統的な家族の特徴が「男性支配の強い父系制」だとみなされているのは、早期に父系社会が形成された中国の家族制度が模範とされたからだと論じ、「女性が家庭の外で活発に活動した隋唐時代」は例外であったとしている。

　これに対して、全編にわたって14の「ジェンダー」コラムを配置している実教出版の『世界史探究』は、それぞれのコラムにページの3分の1に相当する分量をさき、もっとも踏み込んだ歴史叙述を試みている。唐・宋代の女性についてのコラム「元気な女性から、しとやかな女性へ」は、漢代のコラム「中国古代の女性」と戦間期のコラム「近代中国の女性」と比較することで、中国におけるジェンダーの歴史的な展開を学ぶことができる。唐代の女性について、「支配層が北方騎馬民族の血をひいたことと関係があるだろう。騎馬民族系の女性たちは、一般に自立心が強く活動的である。」と、トランスリージョナルに分析するとともに、唐代の後期になると教養が「男らしさ」の基準となり、宋代に「女らしさ」が纏足の習慣と相まって強調されていくことを説明している。コラムにおいて「女らしさ」と「男らしさ」のあり方を同時に論じており、単なる女性史にしていない点も、この教科書が努力しているところであろう。ただし、あくまでコラムという形の補足説明にすぎないので、この歴史叙述だけでは、深く考える授業を展開させていくのは難しいかもしれない。

◆**「地域」とジェンダーの関係をさらに探究する**　そこで私は、『岩波講座世界歴史』シリーズ（各巻にジェンダー史論文を収録）や三成美保他編『ジェンダーから見た

世界史』の歴史記述と教科書記述を対比してみることを勧めたい。例えば前者の第7巻所収の佐々木愛論文では、父系社会の確立に大きな役割を果たしたと考えられてきた朱子学の朱熹自身には、女性の再婚や女性による祖先祭祀に寛容な言動をとる柔軟さがあったことを指摘し、むしろ後世の明・清代に社会のなかでの女性の隔離が進行したことを明らかにしている。実教出版の教科書のコラムから抜けていた明・清代のジェンダーと唐・宋代のそれを比較することの大切さに気づかされる。

　また、『ジェンダーから見た世界史』を読むと、遊牧民の拓いた北朝社会における母系の影響力の強さが分析されている一方で、元代の社会においては遊牧民の「男性優位の文化」の影響が強調されており、両者の論理整合性に対する疑問が湧いてくる。唐代と元代のそれぞれの社会のジェンダーを遊牧民社会の影響と関連付けて説明するときの矛盾については、小浜正子他編『中国ジェンダー史研究入門』所収の佐々木愛論文でも「矛盾についての整合的な解説はなされていないようにみえる」と、研究史を振り返ったときの課題が指摘されている。

　ならば唐代の女性が活動的であったことをトランスリージョナルな観点で説明することは留保すべきなのだろうか。私は、むしろこのような事象こそ世界史学習の最良の教材になりうるのではないかと思うのである。例えば、A（遊牧民社会）がB（唐の社会）とC（元の社会）に大きな影響を与えたのに相反する結果につながったとすれば、Aの特徴自体の多面性を考えたり、影響を受ける前のBとCの基体の特徴の差異について考えたりすることが必要になってくるだろう。実際に答えが見出せなくても、目の前の歴史叙述の問題点を見出し、それを克服するための方法について話し合ってみるだけでもいい。このような「何をどう考察したらよいか」という思考トレーニングを重ねることが、歴史の因果関係を探究することになるのではあるまいか。

　このような思考のレッスンを重ねることで、「国家」とか「地域」が特徴づけている人間のありようを、一面的かつ固定的に捉えがちな私たちの歴史認識を、アンラーニングする（学び棄てて学び直す）ことができると思うのである。（小川幸司）

▶参考文献

小川幸司編（2021）『世界史とは何か（岩波講座「世界歴史」1）』岩波書店
荒川正晴他編（2022）『東アジアの展開 8〜14世紀（岩波講座「世界歴史」7）』岩波書店
小浜正子他編（2018）『中国ジェンダー史研究入門』京都大学学術出版会

　　問い　①遊牧民社会のジェンダーのありようは、中国社会にどのような影響を与えただろうか。

②「地域」が相互に重なり合い、その重層性のなかで新たな歴史が展開されていく事例には、北朝・隋・唐の歴史の他にどのようなものがあるだろうか。

3）地域を繋ぐヒトとモノ

①アジアの海域交易

📖 Ⅱ－3－2－③、Ⅲ－1－1－②、Ⅲ－コラム②　🔍【読】世6－10、日3－4

◆海上交流と「外来王」　人類は先史時代から、さまざまな理由で海を渡った。例えば東南アジアの初期国家扶南を建国した混填は外国人で、神から授かった弓を持って商船で渡海し、降伏させた現地の女王柳葉を妻として自ら扶南の初代王になったという伝承が、『梁書』その他の中国史料に見える。『梁書』には頓遜（マレー半島のテナセリウム）その他で、バラモンが多数来住し土着の王が娘をめあわせるという記事もあるので、混填もインドの出身のバラモンだったとみなす説が多い。ただしこれらを「古代のインド人植民と建国」の物語とみなす従来の理解は、インドの人や文明を受け入れる東南アジア側の主体性を軽視しているうえに、父系血統しか見ないバイアスを持つ。

◆海を渡った男と女　商業や宗教、軍事・征服や植民・開拓などの目的での遠方への移動は、まず男性（とくに若い頑健な独身男性）が赴き、経営や生活が安定してはじめて女性を呼び寄せるというパターンが一般的だった。ただし、捕虜・難民や人身売買などによる移動はいつの時代も女性を多く含みえたし、支配者間の政略結婚や夫の移動により、女性が遠方に赴くこともめずらしくなかった。

大航海時代（それは東アジア海域では「倭寇の時代」でもあった）になると、海を越える男女の動きが急速に活発化した。主要な中国人海商は五島・平戸など日本側にも拠点を持ち、そこで「現地妻」と「混血児」が多数生まれた（平戸の武家の娘を母に持つ鄭成功が代表格）。その状況でなお「後期倭寇の多数派は「中国人」だった」と教えるのは、国民国家の観念だけでなく、ここでも父系主義のバイアスが問題になる。

長崎の朱印船貿易商・荒木宗太郎（？-1636）は、中部ベトナムを支配した阮氏の王女（名前は「王加久」「アニオーさん」などと伝えられる。アニオーはおそらく妻が夫を「あなた」と呼ぶ「アニョーィ」だろう）を妻として連れ帰ったとされる。シャム（アユタヤ朝）のナライ王（位1656-88年）の治世、コンスタンティン・フォールコンというギリシア生まれ（母はギリシア人、父はイタリア人）の男が王に気に入られ、貿易を司る官庁プラクランの実質的長官となって活躍、ルイ14世のフランスとの使節交換などの事績をあげたが、王の死後反仏派によって処刑された。このフォールコンの妻で王室料理部の長をつとめていたターオ・トーンキープマーは、日本を追放されたキリ

シタンの娘だったと言う。これらの話は戦後日本では忘れられたが、「日本人の南方進出」の歴史を好んだ戦前戦中にはよく語られた。また2000年代初頭に紹介された、ハノイ近郊の陶磁器産地バッチャンで近世に有力者が輩出した阮氏の家譜には、阮官甲に嫁して二男三女を産んだ著（1611？-1640？）という女性は「北国日本人で理左衛門の娘」だったとある。理左衛門は、朱印船時代の北部ベトナム（トンキン）で日本人の頭目としてオランダ資料にも記録された和田理左右衛門（洗礼名パウロ）を指すと見る説が有力である。

◆「現地妻」と「混血児」　鎖国令によって日本に帰れなくなったのは、キリスト教徒だけではなく、キリスト教徒男性の妻子も帰国を禁止された。また日本に住み結婚していた多数の中国人・朝鮮人は、離日か婚姻・家族形態を含む日本化かを選ぶよう強制された。つまり近世日本社会の基礎をなした「家」（それは姓や財産相続などの原則において中国型と全く違った）は、鎖国なしには実現できなかった。平戸のオランダ商館長コルネリス・ファン・ネイエンローデ（在任1623-33年）と日本人妻のあいだに生まれた娘コルネリアは、父が平戸で死ぬとバタヴィアに引き取られ、そこでオランダ人と二度の結婚をしたが（バタヴィアの日本人社会はきわめて小さく、日本人同士の結婚は難しかったらしい）、二度目の夫とは、バタヴィアの首席上級商務員にまで昇進した最初の夫から受け継いだ多額の財産をめぐって争い、激しい裁判闘争を行っている。

こうした事態は、アジアの外来商人たちと同様にヨーロッパ人男性が有した、現地事情や多言語に通じた商業パートナーとして「現地妻」を持つ習慣とも関連している（ヨーロッパ人を父とする女性も対象となった）。ポルトガル男性は「インディア」女性との結婚が普通だったし、プロテスタントでそうした行為に抵抗が強いはずのオランダ東インド会社（VOC）の社員たちも、アユタヤでモン人の女性を現地妻にした例、インドのスーラトでアルメニア人女性を現地妻にした例などが、かれらの商業的成功とともにVOC文書その他の欧文史料に記録されている。そこで生まれた子どもたち（クレオールないしユーラシアン）がどう養育され、父方・母方どちらの宗教・文化をおもに受け継ぐかにはいろいろなパターンがあり、それは19世紀以降のより近代的な植民地社会（宗主国女性も大勢渡来する一方で、「からゆきさん」などを含む売買春も広がった）のありかたに影響することもあった。（桃木至朗）

▶参考文献

リンスホーテン（岩生成一他訳）（1968）『東方案内記（大航海時代叢書第1期8）』岩波書店

レオナルド・ブリュッセイ（栗原福也訳）（1988）『おてんばコルネリアの冒険—17世紀バタヴィアの日蘭混血女性の生涯』平凡社

アンソニー・リード（太田淳他訳）（2021）『世界史のなかの東南アジア（上・下）』名古屋大学出版会

3）地域を繋ぐヒトとモノ

②大西洋・インド洋西海域の奴隷交易

📖 I－4－3－②、Ⅲ－1－1－① 🔍【読】世3－1, 世3－5, 世5－3, 世9－1, 世9－5, 世9－6

◆**大西洋奴隷交易の男女比**　1501年から1875年までのあいだに1,234万人超がアフリカ大陸から南北アメリカ大陸やカリブ海、ヨーロッパに運ばれたと推定されている。大西洋奴隷交易に関するもっとも詳細なデータベースであるslavevoyages（slavevoyages.org）に基づくと、平均して男女比は64.5対35.5で男性の方が多く、その比率は年ごとに高低があるものの、19世紀に入るころからはより男性偏重になっている（図参照）。また、グラフからは子ども、とりわけ男児の割合が18世紀末に入ると増加の傾向を示しているという特徴も指摘できる。

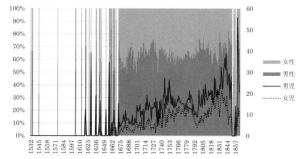

図　1532年から1864年までの大西洋奴隷交易で輸送された男女の比率（左軸）、および輸送者全体のなかでの男児と女児の割合（右軸、％）。
筆者作図〔出典：https://www.slavevoyages.org/〕

　大西洋奴隷交易の男女比の背景を理解するためには、大西洋両岸の諸社会におけるジェンダー観を見渡す必要がある。つまり、奴隷を使う側の南北アメリカ大陸やカリブ海のプランテーション所有者のあいだでは、プランテーションでの肉体労働は女性よりも男性の方がより適するというジェンダー観に基づき、女性よりも男性、また、即戦力として子どもよりも成人の奴隷を求める傾向にあった。他方、アフリカ大陸の諸社会では、農作業でも女性は男性と同等かそれ以上の労働を担っていた。戦争捕虜の成人男性を大量に社会内部に抱えるのは、反乱等のリスクを抱えることにもなる。こうした理由から、アフリカ大陸内での奴隷の取引では一般的に女性の方が男性よりも高い価値を有していたし、男性はより売却されやすい存在であった。また、18世紀末から子どもの比率が高まるのは、奴隷交易廃止の機運が高まるなかで、奴隷所有者たちがそれに備えて若年層の奴隷を確保しようとしたためであると考えられる。このような各社会におけるジェンダー観とそれに付随する奴隷の社会

的機能の男女間の相違、奴隷交易や奴隷制の廃止をめぐる動向も大西洋奴隷交易の男女比を考える上では考慮する必要がある。

◆**プランテーション労働におけるジェンダー**　南北アメリカ大陸やカリブ海のプランテーションでは、所有者たちは奴隷の性別ごとに異なる労働を振り分けることはしなかった。例えば、アメリカ合衆国のタバコや砂糖、綿花のプランテーションでは、奴隷たちは体力的にも充実した男性奴隷を基準に格付けられ、例えば、力の強い女性は基準の4分の3であるとか、年老いた男性や妊娠中の女性は基準の半分などのように、個々の体力や年齢を判定したうえでグループ分けがなされ、それに基づくギャング（組）と呼ばれる男女混合の労働単位が構成された。この「組」には通常、所有者から指名され、労働を統率するリーダーが存在したが、大規模な組が女性に任されることはほとんどなかった。このことは、プランテーションでの労働において、男性が肉体的に優位にあるばかりでなく、より統率的で規範的な存在としてみなされていたことを示唆している。ただし、年老いた男女や出産直前や乳飲み子を抱えた女性などで構成される最下位の組では、女性がリーダーを任されることもあった。この組には通常、男女問わず子どもも組み込まれる。ちょうど初潮などの肉体的な変化及び思春期を迎える女児にとって、多様なライフステージの同性の成人と交流する機会をもたらす組は、女性性の獲得の場であったとも指摘される。逆に、男児については肉体的な成熟に伴い、成人男性と同じ組で労働するようになるに至り、そのような機会を得た。

◆**奴隷交易の存廃と出産**　南北アメリカ大陸やカリブ海各地では、基本的に奴隷の人口増加は新規の購入によってなされた。全体的に奴隷死亡率の高いカリブ海とは対極的に、北米大陸では奴隷死亡率が低く、奴隷が子どもを産み、その子どもも生まれながらにして、その親の所有者の奴隷になるという奴隷の再生産が地域によっては18世紀前半から実現していた。その場合でも所有者の側からの積極的な出産への支援や出産後の母体への配慮などは確認されない。

むしろ、奴隷所有者たちは一般に妊娠中の女性奴隷の労働能力の低下を嫌い、あるいは継続的な性的搾取を目的に、堕胎をしいることも少なくなかったとされる。他方、生まれてきた子が奴隷として人生を歩むのを悲嘆し、母親の女性奴隷が嬰児を殺害してしまう事態も生じた。

所有者たちが奴隷の出産に関心を示すようになるのは、奴隷制や奴隷交易の廃止論が盛り上がり始める18世紀末以降である。彼らは廃止論に真っ向から対立するとともに、奴隷の待遇改善を進めることで批判をかわそうともする。この段階におい

て、所有者たちは妊娠中や出産後の女性に対して、一定期間、プランテーション労働からの休養を認め、また、栄養状態にも配慮するようになる。しかし、実際に奴隷交易の廃止が現実になると、それまでとは大きく異なる事態が生じるようにもなる。それは、「奴隷繁殖」と呼ばれる奴隷に対する強制的な出産である。18世紀末からケンタッキーなどのアメリカ合衆国深南部で綿花栽培ブームが巻き起こり、奴隷の需要が急増する。他方、1807年にアメリカ合衆国で奴隷の輸入が非合法化され、従来のように、アフリカ大陸から新たな奴隷を購入できなくなってしまう。この需要と供給の著しい不均衡の解消は、合衆国内部で奴隷を「調達」することで試みられる。

　タバコや藍などの主要産物が国際競争力を失ったチェサピーク湾を中心とするプランテーション地域からの奴隷移入でその需要の一部が賄われる一方、ジョージアなどの深南部（ディープ・サウス）では、所有者たちが女性奴隷に出産を強要し、需要に対応しようとした。多産な女性は重宝され、子どもを何人産めば自由身分を与えるなどの約束も横行した。逆に、子どもが産めないことがわかった女性は積極的に売り払われた。

　この「奴隷繁殖」を考えるうえで、欧米の白人たちがアフリカ黒人女性に向け続けてきた眼差しを無視することはできない。つまり、大航海時代以来、欧米の白人たちがアフリカ黒人女性に接するようになると、繰り返し描写されたのが、日常的に露わにされた彼女たちの乳房であった。そうした光景は欧米の白人たちの頭の中で、彼女らに「獣性」や「好色さ」といった性質を固く結びつけた。同時に、分娩の容易さと多産であることも強調される。それらは彼女たちが「イヴの呪い」（旧約聖書『創世記』で禁断の果実を口にしたイヴに神が宿命づけた出産の際の苦痛）から解放されている表れと理解され、自らと同じアダムとイヴの子孫ではないとする理解も広く存在していた。このようなアフリカ黒人女性観もまた「奴隷繁殖」を正当化していたのである。

　◆**インド洋西海域の奴隷交易と奴隷需要**　インド洋西海域における奴隷交易の実態は、大西洋のそれとは大きく異なる。大西洋で取引されるのはアフリカ黒人が主だったが、インド洋西海域ではインド亜大陸や中央アジア出身の奴隷も少なくなかった。一般的に肌のより白い奴隷により高値がつけられた。インド洋西海域の周辺諸社会では、一般に奴隷は肉体労働に従事するよりも、所有者の身の回りの世話などの家内労働が期待されていた。その場合、男性に仕えるのは男女の別が問われなかったが、女性に仕えるのは原則的に女性に限られた。男性に仕える女性奴隷は妾として扱われ、きらびやかな宝飾品や衣装を身に纏い、男性所有者の富を体現する存在としても用いられ、他の奴隷とは待遇が大きく異なっていた。また、イスラーム教

で一夫多妻制が認められていたこともあり、男性よりも女性奴隷の需要が高かった。ハレムはオスマン朝のものが有名であるが、それに限られず、各地に存在した。女性奴隷が所有者の子どもを産む場合も少なくなかったが、所有者によってその子どもが認知された場合には、その子どもは出生時から自由身分が認められ、その母である女性奴隷も「ウンム・アル＝ワラド」と呼ばれ、その所有者の死後に自由身分を獲得することが保証され、存命中も自由身分に準じた地位を獲得した。

　インド洋西海域では奴隷の価格は同一の人種で、同じくらいの年齢であれば、女性の方が男性よりも高いが、男女ともに10代後半の年頃の者にもっとも高値がつけられ、それ以降、価格が下落していくという傾向も指摘できる。ただし、もっとも高い価格で取引されるのは去勢者であった。主として、去勢は牧畜民が家畜に施す去勢法を応用して行われていたと考えられ、牧畜民の多いアフリカの角地域周辺からの出身者が多かった。売買された具体的な人数を確認する資料は存在しないが、ハレムの管理人に抜擢されるなど、社会的な地位上昇を経験する者が少なくなかった。

　◆奴隷交易研究の課題　奴隷交易に関するジェンダー史研究には一定の蓄積があるが、新たな資料の発見と既存の資料の読み直しとによって、現在、新たな地平が築かれつつある。例えば、奴隷の持つジェンダー観と所有者や売買者のそれとの重ね合わせは、奴隷制や奴隷交易をより複眼的な視座から捉えなおす好機をもたらすだろう。その場合、奴隷といってもそれぞれの出身社会は異なっており、彼らのジェンダー観は必ずしも一枚岩では理解できないこと、また、所有者や売買者については、　彼らが奴隷に向けるジェンダー観は、自分たちに向けるジェンダー観とも、また人種観とも不可分なものとして考察される必要があるだろう。奴隷交易研究は、ややもすると、輸送された人数の推定や交易の利益など数量的な部分に注意を奪われがちで、そこで取引された人々、取引した人々の具体像が見えなくなってしまうことがままある。しかし、ジェンダーを考察の視座に組み込むことで、取引した／された人々個人や彼らを取り巻く社会や文化、そして奴隷交易を介した異なる社会や文化の接触へと私たちの注意を引き付け、そこからより鮮やかな歴史像への接近可能性が拓けていくはずなのである。（鈴木英明）

▶参考文献
井野瀬久美惠（2010）「奴隷貿易にジェンダーの視点をクロスオーバーさせる」『学術の動向』15(5)
並河葉子（2016）「イギリス領西インド植民地における「奴隷制改善」と奴隷の「結婚」問題」『史林』99(1)
Kirsten E. Wood (2010) "Gender and Slavery," Mark Smith and Robert Paquette (eds.) *Oxford Handbook of Slavery in the Americas*, Oxford University Press

3）地域を繋ぐヒトとモノ

③太平洋地域のタロイモ栽培と性別分業

📖 Ⅱ－2－3－③, Ⅲ－2－3－② 🔍【読】世3-2, 世3-3, 世3-4

◆水田のタロイモ栽培　太平洋の島々で伝統的に主食とされてきた作物に、タロイモ、ヤムイモ、パンノキ、サツマイモなどがある。このうちタロイモは、日本でもサトイモとして栽培されているコロカシア属のほか、キルトスペルマ属、アロカシア属（クワズイモ）、さらにアメリカ大陸起源のザントソーマ属（アメリカサトイモ）などが知られている。コロカシアやキルトスペルマは、太平洋地域で水田における集約的な栽培がされており、こうした地域の多くでは、タロイモは主食としてもっとも重要な地位を占めてきた。ここでは、水田タロイモ栽培のみられる地域をジェンダーの視点から取り上げる。

　水田で栽培されるタロイモの特徴をひと言で言えば、明確な収穫期を持たないことである。ヤムイモやパンノキには比較的明瞭な収穫時期があるのに対し、タロイモは1年中収穫や植え付けが可能であり、したがって1年を通して主食として利用することができる。もう一つの特徴は、収穫後の保存が困難で、すぐに腐ってしまうため、すぐに食べる分だけを収穫することになる。このような特徴から、水田のタロイモ栽培は、イネやコムギなどの穀物と違って1年の季節リズムに合わせた農耕歴を持たず、日々の食事のために毎日耕地に通い続けることを必要とする。労働量からみると、イネやコムギなどが脱穀や精米・製粉など、加工に要する負担が大きいのに対し、タロイモは通常皮をむいて煮たり蒸したりするだけで食べられるため、加工・調理の面からは負担が少ない。一方、ヤムイモなどの焼畑栽培に比べると、水田栽培では水量調節や除草などの維持管理に必要な労働量が多い。

◆タロイモ栽培をめぐるジェンダーの多様性　筆者が調査を行った経験のある台湾の離島・蘭嶼（ランユー）の事例から始めよう。蘭嶼に住む先住民ヤミ（タオ）の社会では、水田で栽培されるタロイモは古くから主食とされてきた作物であり、他に畑（常田）で栽培されるサツマイモ、タロイモ、そして焼畑で栽培されるヤムイモが主要なデンプン食であった。タロイモの植え付けから収穫まで女性の仕事とされ、男性が水田のタロイモ栽培に参加することはタブーである。水田以外の農作業は男女共同で行われるのに対し、水田だけはもっぱら女性の仕事となっていることは興味深い。こ

れに対し、トビウオ漁を中心とする漁撈はもっぱら男性の仕事であり、さまざまな儀礼や禁忌をともなっている。さらに興味深いのは、ヤミの人々は魚を「男の魚」「女の魚」という二つのカテゴリーに分類していることである。「女の魚」は男女ともに食されるのに対して、「男の魚」は男性しか食べない。人々の説明では、「男の魚」は皮が厚く固いので、女性が食べると吐いてしまうのだと言う。このように、生業の分業のみならず、動植物の分類体系のなかにもジェンダーに関わるヤミの人々の世界観が表れている。

　台湾は、数千年の間に太平洋の島々に広がっていったオーストロネシア系の言語を話す人々の故地であると考えられている。一方で太平洋に広く目を向けると、生業をめぐる性別分業のあり方がきわめて多様であることに驚かされる（表1）。例えば、サモアやハワイなど、ポリネシアの島々の多くや、ポリネシア人と歴史的な関わりが深いと考えられるメラネシアのフィジーでは、タロイモ栽培を含む農業の主要な作業を男性が担う。ハワイでは、サツマイモ栽培は男女の別なく行われるのに対し、水田のタロイモは神聖で高貴な食べものとされ、その調理は男性によって行われた。

表1　水田タロイモ栽培における性別分業の地域性

ポリネシア	ハワイ、サモア、トンガ	田の管理を主に男性が担う
メラネシア	フィジー	田の管理を主に男性が担う
	バヌアツ、ソロモン	伐採・整地を男性が、その他の田の管理全般を女性が担う
ミクロネシア	チューク、マーシャル、キリバス	田の管理を主に男性が担う
	イ、ラモトレック、サタワル	田の管理を主に女性が担う
東南アジア	蘭嶼	田の管理を女性が担う

HRAF (Human Relations Area Files 電子版) 資料により筆者作成。

　ミクロネシアでは、タロイモ栽培が女性の領域である社会と、男性の領域である社会がある。西部ミクロネシアのパラオやヤップなどでは、漁撈は完全に男性の領域である一方、農業においては開墾・整地・畝立てを男性が担う以外、植え付けから調理までは女性の分担となる。パラオでは蘭嶼と同様にタロイモ田での女性の仕事を男性が行うことはタブーであった。ヤップ島の東方に位置するウォレアイ島やラモトレック島、サタワル島などでも、同様のジェンダー分業となっていた。ところが東部ミクロネシアのチューク（トラック）諸島やマーシャル諸島、キリバスなどでは、農業は主に男性の仕事であり、女性は農作業の補助的な手伝いや沿岸での採集漁撈などに従事した。

　フィジー以外のメラネシアではタロイモ栽培を女性が担う社会が多い。例えばソ

ロモンやバヌアツでは、タロイモ田における伐採・整地は男性が行い、植え付けから除草、収穫までは女性の仕事である。ソロモンでは、タロイモ田の除草を男性が手伝うことはあるが、植え付けを手伝うことはなく、男性は植え付け方を知らないので男性がそれをするとタロイモは枯れてしまうといわれる。一方バヌアツではタロイモ栽培の分業にはタブーはないが、代わりにヤムイモの栽培では男性が植え付け、女性が耕起という厳密な分業がある。メラネシアの多くの社会では、日常の調理は女性の仕事だが、タロイモのプディングや肉料理など、儀礼の際に供される料理だけはもっぱら男性によって調理される。

　以上のことから、生業の性別分業は普遍的にあるものの、それぞれの性にどんな仕事が割り当てられるかは、文化によって異なっていることがわかる。ではその割り当て方はどのように決められてきたのだろうか。男性によるタロイモ栽培がポリネシアで広くみられるように、言語の近縁性と分業のパターンが対応する傾向にあることから、分業のあり方は各地域で独立に生まれたのではなく、太平洋への人々の移住に伴って運ばれたものである可能性が考えられるだろう。しかし、どちらのジェンダーがどの生業を担うのかは必然的な結びつきがあるわけではない。

　◆タロイモ栽培を担う女性たち　ここでは、主に女性が水田のタロイモ栽培を担う社会における、農作業の質的量的な側面をみておきたい。ヤップで行われた生業時間調査によると、1世帯あたりの週の平均労働時間は農作業が9.82時間、漁撈が2.73時間であった。このデータからもわかるように、男性の仕事は比較的短時間でのインテンシブな労働であるのに対し、女性の労働は1年中続き、長い時間におよぶものである。

　ソロモンでは、女性は朝子どもを連れてタロイモ田に行き、昼頃まで植え付けや除草、収穫などの作業をして過ごす。男性よりも女性の方が労働時間は長いが、1日7時間を超えてタロイモ田で作業することはないと言う。ソロモンの女性は全般的にタロイモ田での農作業に誇りを持っており、女性にとって最大の侮辱は、農作業が下手だと言われること、そしてその結果、夫がタロイモを購入したり、タロイモを手に入れるために近所に物乞いをしたりしないといけないと言われることだと言う。ヤップでは、男性がタンパク質を、女性がデンプン質を生産・獲得し、供給するという規範があり、どちらかが欠けている場合、食事をしたことにならないとされる。結婚式の饗宴では、新郎方の親族が魚料理を、花嫁方の親族が農作物の料理を用意し、ポトラッチ的な応酬❶がなされる。こうした慣習は上記の規範を象徴的に表現したものと考えられる。

　タロイモ栽培に関わる農耕技術は、少女が大人になるまでの過程で学習により獲得される。ラモトレック島では、少女たちは12歳になる頃までにタロイモ田での仕事や調理、織物など女性の担う仕事の多くを習得する。これに対し、少年たちが男性の担う仕事を獲得するにはもっと多くの時間がかかる。こうした生活技術の獲得プロセスにおける男女の対照はアフリカの農耕社会にもみられる。

　◆社会変容と性別分業　かつてタロイモが主食となっていた太平洋の島々でも、20世紀以降、欧米や日本による統治、国家への包摂、市場経済化に伴い、多くの地域で穀物などの摂取割合が増加するとともにイモ食の重要性は低下している。これは太平洋地域に限らず、熱帯アフリカ・南米・東南アジアなど、かつてイモ類を主食にしていた地域に共通する傾向であり、多くのイモ類が、保存性が低く市場に流通しにくい性質を持つことを反映している。これらの変容のプロセスで伝統的な性別分業の変化も起こってきた。例えば日本統治時代の南洋群島では、日本から導入した新しい作物の栽培を奨励する施策が行われ、人々の農業や食生活が変化した。その結果チューク諸島では、かつて性別分業がなされていたタロイモ栽培が、男女の区別なくなされるようになった。

　このような変化が起こる場合、漁撈など交換の対象となる生業を男性が担っていたことなどから、現金獲得につながる活動は男性が担うことになりやすい。一方、もともと自給用の生産物であり、主食としての地位も低下しつつあるタロイモ栽培を担ってきた女性は、変化のプロセスにおいて現金獲得活動から排除されがちであった。また、例えばパラオでは伝統的に女性が調理を担当してきたが、麺やパン類など、日本統治時代に入ってきた新しい食については男性が調理を行うといった変化もみられた。オセアニアを含む世界の民族誌的資料をみると、男性が社会的・外交的領域を担い、女性が家庭的領域を担うというジェンダー分業が指摘されているものが少なくない。外来食の調理などを男性が担う傾向の背景には、そのようなジェンダー分業の反映があるかもしれない。（佐藤廉也）

---

❶ ポトラッチは北米北西海岸に住んでいた先住民にみられた慣習で、親族集団間などで莫大な冨を贈与し合い、蕩尽するもの。財力や寛大さを示すものという解釈がある。

▶参考文献
印東道子（2002）『オセアニア—暮らしの考古学』朝日新聞社
吉田集而・堀田満・印東道子編（2003）『イモとヒト—人類の生存を支えた根栽農耕』平凡社

3) 地域を繋ぐヒトとモノ

④アフリカの農業と女性の労働

📖 Ⅰ-1-2-③, Ⅲ-2-3-③

◆**生業の多様性とジェンダー**　地域特有の生態に依拠する生業は、ジェンダーを含む社会規範を形成する重要な要素である。多様な気候帯に属するアフリカ地域の生業は、農耕、牧畜だけでなく、狩猟、採集も含む。実生活の中では、生計戦略上、主たる生業と他の生業が組み合わされている場合が多く、組み合わせや比重は多様である。生産様式は家族労働を基本として家族の生存と生計維持に必要な生産を行うことが基本である。

◆**農耕牧畜民の性別分業**　農耕と牧畜の複合的な実践は多様である。牧畜は、牧草や水場などの放牧条件の変化に応じ、放牧キャンプを拠点とした移動を繰り返しながら行われる。牧畜を担うのは若い男性であり、女性や子ども、老人は居住地で農耕中心の生活を送り、自給用作物の生産は女性が担うという分業が見られる。既婚男性は、妻の居住地への訪問や農地の管理のために放牧キャンプと居住地を頻繁に往来する。しかし、農地の耕起手段や厩肥のために家畜が利用されるなど、二種類の生業が有機的かつ相乗的に関係している場合には、家畜を扱う男性が農耕にも携わることになる。ただし、あくまでも家畜を扱うのは男性であるという規範のもと、牛犂耕を行うのは男性である。他方で、農耕の要素が強くなれば牧畜の要素が弱くなり、牧畜の要素が強くなれば農耕の要素が弱くなるという反比例の関係にある。

◆**狩猟採集民の性別分業**　アフリカの赤道地帯に広がる熱帯雨林や南部アフリカの乾燥地帯には、狩猟採集民が暮らす。狩猟採集民の数百種類にも及ぶ多種多様な野生動植物を利用する食生活と比べると、農耕・牧畜民の食生活は単調に思われるほどである。狩猟採集社会では男性が狩猟を行い、女性が採集するという分業が見られる。男性による狩猟の成功報酬は大きいが、失敗する可能性や危険度も高く、常に成功して動物性蛋白質が得られるわけではない。男性が唯一積極的に採集するのは蜂蜜である。これに対して安定的な食料の確保は、女性による澱粉質を大量に含む野生のヤムイモ類、良質の脂肪や蛋白質を含むナッツ類、小川の小魚や昆虫の幼虫、そしてさまざまな果実やキノコ類の採集を通じて実現される。

◆**多様な生業と社会構造：母系・父系・双系の関係**　生業に関わる資源を利用するた

めの労働力の配分は、性別分業に現れるようにジェンダーの問題でもある。また、資源が遺産として受け継がれるものならば、相続の系譜も母系、父系、双系とジェンダーの問題とつながる。狩猟採集社会では、物資、財産、土地がほとんどまたは全く蓄積されず、遺産として受け継がれるものがないため相続の系譜の重要性は低く、双系が多い。対照的に、生きた財産である家畜の相続がきわめて重要な牧畜社会は父系が過半である。農耕社会では、男女の協力が必要になる集約農耕では半数が父系である一方、根菜農耕に代表される非集約的な農耕に母系が多い。また、母系・父系といった親族構造は相続だけでなく、婚姻の在り方や居住形態、ひいては労働力の配分にも影響を及ぼしている。母系制社会では、母方の血筋を辿る母系出自、母方の財産を相続する母系相続のほか、結婚後も夫婦は別居するか妻（母）方の共同体に居住する母方居住という特徴を持つ。この社会制度のもとでは、離婚で出ていくのは夫の方である。そのためか、離婚によって女性が非難されることもなく、離婚率は高い。ただし、母系社会で財産の処分などをめぐる決定権を握っているのは妻の兄弟であり、必ずしも女性が優位というわけではない。

　◆植民地化以前のアフリカの農業とジェンダー　生業を農耕に限定してみても、水田農業、常畑農業、焼畑農業と多様である。水田農業や常畑農業と比較して、焼畑農業では耕地とする場所が年々移動する特徴があるため、土地に対する保有権や利用権が一元化されない。こうした社会においては相続の意義とそれをめぐる系譜の問題は、土地資源が資産として相続される社会とは異なる。家族労働を基本とした農業は、伐採、耕起、整地、播種、除草、収穫、さらには農産物の加工や余剰の販売までをも含む。耕作地を準備するため草地や森林の伐採は男性、播種や収穫は作物の種類によって分業があるが、多くは女性によって行われる。また、栽培作物の種類や農作業の工程による性別分業が存在する。基幹作物や単年生作物は女性、換金作物や多年生作物は男性が管理している。

　◆主食用作物の変化と労働負担　アフリカの主食用作物には、アフリカ原産のヤムイモ、東南アジアから伝播したイネ、東南アジアからニューギニアに至る地域に起源のあるバナナ、さらには16世紀以降にコンゴ王国とポルトガルの交流の中で南米から伝播したキャッサバ、メイズ（トウモロコシ）が代表的である。それぞれの作物が栽培の各工程で必要とされる労働力と性別分業は多様である。ヤムイモは日当たりや水はけが重要であるため、畑敷地内の樹木を徹底して伐採し、水はけをよくするためにマウンドを造成する必要がある。この作業の担い手は男性である。それに対して、バナナ栽培の導入によって、栽培に適した特定の土地が耕地として長期

キャッサバの加工（出典）2005年モザンビーク南部イニャンバネ州にて筆者撮影。

的に使用されることになると、植え付けごとの開墾や通年の伐採・除草は不要となった一方で、土地の価値と権利、相続の問題が生まれるようになった。キャッサバが導入されると、男女の労働負担は大きく変化した。キャッサバは貧栄養でも育ち、下草の生えた休閑地でも栽培可能なため、あらたに畑地を開墾する必要はなくなり、男性の労働を軽減した。さらに、植え付けや収穫のタイミングを見計らった労働集約的な作業の必要性が、作物によって大きく異なる。ヤムイモの植え付けと収穫は年に一、二度であるに対して、バナナは植え付けも収穫も1年を通して行われ、キャッサバに至っては1年以上も収穫せずに地中で保存できる種類もある。なお、中央アフリカで一般的に栽培されている有毒キャッサバは毒抜きの手間がかかる❶。この点では女性の労働負担を増やした可能性が高い。さらにこうした主食用作物の変化は農業外の経済活動と相互に結びついている。農作業における男性労働力への依存度が軽減される一方で、都市化や植民地化以降の貨幣経済の拡大に伴い、男性労働力は商品作物の生産に向けられ、あるいは賃金労働市場へ流出していった。農業において女性労働力への依存が強まることで、労働集約的でないキャッサバの栽培に一層傾斜していったと考えられる。

　◆植民地化以降の経済社会とジェンダー関係の変容　従来の生業に基づく労働力の配分と社会構造は、生計活動の変化に伴い劇的に変容した。その契機は、植民地支配につながる外部市場と接し、生産量を際限なく拡大させ始めたことにある。植民地支配の過程で男性を主な担い手とする換金作物の集約農耕がさらに進められると、現金の獲得と蓄財の手段が男性に偏る一方、基幹作物の栽培に必要な男性労働動力が不足したために、女性による基幹作物の生産が、前項でみた非集約的作物に変化するか、縮小した。その結果、母系であった社会構造が父系化するという変化や、母系・父系の原理から逸脱した相続や居住パターンが生じ始めた。社会構造の揺らぎや変化に関しては、植民地支配末期の第二次世界大戦後から独立後におよぶ農業の近代化も、同様のインパクトをもたらしている。

　◆土地に対する権利　栽培作物の変化に伴い、土地に対する権利意識は強まる傾向にある。また、農業への女性の労働力の投下が増加したが、女性の労働負担に見合った形でその権限が認められているわけではない。1990年代以降、アフリカ諸国で

は農村部の土地を管理する法律が相次いで制定され、小農が農業生産を目的として利用する土地の配分には慣習法が適用される例が多数ある。その前段階として、慣習法を司る「伝統的権威」の復権が起きているが、これは同時期の民主化・選挙制度の導入に伴う政治的利害関係の再編とも結びついている。実態の社会では父系・母系の別を問わず女性世帯主がきわめて多いにもかかわらず、土地相続や土地所有の男女の差は大きい。女性による農地の保有率❷は、2000年時点で母系社会が残るマラウイでも32.1％、モザンビークで23.1％、ザンビアで19.2％であった。（網中昭世）

---

❶ アフリカで広く食用に栽培されているキャッサバには無毒品種と有毒品種がある。有毒品種の毒抜きの方法は多彩であるが、写真は摺り下ろし、袋に入れて嫌気発酵させる方法。キャッサバの細胞内にある酵素によって毒素が分解される。原産地のアマゾン低地で広く行われる方法がアフリカに持ち込まれて変化したと考えられる。なお、従来のアフリカ農業史研究は、主に自然科学的手法、歴史学的手法、歴史言語学的な手法がとられてきた。しかし、その大半は観察者・記録者が男性であったためか、環境やそれに適応する農作物の栽培地域の広がりについての情報は収集されても、栽培者や農作業の性別分業といった視点を欠いていることが指摘されている。安渓貴子（2016）「毒抜き法をとおして見るアフリカの食の歴史―キャッサバを中心に」石川博樹・小松かおり・藤本武編『食と農のアフリカ史』所収。

❷ アフリカ諸国の女性による農地の保有率（出典）国際連合食糧農業機関（FAO）ジェンダーと土地保有権データベースに基づき筆者作成。http://www.fao.org/gender-landrights-database/data-map/statistics/en/（2022年2月7日最終閲覧）

国	女性の農地保有率	年	国	女性の農地保有率	年
アルジェリア	4.10%	2001	マダガスカル	15.30%	2004-2005
ボツワナ	34.70%	2004	マラウイ	32.10%	1993
ブルキナファソ	8.40%	1993	マリ	3.10%	2004-2005
カボヴェルデ	50.50%	2004	モロッコ	4.40%	1996
コートジボワール	10.10%	2001	モザンビーク	23.10%	1999-2000
コンゴ民主共和国	8.90%	1990	ナイジェリア	10.00%	2007
エジプト	5.20%	1999	セネガル	9.10%	1998-1999
エチオピア	19.20%	2011-2012	タンザニア	19.70%	2002
ガンビア	8.30%	2001-2002	チュニジア	6.40%	2004-2005
ギニア	5.70%	2000-2001	ウガンダ	16.30%	1991
レソト	30.80%	1999-2000	ザンビア	19.20%	2000

　原典のデータは各国の農業統計に基づく。なお、各国の法令に基づき、個人の権限の範囲は、土地の利用権に限られ、土地の所有権は国家に帰する場合もある。そのため、ここでは保有と表現する。全般的な傾向としては、母系・父系といった社会構造の影響のみならず、イスラーム教の影響が強い北アフリカ・西アフリカでは女性の農地保有率が低いことも顕著である。

▶参考文献

石川博樹・小松かおり・藤本武編（2016）『食と農のアフリカ史―現代の基層に迫る』昭和堂
和田正平編（1996）『アフリカ女性の民族誌―伝統と近代化のはざまで』明石書店
ボニー・ヒューレット（服部志帆・大石高典・戸田美佳子訳）（2020）『アフリカの森の女たち―文化・進化・発達の人類学』春風社

問い　①アフリカ地域の社会構造にはどのような多様性があり、それは生業のあり方とどのように結びついているのか？

②農業の近代化は社会構造にどのような変容を及ぼしたのか、ジェンダーの観点をふまえて考えよ。

モンゴル帝国の宮廷の女性

◆**遊牧国家のジェンダー史**　遊牧国家をジェンダー史の視点で分析した事例として、モンゴル帝国の宮廷で活躍した2人の女性を取り上げてみたい。

　一般に中央ユーラシアの遊牧民の社会は、男性がリーダーシップを取ることが多く、家庭内では父親の権限が強い。季節ごとに移動を繰り返す遊牧民は、移動中・移動先での困難やトラブルに出会うことが多いことが影響していると思われる。

　モンゴル帝国の統治者はカンまたはカアンと呼ばれ、その正妻はカトンと呼ばれた。統治者の婚姻は一夫多妻制であり、4人程度の正妻がいることが多い。モンゴル帝国の宮廷を描写した細密画を見てみると、統治者が座る玉座には男女2人が描かれており、統治者の左側に座る女性が、正妻の筆頭に位置する第一カトンである。

　相続は、兄弟の上から財産を分与されて独立し、最後に残った末子が父親の死後に財産を相続する末子相続制度が基本だった。一方、帝位継承の順位は決まっておらず、統治者の死後にクリルタイと呼ばれる王族・重臣による会議で次の統治者を選ぶことが慣例となっていたが、これが帝位継承争いを生む温床となった。

◆**帝国の政治を動かした女性①トレゲネ・カトン**
モンゴル帝国（1206-1388）の統治者は基本的に男性であるが、まれに女性が権力を掌握することがあった。それは、統治者の死後、その妻が摂政として臨時に権力を掌握する場合である。ここでは、オゴデイ・カアンの妻トレゲネ・カトン（?〜1246）の事例を紹介する。

　トレゲネは戦争捕虜としてオゴデイの宮中に入り、第二カトンになった。第一カトンのボラクチンに子どもがなく、トレゲネには4人の息子がいた。そのため、1241年にオゴデイ・カアンが死去したとき、次のカアンの即位まで、トレゲネが摂政として実権を掌握した。オゴデイの兄チャガタイや他の皇子たちは、トレゲネがカアン候補者の母親であったため、彼女が摂政として国事を代行することを認めた。

　オゴデイは、生前に第3子クチュを後継者に選

玉座に坐るカンとカトン
Mongol Throne Scene. Staatsbibliothek zu Berlin, Orientabteilung, Diez A, fol. 70, S. 10, Nr. 01.

んだが、彼は若くして亡くなったので、クチュの息子シレムンを後継者に指名していた。しかし、トレゲネが望んだのは孫のクチュではなく、長子グユクの即位だった。トレゲネはクリルタイで他の王族を説得し、グユクを即位させることに成功した。グユクは、1246年にモンゴル帝国の第三代カアンとなった。トレゲネは、グユク即位の2−3カ月後に死去した。

　このように、モンゴル帝国では、次の統治者が決定するまでの過渡期に、しばしば亡くなった統治者の妻が権力を掌握することを認められた。その女性にとっては、自分の息子を次の統治者にするためのチャンスでもあった。

◆**帝国の政治を動かした女性②ソルカクタニ・ベキ**　モンゴル帝国の女性の中でもっとも名声があり、帝国の命運を担って活躍したのはソルカクタニ・ベキ（?〜1252）である。彼女は、チンギス・カンが滅ぼしたケレイト王国の王族出身で、彼らに広まっていたキリスト教ネストリウス派（東シリア教会）の信者であった。彼女は、1203年のケレイト王国滅亡後に、チンギス・カンの末子である第四子トルイと結婚した。2人の間には4人の男子モンケ、クビライ、フレグ、アリク・ボケが

生まれた。

　トルイは、金朝遠征で活躍した直後の1232年に、40代半ばで病死した。それは、残されたソルカクタニ・ベキにとって、苦難の時代の始まりであった。トルイの兄の第二代オゴデイ・カアンは、モンゴルのレヴィレート婚（寡婦と亡夫の弟または甥との婚姻）の習慣にしたがって、ソルカクタニ・ベキ（おそらく当時40歳代）に息子グユクとの再婚（叔母ー甥婚）を勧めたのである。しかし、彼女は4人の息子を一人前にするのが自分の務めだと言って断った。

　トルイ家は、チンギス・カンの死後、彼の直轄領にいた民を、モンゴルの末子相続の制度に従って相続し、トルイの死後は、妻のソルカクタニ・ベキが管理していた。ところが、オゴデイ・カアンは、チンギス・カンの取り決めに反して、彼女の管理する民のうち三千戸を取り上げ、自分の息子コデンに与えたのである。怒ったトルイ家の家臣たちは、オゴデイ・カアンに直接抗議するよう彼女に訴えた。彼女が家臣たちに対して、「あなたたちの言うことは正しい。しかし、我々は十分な財産を相続しています。我々もカアンのものであって、彼が支配者だ。彼が正しいと考えたことを命じるのです」と言うと、家臣たちは沈黙して承諾した。彼女の判断と努力によって、争いを回避することができたのである。トルイ家とオゴデイ家は、対立することなく友好関係が続いた。

　第三代グユクが即位した時、彼女は甥グユクの即位を支持した。ところが、グユクは数年後に病死し、トルイ家にチャンスが巡ってきた。このとき、ソルカクタニ・ベキが頼りにしつつ気を使った相手は、南ロシア草原に領地を獲得していたジョチ家のバトゥだった。彼はチンギス・カンの長男の家系の男性として王族内で強い発言権を持っていた。彼女は、バトゥがいとこ同士でほぼ同年齢である息子モンケが対立しないように、モンケをバトゥのもとに相談に行かせた。バトゥは、モンケに会ってその実力を認め、彼を積極的に支持することにした。その結果、クリルタイで彼の即位が承認され、1251年、モンケがモンゴル帝国の第四代カアンとなったのである。

　1246年にカラコルムのグユクの宮廷に滞在したプラノ・カルピニ修道士は、ソルカクタニ・ベキについて「この女性は、すべてのタルタル人の中で皇帝の母親（トレゲネ）を除いてもっとも高名であり、バトゥを除いて誰よりも影響力がある」（カルピニ「モンガル人の歴史」）と述べ、王族内での彼女の存在の大きさを指摘している。

　ソルカクタニ・ベキの機智と努力で、王族内の権力争いが巧みに回避され、トルイ家が帝位を獲得し、以後モンゴル帝国はトルイ家を中心に発展していった。しかし、彼女が1252年に死去し、モンケ・カアンが1259年に南宋遠征中に死去すると、彼の弟クビライとアリク・ボケの兄弟間で帝位継承争いが発生し、チンギス・カン家や帝国を二分する戦争になってしまった。それは、母ソルカクタニが極力回避することを望んでいた帝位継承をめぐる王族内の権力闘争であった。

　ソルカクタニ・ベキはキリスト教徒であったが、イスラーム教徒の保護にも尽力した。中央アジアのブハラにイスラーム教の学校マドラサの設立のために、彼女は自己資金を提供したと言う。

　モンゴル帝国には、トレゲネ・カトンのように一時的に帝国を統治した女性もいたが、帝国に対する最大の貢献は、ソルカクタニ・ベキが行ったような、男性王族間の権力争いを緩和するための政治的判断と紛争回避の努力であった。（宇野伸浩）

▶参考文献

宇野伸浩（2021）「モンゴル帝国のカトン―帝国の政治を動かした女性たち」『修道法学』44（1）

杉山正明（1996）『モンゴル帝国の興亡（全2巻）』講談社現代新書

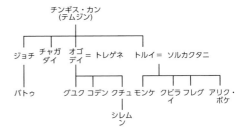

アジアの自己認識
──インドの事例から

◆**さまざまな世界像**　前近代の諸地域には、さまざまな世界像が存在した。しばしば、それらは、自らの生活世界を中核において概念化したものである。漢民族の「中華」などがすぐに思い浮かぶであろう。「中華」とは単なる空間的な概念ではなく、儒教的な倫理道徳が実現されている社会を意味したと言う。「中華」は対照的な存在としての「夷狄」概念を伴ったが、後者は、ギリシア人にとっての「バルバロイ」（野蛮人）のイメージに重なる。インドにおいては、「ムレーッチャ」が「野蛮人」にあたる概念として存在した。「ムレーッチャ」であるとみなされる主な指標は、サンスクリット語を話さず、ダルマ規範、つまり、ヴァルナ（種姓）に定められた正しい行為を遵守しないことであり、時代によって変遷し、イスラーム教徒なども含まれるようになる。

◆**ヒンドゥーの世界像**　インドの古典文献には、中央にメール山が聳え立つジャンブ・ドヴィーパ（洲）という島大陸を世界の中核におき、その周りを 7 洲 7 海が円心状に取り巻くというイメージ（それらの海は、塩、砂糖キビのジュース、精製したバター、ワイン、ミルクなどからなる）が登場する。このイメージは、ヒンドゥー教、仏教、ジャイナ教に共通し、日本へも伝わり、メール山、ジャンブ・ドヴィーパはそれぞれ須弥山、閻浮提として知られた。アショーカ王は自らの帝国をプリトヴィー（earth）、もしくは、ジャンブ・ドヴィーパと言及し、のちの時代には、ジャンブ・ドヴィーパはインドのことも指すようになった。

　現在のインドの正式国名は、バーラトである。これは古典文献のバーラタ・ヴァルシャ（バラタ族の国土の意味で、叙事詩『マハーバーラタ』はバラタ族の戦争を描く）に起源を辿ることができるが、それは、ジャンブ・ドヴィーパの一部（南部）に位置するとされる。バラモン的な観点からは、バーラタ・ヴァルシャのみが、宗教儀礼を遂行するのに適した地であり、上位 3 ヴァルナ（バラモン、クシャトリヤ、ヴァイシャ）の居住すべき地であった。一方、シュードラの居住地は問題とされなかったようである。

◆**母なる大地から国民国家の表象としての「バーラト・マーター（母なるインド）」へ**　インドの大地は、『リグ・ヴェーダ』の時代から女性として想念されてきた。植物の生命をもたらし維持する大地が女性の再生産機能と結びつけられたことは想像にかたくない。河もまた女性としてイメージされ、女神化もされてきた（ただし、インドという名のもととなったスィンド河（インダス河）は例外である）。

　ナショナリズム運動期、インドという国（バーラト）を女性（女神や若い女性）の姿でイメージする現象が生まれた。ベンガルの著作家・思想家バンキムチャンドラによる歴史小説『アーナンダマト』（1882年）に挿入された詩に繰り返される「バンデー・マータラム（母なる大地を讃える）」という言葉は愛国的スローガンとなり、また、詩にはタゴールが旋律をつけ、歌われた。「バーラト・マーター」の図像は、しばしば、インド地図と重ねあわせて描かれた。植民地支配によって囚われの身となったバーラト・マーターは、彼女の解放のために命を捧げる革命家たちを鼓舞し、殉教者たちを慰撫した。しかし、1930年代には、偶像崇拝を否定するという立場からイスラーム教徒の一部によって批判された。独立後は、もっぱらヒンドゥー至上主義勢力が「バーラト・マーター」の表象や「バンデー・マータラム」を独占する傾向がみられる。一方、タミル文化・言語も「タミルの母」としてイメージ化された。

◆**領土とナショナリズム**　イギリス帝国主義時代、帝国領土は世界地図にピンクや赤で示された。一方、植民地インドでは、インドを超えた領域がインド人知識層の想像力を刺激した。インド文明が遠く東南アジアに及び、その地を「インド化」したという「大インド（greater India）」概念は植民地支配下のインド人エリート層には魅力であったろう。ベンガル知識層を中心としてカルカッタに創設された「大インド協会」は、1920年代から同説を喧伝した。また、19世紀後半にヨーロッパで議論された、インド洋の海中に沈んだとされるレムリア大陸の仮説は、タミル地域の南方に広がっていた大陸として、とくにタミル知識層を惹きつけた。自民族の文化・文明がより広大な国土に及ぶという仮説や想像は、ナショナリズムや民族の「誇り」と強く結びつくという事実を示唆する事象と言えよう。（栗屋利江）

▶**参考文献**

定方晟（2011）『インド宇宙論大全』春秋社
秋田茂他編（2016）『「世界史」の世界史』ミネルヴァ書房

第2章

世界の創造と再創造
―植民地主義とグローバル化

1）概論

世界の創造と再創造
—植民地主義とグローバル化

🔍【読】世12−1

◆**植民地支配/植民地近代性**　1930年代、地球の全地表面積の84.6％を植民地と旧植民地が占めた。植民地支配は、現地社会を経済的に搾取しただけでなく、文化・社会的なレベルでもまた多大な影響を与え、その爪痕は今日まで残る。支配国は、既存の権力構造をしばしば強化したのみならず、「部族」、「カースト」、「人種」といった区分を固定化し、人々の分断をもたらした。一方で、植民地社会に導入された男性に偏した土地私有権の付与、公と私の区別、家庭性（ドメスティシティ）といった西欧近代的なジェンダー構造・規範は、現地のエリート層によっても受容された。また、イギリス支配地域に本国のソドミー法が導入されたように、在地社会には存在しなかった類の性的マイノリティに対する差別意識が醸成された。植民地化の過程に、現地のエリート層が、積極的・消極的に関与したことも確かであり、植民地支配を通じた「近代」（植民地近代性）を、西洋的とも非西洋的とも名づけることは一面的であろう。それでも、植民地支配の歴史は、「西洋とその他」といった認識上の区分を現代まで存続させるインパクトを残した。

◆**脱植民地化と冷戦**　第二次世界大戦後、脱植民地化が進んだ。しかし、独立に至る過程は、宗主国によっても、また、同じ宗主国の支配地域でもさまざまだった。「白人」入植者の存在は、独立の障害になり、南アフリカのように、アパルトヘイト体制へと結果したような場合もあった。宗主国は植民地の政治的独立を認めながらも、経済的・政治的な影響力や威信の保持を図り、軍事戦略的観点や石油や鉱物資源の存在などが周到に計算された。旧植民地をコモンウェルスにつなぎとめようとしたイギリスなどは典型である。さらには、「開発援助」は勢力圏の保持と強く結びついていたのである。

　第二次世界大戦の終結は、冷戦の開始でもあった。朝鮮戦争、ベトナム戦争など局地的な「熱い」戦争が起こる一方で、軍事独裁政権は、「冷戦の論理」に従って、しばしば大国によって支えられた。1955年のインドネシアのバンドンで開催された会議は、新興諸国が、アメリカ、ソ連のいずれの両陣営からも距離をおく第3の道を模索し「非同盟主義」を謳ったが、それぞれの国民国家の利害から自由ではなかっ

た。すでに1993年に世界銀行の報告書が「東アジアの奇跡」といった造語を作り出し、香港、台湾、韓国、シンガポールの４国の経済発展に注目したように、旧植民地地域における経済格差もすすんだ。「第３世界」は一枚岩ではなかった。

◆冷戦の終結と新自由主義経済のグローバル化　ベルリンの壁崩壊（1989年）、ソ連崩壊（1991年）を契機に、市場経済を至上とする新自由主義経済が世界を覆うようになる。旧社会主義圏での民主主義的な「市民社会」の創生などが歓迎されたものの、福祉の切り下げや女性の労働市場からの撤退など、体制転換に伴う矛盾は、ジェンダー的に不均等に配分される側面もあった。また、冷戦の終結は、各地で独裁政権が倒れる契機にもなった。

冷戦の終結を待っていたかのように発生した「民族紛争」は集団レイプなど、女性に対する過酷な暴力を伴った。1991年、金学順が元「慰安婦」として証言したことをきっかけに、日本軍「慰安婦」の実態が白日のもとに晒されることになったが、それに対する激しい反発が明らかにしてきたのは、「ナショナリズム」とジェンダー（とくに女性のセクシュアリティ）の絡み合う相貌である。

21世紀は9.11同時多発テロ、アメリカ（とその同盟軍）によるイラク、アフガニスタン攻撃と戦争によって幕開けした。さらには、現時点では、ロシアによるウクライナ侵攻が続いている。アフガニスタンのターリバーン政権への攻撃が同政権による女性抑圧が根拠とされることに示されるように、戦争を頂点とする暴力とジェンダーの負の連鎖を断ち切ることが求められている。

◆再生産労働（ケア）の国際分業化　グローバルな構造再編のプロセスにおいてジェンダー規範は、安価でフレキシブルな労働力、または福祉政策の後退を家庭内で引き受けるケア担当者として女性を位置づける機能を果たしている。グローバル化はヒト、モノ、カネの大規模な移動に特徴づけられるが、1990年代以降、顕著な現象として注目されてきた一つが、移民の「女性化」である。「先進」国や一部のアジアの経済振興国へ、家事・ケア労働にたずさわる女性たちが移動し、再生産労働の国際分業とも言える現象が生まれている。フィリピンやスリランカのように、外貨獲得のために国家がかりで女性労働者の送り出しに介入する場合もあり、女性労働力は資源化している。

一部の「国際結婚」の内実が、「先進」国の男性の妻としての貧しい女性の移動であることが指摘されてきた。セックスワーカーとしての移動を含め、女性の身体もまた資源化している。セックスワーカーをめぐっては、犯罪組織による搾取を伴うことがあり、国際的な関心を集めているが、アメリカ国務省が2001年から発表している「人身売買報告書」のような女性の管理・統制に傾いたアプローチには疑問も

呈されている。

　「途上国」に設けられた多くの輸出加工区やバングラデシュの縫製工場における若年女性労働者の雇用に典型的なように、国際競争のもとで安価な女性労働者は、グローバル・サプライチェーンを底辺で支えてきた。もちろん、そうした女性が搾取される側面のみを強調するのは一面的であろう。新たな活動の場と収入が彼女たちに提供する可能性と彼女たち自身のエージェンシーが当該社会にもたらす変容に注視する必要がある。

　◆開発とジェンダー　国連は「途上国」の貧困削減を掲げて開発援助を継続してきているが、70年代以降、開発における女性の役割を重視する「開発と女性（Women in Development, WID）」アプローチが登場する。その背景には、それまでの開発政策（例えば、60年代の「国連開発の10年」）が失敗してきたという認識があった。女性に焦点をあてるという発想は、男性に比して女性は自らの収入を家族メンバーの福利のために使うという認識に依拠するものである。バングラデシュのムハンマド・ユヌス（2006年、ノーベル平和賞受賞）が創始したグラミン銀行によるマイクロクレジット（貧しい農村女性への無担保、低金利の少額融資）は、そうした流れのなかで、貧困撲滅の有力手段として世界中に広まった。ただし、多重債務や、融資が男性の家族メンバーの起業のために利用されるなどの批判もある。1990年代以降は、WIDアプローチが持つ開発への女性の「寄与」といった視角の限界を乗り越え、ジェンダー構造そのものの変革を目指す「ジェンダーと開発（Gender and Development, GAD）へとシフトしてきた。そのなかで、1995年の第4回世界女性会議（北京会議）でもキーワードとなったエンパワーメント、ジェンダー主流化が焦点化されている。

　NGOが女性の貧困や教育、保健衛生などの分野で存在感を増したのは、1980年代以降である。1995年の北京会議と同時に開催されたNGOフォーラムに5万人近い参加があったのは象徴的である。女性NGOはマイクロクレジットを推進する主体でもある。ただし、国際NGOによる援助・介入が欧米諸国における関心によって左右されること、エンパワーメントというキーワードが、新自由主義経済に親和的な、市場経済を駆使して「自助」に勤しむ起業家的な女性主体を立ち上げる傾向、ジェンダー構造そのものの改革ではなく国家の福祉政策の下請けのような活動にとどまること（女性運動の「NGO化」と評される）などが、批判を受けてきた。

　◆グローバル化とフェミニズム　1970年代は、世界各地で第二波フェミニズム運動が活性化した。その内容はさまざまであるが、身体、セクシュアリティ、暴力の問題が焦点化される傾向があった。注目されるのは、ブラック・フェミニストや「第

３世界」のフェミニストから提起された批判である。彼女たちは、もっぱら白人中間層女性の関心に基づく要求を、女性全体の要求かのようにみなす傾向を批判した。インドの場合、1990年代以降、上位カースト・ミドルクラスのヒンドゥー女性中心のインド・フェミニズムが批判されることになった。また、近年、イスラミック・フェミニズムの諸潮流も台頭している。こうした状況をフェミニズム運動の分裂として嘆く向きもあるが、さまざまな批判が持つ可能性とエネルギーに注視する必要があろう。実際、ジェンダー以外の人種、エスニシティ、カーストなどによる差別とジェンダー差別との交差性に対する議論が近年深化している。

　「女性の権利は人権である」というスローガンが提起されたのは、1993年のウィーン世界人権会議の前後である。主に国連によるジェンダー平等を追及する動向は、1979年の女性差別撤廃条約以降、ますます進行しつつある。撤廃条約の条項への保留が多いことや、各国に義務付けられた報告書の提出が停滞することなどに加え、人工中絶の自己決定権や性的指向などをめぐる対立なども表面化している。また、「国際人権レジーム」という表現は、しばしば（無意識に）西洋の経験に基づく画一的な「人権」定義が、非西洋社会への抑圧として働くという危惧を示す。「人権」言説は、抵抗の武器にも管理・統制の武器にもなり得る。

　◆21世紀の世界とジェンダー　2011年にアメリカで起きたオキュパイ・ウォールストリート運動に参加した女性が掲げたプラカードには、（女が）「世界の労働の3分の2を担っているのに、世界の収入の10％しか得ておらず、世界の1％以下しか所有していない。わたしたちは99％の一員だ」とあったと言う。1990年代以降に顕著となる新自由主義経済の席捲は、各所で経済格差を拡大し、経済が成長すれば、その恩恵が貧困層にも及ぶとする「トリクルダウン」理論は否定されている。

　格差の拡大を押しとどめ、解消すると同時に、環境の危機といかに対峙するのか。サブシステンス経済や「脱成長」、「ケアの倫理」の議論など、今日、労働概念・人間関係・消費活動などをめぐって根本的な見直しを問う動きがあるが、いずれも、ジェンダーの視角を欠くことはできない。ジェンダー視角に根差した社会的想像力が試されている。（粟屋利江）

▶参考文献

伊藤るり・足立眞理子編（2008）『国際移動と〈連鎖するジェンダー〉—再生産領域のグローバル化』作品社
宮地尚子編（2008）『性的支配と歴史—植民地主義から民族浄化まで』大月書店
土佐弘之（2000）『グローバル／ジェンダー・ポリティクス—国際関係論とフェミニズム』世界思想社
マーサ・A.ファインマン（穐田信子・速水葉子訳）（2009）『ケアの絆—自律神話を超えて』岩波書店

2）植民地化による地域・社会の再編成

①アパルトヘイト体制とその遺産

📖 Ⅰ－コラム⑱　🔍【読】世12－6

◆植民地化の究極の形態としてのアパルトヘイト　　極端な人種差別・隔離の体制として知られる南アフリカのアパルトヘイトの仕組みは、17世紀半ば以降のオランダ東インド会社下での植民と19世紀以降のイギリスによる植民の積み重ねの上に、1930年代までにほぼできあがった。すべての人をいずれかの「人種」に分け、アフリカ人＝黒人（「原住民」）の場合にはさらにいずれかの「部族」に分類し、狭小な「居留地」をあてがい、それ以外での土地の入手や自由な移動を禁じ、参政権ばかりでなく、社会・経済のあらゆる領域における権利を奪う体制である。

このような体制は、1870年代以降に展開する鉱山開発に必要な大量の安価な労働力を確保するために徹底されたが、アフリカ人を「部族」に帰属させ無権利な臣民とする「原住民統治」の基本は、南アフリカ以外の植民地支配にも共通していた。

◆「居留地」と「部族」　　南部アフリカの人々は言語を核に、いくつもの集団をなしていた。それらの言語の大部分は「バントゥ系」と括られる共通の基礎を持つもので、相互に了解可能な程度の差異しか持たないものも多い。集団間では通婚も一般的で、相互に緩やかで流動的な関係にあった。そうした人々をいずれかの「部族」に固定的に属するものとして登録し、空間的にも隔離したのが「居留地」の体制だった。「居留地」には、植民地政府の意に沿う「首長」（例外なく男である）がおかれた。

◆「部族」と慣習法　　アフリカ人社会には、土地の分配、婚姻、相続や、それらをめぐる紛争の調停などに関わる慣習法があり、女性の地位もこれによって大きく規定されていた。とはいえ、それは文字通り「慣習」を束ねたものであり、時とともに変化した。それに対し植民地政府は、「民族学者」などの協力を得て、慣習法の成文化を図った。特定の「部族」に不動の「慣習法」をあてはめる発想はアフリカ人社会の実態からは大きく外れるものであったが、アフリカ人を白人の法から除外した上で統治の体制を築くために、そのような成文化が進められたのである。

1927年の「原住民統治法」は「部族」ごとの慣習法を前提に、すべての「原住民」に共通する規則として、女性の土地専有・利用権や財産の相続権を否定した。また、女性を法的な未成年とし、自身の子に対する親権も認めなかった。「原住民統治」と

は、アフリカ人を総体として無権利化するのみでなく、家父長制的な体制を強化・固定し、アフリカ人社会における女性の地位を退行させるものだった。

◆**都市化と慣習法の世界**　「居留地」制度の下で、現実には多くのアフリカ人たちが都市や鉱山での出稼ぎ労働に携わった。出稼ぎ労働に出たのはまずもって男たちであったが、自給生活のままならない「居留地」に残る女たちも、次第に経済機会を求めて都市に出ていくようになる。白人家庭での家事労働や行商、工場労働などに加えて、家族のもとを離れて暮らす男たちを相手に性を売る女性も現われた。植民地政府と「居留地」の支配層は、女性が都市に出ることをさまざまな方策で阻止しようとしたが、それは食い止めることのできない流れだった。

こうして、アフリカ人たちは、「居留地」にとどまるという建前の一方で、都市（ただし、都市においても「原住民」の居住区が指定されていた）にも大量に存在し、空間的には二つの世界に属し、その間を往来したが、いずれの場所にあっても、彼ら／彼女らを法的に律するのは「慣習法」と「原住民法」だった。

◆**現在まで生き残る「慣習法」**　1990年代半ばにアパルトヘイト体制は崩壊する。そして、世界的にみてもきわめて先進的な内容をもつ新憲法が1997年に発効した。条文に「ジェンダー」という用語があり、社会生活のあらゆる面でのジェンダー平等が掲げられ、性的指向による差別が禁止されていることなどは特筆に値する。この憲法の下で、その後、同性婚も法的に認められた。

その一方で、「慣習法」は、「憲法に抵触しない限りで」との条件つきで、存続が認められることになった。土地所有や相続における男女の不平等などは否定されるものの、土地配分の采配や民事的な紛争の調停などにおける「首長」の権限が認められたことにより、農村地域においてはアパルトヘイト時代から続く不平等な慣行が後を絶たない。それどころか、土地が不足する中で、夫を亡くした女性が暴力的に土地から追い立てられるなどの例が増えてすらいる。

都市と農村の空間的な二重構造は、かつてはそれを横断して「原住民」を無権利状態におき、女性を公的な領域においても私的な領域においても無力化した。アパルトヘイト後の南アフリカでは、すべての人に適用される憲法の存在にもかかわらず、農村において慣習法に左右される人々を残すという法的な二重構造を持続させ、とりわけ女性にとっての不利益を温存しているのである。（永原陽子）

▶**参考文献**

アイリス・バーガー（富永智津子訳）（2006）「南アフリカにおけるジェンダー闘争」富永智津子・永原陽子編『新しいアフリカ史像を求めて─女性・ジェンダー・フェミニズム』御茶の水書房
Mahmood Mamdani（1996）*Citizen and Subject*, Princeton University Press

2）植民地化による地域・社会の再編成

②植民地化による南アジア社会の再編

I-3-4-④,II-1-5-③,II-2-2-③,I-1-4-④,II-2-3-③,III-コラム⑤　🔍【読】世12-1,世12-2,世12-8,日8-12,日9-8,日9-9,日9-16

◆**植民地支配と国境**　第二次世界大戦後に誕生した国民国家の国境が、かつての宗主国による植民地支配地域のそれと合致することは広く知られる。ただし、南アジアの場合、イギリス領からインドとパキスタンという二つの国が誕生した（分離独立）。両国の国境は、イスラーム教徒の分布によって決定されたが、イスラーム教徒多住地域であるカシミール地域が現在でも両国のあいだで深刻な政治的対立事案として残された。しかし、「宗教」が個人もしくは国家のアイデンティティの核として政治的に重要な要素とみなされるようになったということ自体、植民地支配の体験と強く結びついており、南アジア諸国における現代のような形での宗教コミュニティ間の摩擦の起源は植民地支配期に辿ることが可能である。

◆**植民地化の前後における継続と変化**　イギリス支配は、支配に先立つ現地の諸制度や社会構造を温存した側面がある。したがって植民地支配によって南アジア社会が根本的に変化したと理解するのは一面的であり、また、現地社会の変容に関与したインド社会側のさまざまなアクターの主体性を否定することになる。

　イギリス支配がもたらした全般的な変化として、人口の「定住農民化」が指摘されてきた。安定した地税の徴収を最重要課題とした植民地政府にとって、当時存在した移動する多種多様な諸集団の統制が求められた。例えば、1871年の「犯罪部族法」は、移動する集団（ヒジュラーも含む）を生まれながらに犯罪に走る集団と断定したうえで、その居住地を固定化しようとした。同法は独立後の1949年に破棄されるが、独立時、100以上の集団、人口にして1300万人ほどが対象となっていた。同法も示唆するように、「個」ではなく、集団で人口を把握しようとする植民地政府の視座には、「個」がカースト、トライブ、宗教などの諸集団に埋没しているというインド社会理解と、統治の効率性の観点が絡み合っていた。

◆**宗教/カースト・コミュニティの実体化**　南アジア社会には実に多様な信仰が存在する。ヒンドゥー教（Hinduism）という表現自体、一般化するのはイギリス支配期であり、いわゆる「ヒンドゥー教徒」の間での信仰形態は地域やコミュニティによって多様である。また、イスラーム教とヒンドゥー教との間の関係も流動的・相互浸

透的である。イギリス支配期の特徴は、宗教コミュニティ間の境界線を明確化・固定化したことにみられる。重要な分野は司法である。家族法の分野でヒンドゥー法、イスラーム法が適用されるという準則は1772年に導入された。同準則により、それまで地域やコミュニティ、極端な場合は家族ごとにさまざまな慣習に従ってきた状況が、宗教により異なる法（属人法）によって決定されることになった。独立後のインドにおいても、属人法は宗教コミュニティの外枠を形成する重要な要素の一つとして機能し、とくにイスラーム法における婚姻と離婚や相続をめぐる女性の地位・権利の問題は、ヒンドゥー至上主義勢力によってイスラーム教徒、およびイスラーム教徒に対して「宥和的」な政府への攻撃の切り口となってきた。

1881年から本格的に導入されたセンサス（国勢調査）もまた、宗教コミュニティの実体化に大きく寄与した。10年ごとに宗教が問われ、多種多様な回答は、ヒンドゥー教、イスラーム教といった大きなカテゴリーにまとめられたのだった。また、1909年のインド統治法を皮切りに導入された分離選挙制度（イスラーム教徒のみが投票できる選挙区を設けた）は、宗教アイデンティティを政治的に組織する機運を醸成した。

イギリス支配はカーストを固定化・実体化したとしばしば指摘される。前述のセンサスは、カースト意識を強化するのみならず、カーストの序列を示した1901年のセンサスが典型的なように、カースト間競合を刺激した。19世紀末から多数の「カースト協会」が創設されるが、そうした協会はカースト内の慣習の改革のほかに、しばしば、より高いカースト地位を主張した。カーストと区別される「トライブ」というカテゴリーも、イギリス支配期に確立したと言える。

◆「伝統の創造」とジェンダー　被植民地社会のイメージは、宗主国との差異化によってしばしば構築される。インド（ヒンドゥー）社会の場合、植民地期を通じて、村落共同体、カースト制度、合同家族（ジョイント・ファミリー）の３要素が繰り返しヒンドゥー社会の核として論じられてきた。これらは、ときに「進歩」を妨げるものとして糾弾され、ときに近代西洋社会の欠陥からインド社会を防御するものとして評価された。留意すべきなのは、カースト制度と合同家族は、その保持にとって女性のセクシュアリティ管理が必須であるという意味で、ジェンダー規範と強く結びついている点である。サティー（寡婦の殉死）がヒンドゥー女性の理想として擁護される言説が示唆するように、「伝統」はしばしば、ジェンダー規範に依拠しつつ「創造」される。（粟屋利江）

▶参考文献
粟屋利江（1998）『イギリス支配とインド社会』山川出版社
藤井毅（2003）『歴史のなかのカースト──近代インドの〈自画像〉』岩波書店

2）植民地化による地域・社会の再編成

③植民地支配のなかの婚姻・性関係
─ドイツの場合

Ⅰ－1－6─①, Ⅱ－2－1, Ⅱ－2－3─②　【読】世13－10, 世13－11

◆**植民地主義と性的搾取**　長野オリンピックの開会式（1998年）では、オペラ「蝶々夫人」が使われた。竹村和子は、植民地主義と性差別に無頓着な演出の「屈託のなさ」に驚き、性の体制と国家・民族との関係に批判的な視座が公的に共有されていなかったと指摘している。日本は植民地化されなかったため、「蝶々夫人」は悲恋の物語として審美化されているが、帝国主義時代のコロニアルな文脈を反映した物語である。植民地進出をしていた西洋諸国では、単身で現地にのりこんだ男性の多くが「現地妻」という形態で現地女性の性を搾取していた。「悲恋の妻」である蝶々夫人も、その現地妻で、アメリカ人「夫」は、帰国後に白人女性と結婚した。

　近代国家である西洋諸国は、支配者である自らを被植民者と差別化し、自国の性規範を維持するために、その外部に性的な他者を作り出した。そのさい生まれた図式が、近代家族という厳格な性規範を実践する文明国と、性的魅惑に満ち、文明国の男性を誘惑する野蛮な被植民地の女性である。人種の差異化が開始された啓蒙の時代に、ヨーロッパ各地で性の見世物となり、臀部や生殖器の研究対象とされた「ホッテントット」の女性は、文明・男性という支配主体によって完全な客体にされた。

◆**ドイツの植民地獲得と性**　列強に遅れて植民地獲得にのりだしたドイツは、1884年からアフリカの国々を支配下においた。以前から当地で生活していた宣教師や商人に加えて兵士が駐留し、入植者も増加したが、女性は気候風土の厳しさや物質的困難、戦争の脅威といった理由で、植民地行きを期待されなかった。征服者であるドイツ人男性による現地人女性に対する性暴力は絶えなかったが、他方で彼らはドイツの市民モラルの彼方で「原住民」と合意の上で性関係を持ったり、非婚同居したりした。なかには、彼女たちと正式に結婚する者もいた。ドイツ人女性が不在のなかで現地人との性関係は「必要悪」として黙認されていたが、20世紀への転換期から、支配人種であるドイツ人と原住民との間に厳格な境界線を引くべきという声が強くなった。そして、性の自由より人種の純粋性を優先すべきという主張が勝り、男性の自由意志を制限して、ドイツ人と現地人との婚姻締結を禁止する動きが出てきた。

◆**異人種婚の禁止**　原住民とドイツ人男性の恒常的な性関係を否定すべき理由として、

ヨーロッパ人の文化水準の原住民のそれへの引き下げ、ないし白人入植者の悲しむべき退化（1920年の『植民地事典』）を意味する「カフィール化」という言葉が使われた。両者の性関係によって男性はドイツ性を喪失するが、アフリカ人女性の水準引き上げは絶対に不可能、とされた。これにより、ドイツ人の政治主導の立場は疑問視され、国民の名誉が毀損される、というのである。さらに、当時の国籍法・家族法の血統主義的父系原則に則りドイツ人男性の妻や子どもはドイツ国籍を得るため、ドイツ国籍と白人との結びつきが維持されず、「支配者としての白人／支配される者としての黒人」という植民地秩序が脅かされる、とみなされた。

　ドイツ人入植者が集中していた西南アフリカでは、1903年に植民地当局の政令によって、すべての混血児が原住民と定められ、1905年には、ドイツ人とアフリカ人の結婚禁止の指令が出た。さらに当局は自治体令によって、異人種と婚姻および事実婚関係にあるドイツ人の選挙権を、国民ならびに白人の名誉毀損、個人の品位毀損という理由で剥奪した（後に一部復活）。

　◆ドイツ人女性の植民地への移住　「ドイツ植民地協会」（1882年結成）は、白人女性の不在に起因するドイツ人男性のアフリカ人女性との性関係を憂い、ドイツ人女性を植民地へ移住させてドイツ性を守ろうとした。ドイツ人在住者の妻や婚約者、縁者の女性、配偶者との出会いを求める家事使用人の渡航が進められたが、数は少なかった。より効果的な事業推進のために1907年に「ドイツ植民地協会女性連盟」が結成され、彼女たちはドイツ国内での活発なキャンペーン活動の展開によって男性協会をはるかに上回る成果を達成した。

　「女性連盟」の目的は、女性と男性が協力して植民地に「新しいドイツ」を作ることだった。彼女たちは、男性／女性、戦闘／出産、征服／維持、国家形成／民族形成（人種の純粋性および文化の保持）と、男女の領域を分離し、双方がいなければ支配民族としてのドイツの優位確保とドイツ性の維持は不可能だと主張した。彼女たちがドイツ性とナショナル・アイデンティティの拠点としたのが、「ドイツ的家政」だった。ステレオタイプ化されたアフリカの家庭と主婦は不潔、無規律、非衛生的、怠惰だったのに対し、ドイツの家政は、他のどの国よりも清潔、快適、衛生的、勤勉なものとされた。「血と文化」を論拠にして女性の主体的な活動基盤を築いた「女性連盟」は、こうした活動を女性の地位向上にも結びつけようとしたが、他方で人種主義化されたドイツ・ナショナリズムの強化に寄与した。(姫岡とし子)

▶参考文献

竹村和子（2000）『フェミニズム』岩波書店／バーバラ・チェイス＝リボウ（井野瀬久美惠監訳）（2012）『ホッテントット・ヴィーナス─ある物語』法政大学出版局／姫岡とし子（2023）「ナショナリズムとジェンダー」荒川正晴他編『国民国家と帝国　19世紀（岩波講座「世界歴史」16）』岩波書店

コラム③ フランス植民地にみる性・婚姻関係

◆植民地で生まれる子どもたち　およそ植民地という場には、男性が単身で出かける場合が多かった。近世の奴隷植民地では、白人奴隷主が奴隷の女性と関係を持ったことはよく知られている。母親が奴隷だと子どもも奴隷とされた。これは白人奴隷主からすれば、奴隷の増加を意味した。

異なる事態も指摘できる。奴隷送り出し地域のセネガルでは、生まれた「混血」がヨーロッパ人と現地人の仲介役となり、経済的に活躍した時期もあった。それは混血に限られなかったとはいえ、双方の事情に通じた現地の者が力を発揮する場はそれなりにあったと言える。しかし植民地の面的支配が拡大し、アフリカ自体の開拓が本格化する20世紀には、総督府は混血の誕生を戒めるようになる。フランス・アフリカ双方の要素を持ち、支配の境界を曖昧にしかねない存在は、もはや支配者への脅威ともなるからである。

では近代フランス最重要の植民地だった北アフリカのアルジェリアは、どのような状況だったのか。ここは地中海の対岸にあるという近接性に加えて広大な領土で、フランス領ではめずらしく入植が推進された。後には「フランスの延長」とまで言われたところである。この地にしばし注目してみよう。

◆現地の女性を娶る　フランスのアルジェリア侵攻は1830年に遡る。その後しばらくは軍の将校や実務を担う官吏などが、現地のイスラーム系やユダヤ系の女性を妻に娶ることも普通にあった。こうした婚姻はキャリアに不利などころか、通常は高い社会的地位の女性との婚姻であり、この種の交わりこそがフランスの支配を盤石にするとも考えられた。

しかし支配が進みフランス人社会が膨らんでいくと、支配の境界を曖昧にする「混血」の増加が、やはり危険視されるようになる。「白人」の血が穢れるという懸念として表明されることもあった。またイスラームの側からすれば、そもそも他宗派との婚姻は禁忌だった。フランス人男性がイスラームに改宗する場合もあったものの、多数派はその逆であり、こうした婚姻に批判的な見方が強くなる。19世紀末の30年ほどでみると、ヨーロッパ系と現地人との婚姻は、1000組のうち3組にすぎない。独立戦争が始まる1954年に、入植者（特権階層）は100万人と、人口の一割を占めたが、彼らの間に現地との正式な性的交わりが多かったとは言えないだろう。

◆ヨーロッパ系入植者たち　他方で植民地時代のフランスは出生率がほぼ恒常的に低く、多くの白人入植地をつくったイギリスほどの送り出し人口を、ついに持たなかった。入植植民地のアルジェリアでも多かったのは、実はスペインやイタリア、あるいはマルタ島など、近隣諸国の出身者だった。

入植者のおよそ半数を占めた彼らは、一般にフランス人より多産傾向があった。同じヨーロッパでも、列強同士の植民地の奪い合いもあった時代である。他の国の血を引く者が増えたのでは、「フランス植民地」という地位そのものが脅かされかねない。フランスは1889年に出生地主義の国籍法を定め、それをアルジェリアにも適用することでフランス人を増やす方向に舵を切るのだが、植民地でフランス人が誰と結婚するかは、支配者は誰かという問題もはらんでいたのである。

◆買われる性　加えて支配に付随することとして、ヨーロッパ人向けの売春も整えられていく。そうした役回りは、奴隷身分から解放された女性や極貧の女性、あるいは逆に高級娼婦などが担うこととなった。他方、その反対に、植民地化以前から、北アフリカでおもに上層のムスリム男性を相手としたヨーロッパ人女性がいたことも忘れてはならない。地中海を通してフランス-アルジェリア間の交流が盛んだったことが、背景にある。植民地時代になっても彼女たちの姿はあった。被支配の側にとってヨーロッパ人女性を「手に入れる」ことは、支配者への「復讐」の感覚をもたらし得た。性を介する場面においては、地位の逆転が可能となっていると言えようか。

植民地支配が支配と被支配の二分法で語れるものでないことは、今日では歴史研究の前提であろう。性や結婚という人間生活の根本の部分に光を当てると、アルジェリアは本国に近かった分、多様な人々がそれぞれに交り合い、複雑な様相を見せていたのである。（平野千果子）

▶参考文献

平野千果子 (2002)『フランス植民地主義の歴史——奴隷制廃止から植民地帝国の崩壊まで』人文書院

大英帝国における結婚とセクシュアリティ

◆「奥方たち」への偏見　16世紀後半以降、海のかなたに未来を求めてきた島国イギリスは、植民地アメリカの独立（1783年パリ条約で承認）に伴う帝国再編のなかで、アジアやアフリカ、太平洋上での植民地支配を本格化させた。その営みは19世紀の性別役割分業から男性領域とみなされ、よって、さまざまな理由で植民地を目指したイギリス女性の姿は不可視化された。その典型例が植民地行政官の妻たちである。

19世紀半ば以降、まずは植民地行政機構の整備が進んだインド帝国、第一次世界大戦後は他のアジアやアフリカの植民地にも、行政官は妻を同行するようになった。「奥方（メンサーヒブ）」と呼ばれた彼女たちは、夫の役職や位階に従って白人社会の序列を守り、現地社会には関心を示さず、現地人使用人とは命令形でしか会話せず、それまで当然視されてきた「現地妻」の風習に文句を言うなどとステレオタイプ化されて、植民地の円滑な運営を妨げる存在として、E・M・フォースター『インドへの道』(1924)をはじめ、小説や映画で否定的に描かれてきた。

実際には、現地の言語や慣習、とくに料理に強い関心を寄せ、現地女性が置かれた状況と改善に目を向けた行政官の妻は少なくない。ナイジェリア北部の部族の言語を扱った『フラニ文法』(1921)、南東部の部族を描いた『アフリカの女性たち—ナイジェリア、イボ族の研究』(1934)を公刊したシルヴィア・リース＝ロスはその好例である。

それでも、「帝国に白人女性の居場所なし」は、この題名で当時の英領カメルーンを描いたメアリ・エリザベス・オーク（1933年公刊）をはじめ、多くの妻たちの実感だっただろう。

◆白い肌の境界線と混血　植民地行政官の妻たちは、夫と現地人女性との関係を監視する存在であっただけではない。彼女たちへの現地人男性の「暴力」、わけても性暴力（の憶測）は、現地社会に対する白人支配強化の口実ともなっていた。

例えば、19世紀末の南アフリカ戦争（第二次、1899-1902）前後の時期、白人女性に対する現地人男性の暴力は「黒い災禍（ブラック・ペリル）」とよばれて恐れられ、問題視された。同時期、南アフリカの「イギリス化」のために、民間団体「イギリス女性移民協会」が中産階級の教養ある独身女性の移民を熱心に推進していたこともあり、暴力の告発があれば直ちに調査委員会が設置され、現地人を取り締まる法律が強化された。

問題にされたのは、白人女性と現地人男性の性関係であり、その逆ではない。妻たちの白い肌は、文字通り、現地社会との安定した距離感を可視化していた。白い肌は女性のか弱さ、純潔、貞節のシンボルであるとともに、植民地におけるイギリス支配そのものであり、熱帯の強い日差しにも現地人男性の好奇のまなざしにも晒されてはならなかった。

だからこそ、植民地の白人社会がもっとも恐れたのは、白人女性が自分の意志で現地の男性と愛し合い、性的関係を持つことであった。19世紀末、インドの藩王と恋におちたフロリー・バイロン、南アフリカ（マタベレランド）のンデベレ族の「首長の息子」と結婚した鉱山技師の娘キティ・ジュウェルらへの激しい非難はその一例である。

その一方で、イギリス支配下のインドには20万人を超えるヨーロッパ系の人々がおり、その多くが「ユーラシアン」と呼ばれる現地人との混血（とその子孫）であった。支配者とも支配される現地人とも異なる彼らの存在、その浮浪と貧困は、帝国支配を内側から脅かす問題とみなされ、再移民や規律化の対象とされた。

◆女性移民の未来　19世紀後半に本格化した帝国再編は、それまでもっぱらアメリカに流れていたイギリスからの移民を、四つの白人入植地（カナダ、オーストラリア、ニュージーランド、南アフリカ）へと向ける招致活動を活発化させた。上記四つの地域が自治領として発展する20世紀初頭、重視されたのは「イギリス的価値観」の共有であった。とくに西部開拓のために農業労働者を必要としたカナダでは、穀倉地帯のウクライナをはじめ、東欧からの移民が歓迎される一方、「イギリス人」以外の民族の増加で帝国の未来が危惧された。「イギリス女性移民協会」は、家族形成における母性の強調に加え、「正しい英語」を教える教師として、男女人口比のアンバランスゆえに本国での結婚が難しい中産階級の独身女性を移民活動の中核に据えた。一方、各自治領では、「カナダ人」といった新しいアイデンティティも育まれつつあり、「帝国の使者」である女性たちの経験を複雑なものへと変えていくことになる。（井野瀬久美惠）

▶参考文献
井野瀬久美惠（1998）『女たちの大英帝国』講談社現代新書
アン・ローラ・ストーラー（永渕康之・水谷智・吉田信訳）(2010)『肉体の知識と帝国の権力』以文社

3) 冷戦とポストコロニアル状況

①第二次世界大戦後の引揚

🔍【読】日9−12、日9−13、日9−14、日9−15、日9−16

◆**第二次世界大戦後の人の移動**　第二次世界大戦後、東ヨーロッパに居住していたドイツ系住民に対し、その排除と追い出しが加速した。旧日本帝国の崩壊は、植民地や勢力圏に移住していた人々に逃避行を強いた。これら大規模な人の強制的な移動について国際政治や比較史研究は、戦後世界の秩序形成と国民国家モデルに回帰したと捉える。米国を中心とする連合国は、国境線と民族の居住圏を一致させることが戦後秩序の正しい回復のあり方と捉え、関係諸国との合意形成を進めたと言う。近年の研究は、「ドイツ人の追放」、「日本人の引揚」を、世界史的な規模で生じた戦後処理の一環と捉えると共に、旧植民地出身者は国民国家のはざまに置かれ、さらに性差に注目する研究潮流は、「移動」の実施がもたらした過酷な経験に構造的な性差別をふまえた交差性（インターセクショナリティ）を指摘する。

◆**帝国日本と人の移動**　日本の「引揚」は、台湾人、朝鮮人の「帰還」も含め、冷戦下東アジア戦後史のただ中で展開し、その経験は一様ではない。戦後復興が埋没させた引揚者の戦後の再移民・再移動の解明も進む。その前提には、台湾・朝鮮から樺太・南洋、さらに「満洲事変」を経て中国東北部「満洲」へ、日本の植民地支配による人の移動を促す構造がある。一方、植民地支配は宗主国に属する人々の暮らしと階層を底上げするが、職位や階級、都市部か農村部か、置かれた境遇の格差も顕著であった。日中戦争以降の軍事膨張はさらに、内地と外地、外地から外地へ、兵士に加え民間人も戦時動員された。国策移民である満蒙開拓団は、ソ連と満洲の国境エリアなど、戦場に連なる広域に農業移民として150万人規模の人々を村ごと入植させ、耕作地を所有する暮らしを実現させる一方、入植地は現地社会・農民から収奪された。入植者家族は現地の人々から恨みをかう存在でもあった。また分村による移住政策は、村や家族の序列を温存した。とくに男性「開拓団員」との婚姻を内地の日本人女性に限定する「大陸の花嫁」施策は、優生思想に基づく「純血主義」を掲げるなど、内地の男系主義による家父長家族制度と地続きだった。

◆**事業としての「引揚」**　総力戦は民間人を大量に戦時動員した。しかし国際法は戦後処理の中心を軍隊の武装解除に置く。ポツダム宣言（第九項）は軍人の「復員」

を旧軍の任務とし、陸海軍省廃止後も厚生省や地方行政が業務を継続した。一方、「外地」の「民間人」の処遇は規定されず、関係国に委ねられた。日本政府は当初、移住者の現地定着を原則としたが、北緯38度線以南を軍事占領した米国は「日本人」を送還するとし、旧満洲では葫芦島に難民として人々を集めるとした。1946年1月、日本政府が残留方針を撤回、この間多くの満蒙開拓団は、根こそぎ応召で壮年男性が不在のうえ関東軍は撤退、1945年8月8日のソ連軍侵攻と現地住民の蜂起にさらされ、逃避行を余儀なくされた。農業移民の多い「満洲」は1946年5月、植民地都市大連を含む「関東州」は1947年1月と、引揚援護局を窓口とする民間人の引揚事業の開始は越冬をはさんで大きくずれ込み死者数を拡大させた。

◆満洲移民にとっての「引揚」　海外引揚者660万人中、民間人は341万人とされる。「引揚」の過程でもっとも多い犠牲者を出した「満洲」、北朝鮮ではソ連軍に追われ樺太はポツダム宣言受諾をはさんで日ソの地上戦の場となった。当時の満洲には約155万人の日本人が在住していたが、人口比で約15％、女、子ども、老人が多くを占めた開拓団員が、死者数では全体の半数近くを占めた。生活基盤を追われた「満洲」移民の逃亡・越冬、収容所生活は辛酸を極めた。連合国は当初、自由意志による残留という選択肢も示したが、人々に大規模な移動を強いた、米国のイニシアティヴによる場あたり的な方針転換の影響は非人道的であった。引揚者の回想録や手記からは、死と隣り合わせの逃避行、越冬による飢えや寒さの倍増、感染症におびえながらの難民収容所生活、女・子どもを買春の対象とするなど、極限状態で剥き出しになる暴力の記述に満ちている。帰国船にようやく乗り込んだ集団引揚者たちは、乳幼児を抱えた「子連れ女」に厄介もののスティグマさえ負わせた。とくに逃避行の際に「女であること」は常に性暴力の危機にさらされた。引揚者の手記には下船を目前に、性暴力を受けた女性たちが性病感染に苦しみ、妊娠に絶望して自殺を選ぶ姿が頻出する。近年の研究は、引揚港やその周辺施設での組織的な中絶「措置」に「混血児」を忌避する優生思想をみる。「国民国家」に回帰せよという原則は女性に一層の負荷を負わせた。

◆戦後日本社会の「満洲体験」　引揚をめぐる体験者の手記・回想録は膨大だが、早い時期の『流れる星は生きている』（藤原てい、1949年）は、引揚イメージを作り出したとされる。乳児を含めた子ども3人と北緯38度線を越えて帰国を成し遂げた「母」の手記は戦後のベストセラーとなった。しかし植民地都市「新京」（現・瀋陽）の官舎に夫と暮らす階級性、彼女が戻り得た諸条件が看過され、映画化や版を重ねるなか、引揚者集団内部の極限状態での亀裂や差別性はそぎおとされていく。一方、

藤原作品ではあまり強調されない性暴力被害の描写について、ジェンダー視点の研究は、兵士を含めた男性の書き手の手記や回想録ではそれらがきわめて多いことを指摘してきた。多くの回想記・手記は性暴力被害者を第三者的に眺め、「我々の恥辱」と捉え、「ソ連兵の女狩り」を拒んで自死した女性を讃える。「敵の女」への軍事性暴力は家父長制へのダメージを狙う。書き手たちは引揚をめぐる性暴力被害を「敗戦国が受ける屈辱」とし、女性たちが受けた性暴力被害を「我々の女」が受けた「我々の恥」「民族の恥」と捉える。軍事性暴力は被害者に責めを負わせ、そうしたジェンダー構造の存在は、当事者に長らく沈黙を強いてきた。

◆女性の経験はどのように語られ始めたか　引揚経験は、日本本土に限定されがちな「国民」の戦争の記憶から長らく隠され位置付けられてこなかった。地域女性史の取り組みが、女性たちの満洲経験に注目するのは「戦後50年」の前後だろう。当事者によるサバイバーとしての語りや聞き書きは同時期に自費出版も増え、自治体の女性史企画はこの動きに取り組んだ。さらに小川津根子『祖国よ—中国残留婦人の半世紀』（岩波新書、1995年）は植民地支配と性差別の交差点に「中国残留孤児」問題を位置付け、「中国残留日本人」から「中国残留婦人」問題を切り分ける。小川の調査は1993年9月、日本の帰国支援制度に阻まれた「中国残留日本婦人」の「強行帰国」を契機とする。1990年代での問題解決の道筋を厳しく問う小川の視点は、当事者女性の過酷な経験を、植民地支配から東アジア戦後史の時間軸のなかで捉え、日本と中国の双方の社会に横たわる家父長制をあぶりだす。

◆「残留孤児」問題とジェンダー　「残留孤児」には女性が多い。近年の研究潮流は性差のバランスを欠く歴史的要因を20世紀の日・中の家族意識や制度、婚姻慣習にみる。中国農村社会の「童養媳」（幼女売買婚）は、逃避行中の開拓団家族にとって女児の価値を高くした。誰を連れて帰るか。姉妹たちは売られ、「長男である兄」が選ばれたとの証言からは、極限状態での選択に宿る、戦前日本の男系家族意識も指摘すべきだろう。他方、1980年代に始まり90年代にピークを迎える「中国残留孤児」帰国事業では、男性「残留孤児」の帰国が女性たちに先行した。配偶者男性や養父母への気兼ねに加え、教育を受ける機会を得られなかった女性たちは、帰国制度にアクセスすることそのものが困難だった。そもそも「中国残留婦人」とは誰か。日中国交正常化（1972年）を経て1981年以降「残留孤児」調査が進み、「帰国」条件が整備される際、管轄省庁・厚生省は、敗戦時12歳以下を「残留孤児」に、13歳以上を「残留婦人」に線引きした。「引揚」の混乱時、売られることと結婚することの重なりのなかで生き延び、その後も「帰国」の条件を持たなかった「中国残留婦人」

は、自己責任で「国際結婚」を選んだとみなされた。さらに日本の国籍条項の男系主義は、中国人男性の家族に統合された「残留婦人」は中国人男性に属する女性とみなす。中国人配偶者女性を伴って帰国する男性残留孤児と異なる条件が彼女たちの選択を狭めた。一方、解放後の中国社会で女性たちは、植民地支配の責めを負わされる存在であり、中国東北農村部の家父長的慣習は多産と労働力、親世代の世話を「嫁」に求めた。結婚相手が日本軍に連行された「労工」であった例も少なくないと言う。1970年代前後、中国の文化大革命期には「帝国主義の象徴」とさえみなされる。「中国残留婦人」の生は、日中社会をまたぐ複合的なジェンダー不平等が個々人にもたらす過酷な現実を可視化する。

◆**家父長制と性暴力**　満蒙開拓団の人々は支配者側に位置したが、戦前日本で女性の法的社会的地位は低い。極限状態で集団を守るためとする開拓団の指導者男性の論理は、女性たちを軍隊の性暴力にさらす役割を果たした。ソ連軍の現地部隊は逃避行中の開拓団に対し、非公式の「女狩り」にとどまらず、しばしば性奴隷役割を要求した。いっしょに逃げる「売春婦」女性に、まずは「防波堤になってもらった」との手記に注目したジェンダー射程の研究は、引揚港に着くや開拓団の男性指導者から冷遇されたとの女性の「声」に、「娼婦」蔑視を指摘する。しかし家父長制は集団内部の女性にも序列をつけた。1942年以降、129世帯600名規模が分村移民として吉林省に入植した黒川開拓団では、ソ連軍将校の要求に応じて団の未婚女性15人を「性接待」に指名、出征兵士の妻は兵士男性に「もうしわけない」と免除した。数ヶ月続いた「性接待」の末、命を落とした女性も存在するなか開拓団は日本への帰村を果たしたものの、戦後の村社会では彼女たちへの二次被害も横行したうえ、村の開拓団の歴史から消されようとさえした。遺族会も含め、高齢のサバイバーが地域社会に支えられて自らの経験を語り、重い過去の記憶が地域の負の歴史として共有されたのは近年だ。当事者の語り直しを伴う引揚経験とその可視化は、植民地支配の歴史や東アジアの戦後史をふまえ、戦争の記憶の時空間に加え、誰の痛みなのか、問いの設定そのものを問い直す試みにほかならない。（長志珠絵）

▶**参考文献**

蘭信三他編（2019）『引揚・追放・残留─戦後国際民族移動の比較研究』名古屋大学出版会
女性史総合研究会編（2003）『日本女性史研究文献目録Ⅳ』東京大学出版会
天野正子他編（2009）『新編日本のフェミニズム』岩波書店
上尾さと子（2020）「ジェンダーから見た中国残留孤児─女性比率に注目して」『アジア・ジェンダー文化研究』4

3）冷戦とポストコロニアル状況

②東欧の体制転換がもたらしたもの

📖 Ⅱ－3－3－③, Ⅲ－2－4－① 🔍 【読】世10－9, 世15－5

◆**東欧における体制転換**　1989年11月の「ベルリンの壁崩壊」に象徴される東欧諸国での社会主義体制の崩壊とその後の民主化および市場経済化という政治経済的な変化は、この地域に暮らす人々にどのような影響を与えただろうか。例えば、アメリカのシンクタンクであるピュー・リサーチ・センター（Pew Research Center）が体制転換後に数回にわたり実施した世論調査によれば、東欧諸国における生活の満足度は1991、2009、2019年と年を追うごとに上昇傾向にある❶。一方、国ごとの差は明白で、また、個人の収入や教育によって意識の違いがあるとも指摘されている。こうしたことから、体制転換は一部の人にとってプラスであったのだとする見方もなされる。そして、体制転換がこの地域の女性や男性の人生にいかなる影響を与えたか、ジェンダーによってその経験に違いがあったか否かについても議論が続けられてきた。

◆**「東欧」とは**　ここでいったん、「東欧」という名称について確認しておきたい。「東欧」、つまりどの範囲をヨーロッパの東部と呼ぶかは、単に地理的な区分ではなく、時代や状況に応じて揺れ動いてきた。体制転換以前の冷戦期には、第二次世界大戦後に生まれたヨーロッパの社会主義諸国を指すことが一般的であっただろうが、現在、ドイツとロシアに挟まれた地域については、その全体もしくは一部を中東欧、中欧、南東欧等と呼ぶようになり、かつてのように「東欧」とひと括りにすることは少なくなってきている。ただ、本項は社会主義からの体制転換に関し考察するものであるため、ここでは冷戦期の（基本的に旧ソ連地域を除いた）「東欧」を念頭に記述を進めることをお断りしておく。

◆**社会主義体制とジェンダー**　まず、東欧における社会主義時代のジェンダーについてみておこう。社会主義体制下では、人民の解放は性別を問わず賃金労働への参加によって達成されるとの考えのもと、各国で女性の社会進出、教育水準の向上が目指された。労働力として女性の就業が必要とされた側面や、西側に先駆けた男女平等の達成が社会主義の成果であると考えられた面もあるが、比較的長期の出産育児休暇制度や保育施設等の整備が進められ、結果として女性の進学率や就業率は上昇した。

ここではブルガリアにおける就労を例に確認してみよう。表1からは、社会主義時代を通じて女性の就業率が上昇し、体制の終焉直前には、男性とほぼ同等（かと

きにそれを上回るほど）に女性たちが働いていたことがわかる。

しかし同時に、職種や職位による分業があったことも指摘されている。表2のとおり、女性たちは小売や軽工業、保健・教育分野で多く働いており、これらは比較的低賃金の職種であった。重工業など報酬の高い仕事、あるいは責任ある地位には男性が就く傾向があり、平均賃金の格差も存在した。さらに、各国で出生率の低下が指摘され始めると、女性の家庭

表1　ブルガリアにおける労働力率（15-64歳）

	1980	1989	2000	2010
全体（%）	69.7	66.1	61.6	66.5
男性（%）	73.6	66.1	67.4	70.8
女性（%）	65.7	66.2	56.1	62.3

表2　ブルガリアにおける業種と性別

業種	1980	1988	2000	2010
各業種に占める男性労働者の割合				
建築	82.2	79.5	86.0	91.7
運輸	82.7	78.4	72.7	76.9
鉱業・採石	―	―	81.2	83.0
各業種に占める女性労働者の割合				
小売	62.7	65.1	50.3	54.8
教育	74.3	75.8	80.3	81.9
医療・福祉	74.3	73.8	77.3	80.6
金融・保険	77.8	82.3	66.3	64.1

（表1、2ともに、Tzanov、2016をもとに筆者作成）

での役割が再び強調されるようになり、女性たちは労働者であると同時に帰宅後は家事や育児をこなす〈二重負担〉を求められるようになる。職場でも家庭内においても性別分業や男性優位が克服されたとは言えず、依然として継続していた面がある。

◆体制転換による変化と継続　体制転換後の経済的な混乱を生き抜くのは性別にかかわらず容易ではなかったが、一般的には女性にとってより厳しいものであったとされる❷。ブルガリアの例（表1）からもみてとれるように、体制転換直後の職場の民営化やリストラ等で職を失ったのは女性により多かった。民営化された場合、雇用者側には、効率を追求して妊娠・出産が想定される女性よりも男性のほうを優先的に雇う傾向があったと言われ、また、国は財政難から社会保障費を削減し、社会主義時代に整備された保育施設等も減少した結果、女性たちの一部は専業で家事や育児を担う選択をした。さらに、一つの社会体制の解体によって生まれた空白を旧来の価値観や家族・親族ネットワークによって埋めようとする動きも起こり、一部では「男が稼ぎ、女が家庭を守る」といった伝統的役割規範への回帰傾向もみられるようになる。また、女性たちが多く働いてきた医療や福祉、教育に関わる公的部門では、職を失うことこそ少なかったかもしれないが、各国の財政が好転しない中、賃金は低く抑えられたままの状態が続いた。

とは言え、東欧の女性たちがみな体制転換の犠牲者であったかのような見方はできない。女性たちは決して政治経済的な変化に対しつねに受動的であったわけではないし、とくに高学歴の女性たちの中には体制転換後に成功を収め、社会的地位を築いた人も少なくない。一例をあげれば、社会主義時代は計画経済であったため、経済分野に関わる仕事はさほど重視されず、金融・保険の業務に従事してきたのは女性が多かっ

た（表 2 および❷参照）。ところが、体制転換後は一転して金融は花形の職業となり（その
ためか、体制転換後にこの業界で働く男性の割合は明らかに増えている）、銀行業務や会計の
仕事に携わっていた女性たちの中にはチャンスをつかむ者もいた。したがって、体制
転換が人々に与えた影響は、ジェンダーによる差異だけではなく、教育や階層、職業、
さらに宗教や民族的帰属等、複数の差異の関わりを視野に入れて検討する必要がある。

　◆**EU 加盟と国際労働移動**　ただ、多くの女性たちにとって失業や低賃金の問題が
解決しない中、新たな選択肢の一つとなったのが国外への出稼ぎであった。東欧諸
国の段階的な EU 加盟が決定した前後から加盟各国への渡航が容易になり、男性た
ちの中にも、建築現場や工場、農作業、運送業等に従事するため国境をこえる選択
をした者は少なくないが、東欧地域からの労働移動には、移動先で高齢者ケアや家
事を担う女性たち（そのほとんどは子どもを持つ母親である）が多数含まれていた。例
えば、ポーランドやルーマニア出身の女性たちがドイツやイタリア等でケアの仕事
に従事してきた。より経済状況のよい国で働き、出身国に暮らす家族、とりわけ「子
どものために」送金することにより、女性たちは自らの生活や家庭内での立場を確
固たるものにしているが、女性が移動する場合、男性労働者と異なり、自身の家か
ら物理的に離れても家族のケアを求められ続ける傾向にある。そのため、移動先の
国の家族が高齢者ケアや家事を担う移住労働者によって支えられ、夫婦共働きが可
能になる一方で、そこで働く外国出身女性たちは、しばしば仕事としてのケアと家
族のケアの困難な両立を迫られることになる。こうした例からも、ジェンダーによ
る差異とともに女性間の格差があらわになる。

　◆**「アンチ・ジェンダー」の動きとこれから**　もう一つ、東欧においてジェンダーに
関し昨今注目を集めているのは、「アンチ・ジェンダー」とも言われる動きであろ
う。この地域の人々にとって新しい概念としての「ジェンダー」は、生物学的性別
を否定し、伝統的な結婚や家族、独自の文化を否定しようとするものとみなされ（誤
解され）、激しい批判にさらされることがある。カトリックに基づく規範や性役割の
復権を求める主張と結びついて、ポーランドやハンガリーといったカトリックが主
流の国々で顕著な動向となっていたが、最近ではブルガリア等、正教圏でも同様の
動きがみられる。その背景には複数の要素があるとされ、ジェンダーや LGBTQ 等
の概念は EU やアメリカ、グローバル・エリートからの押しつけであり、体制転換
後の経済的不平等や「ふつうの人々」が省みられていない不満からエリートへの反
発があること、また、社会主義時代を通じてすでに女性は社会的権利を獲得してお
り、EU 等から一方的に教えられる立場ではないとの反発、さらには少子化に加え

て国際移動による人口流出で各国の人口減少が問題となりナショナリズムが高まっていること等があげられる。さまざまな主義主張を「アンチ・ジェンダー」が接着剤のようにつなぐ役割を果たしているのだとする指摘もある。

　一方、「アンチ・ジェンダー」の動きに対する反発や批判も各国内部から出てきており、いずれにしても、「東欧」あるいは「東欧の女性（男性）」と単純にひと括りにはできない。私たちはジェンダーのみならず、複数の差異の関わり合いを視野に入れながら、現在につながるこの地域の実情を丁寧にみていく必要があるだろう。（松前もゆる）

---

❶ ピュー・リサーチ・センター『ヨーロッパの世論　共産主義体制崩壊後30年』(2019年10月15日リリース)

（出典）https://www.pewresearch.org/global/2019/10/15/european-public-opinion-three-decades-after-the-fall-of-communism/ をもとに筆者作成

右の表が示すのは、各国の回答者のうち、自身の生活を10「可能な限り最高の生活」から 0「最悪の生活」までの中で 7〜10に位置づけた人の割合である。

表3　「多くの国で1991年以降生活満足度は上昇している」

	1991	2009	2019	変化
ポーランド	12	44	56	＋44
ハンガリー	8	15	47	＋39
スロヴァキア	13	43	49	＋36
チェコ	23	49	57	＋34
ブルガリア	4	15	29	＋25

❷ （出典）姫岡とし子（2001）「ドイツ統一十年とジェンダー」仲正昌樹編『ヨーロッパ・ジェンダー研究の現在―ドイツ統一後のパラダイム転換』御茶の水書房

「旧東ドイツ地域の失業率は統一後 5 年以上たっても一向に改善されず、失業が長期化した。なかでも女性の失業率が高く、1995年段階で失業者に占める女性比率は三分の二近くになり、再就職の見通しのたたない長期失業者の圧倒的多数が女性だった。さらに幼い子どものいる女性失業率が実に48.2％にも昇り、女性全体の20.2％を大きく上回っている（1993年）。」(p.98)

「旧東ベルリンの貯蓄銀行の経営は西の貯蓄銀行に委ねられ、1990年12月に両者が合併してベルリン銀行が誕生した。東の地域でも西のノウハウが取り入れられ、西を基準とする経営の近代化が進められた。旧東ドイツ時代の金融部門は女性の独壇場であり、貯蓄銀行でも従業員の90％は女性で、しかも支店長も女性が務めていたけれども、合併後、この職務は西の男性に取って代わられた。…中略…以前の支店長の場合には、銀行側が提供した再教育のチャンスを活かして大部分が中間管理職の地位に留まることができたし、支店長に復帰した女性もいる。西の貯蓄銀行時代には女性の管理職比率は低かったが、東の女性の職階が高いため、女性の管理職比率は合併後に著しく増加することになった。同時に、女性たちの間での格差も広がっている。」(pp.110-111)

▶参考文献

中欧・東欧文化事典編集委員会編（2021）『中欧・東欧文化事典』丸善出版

K. Fábián, J. E. Johnson and M. Lazda (eds.) (2021) *The Routledge Handbook of Gender in Central-Eastern Europe and Eurasia*, Routledge

Vasil Tzanov (2016) "Bulgaria," Giovanni Razzu(ed.) *Gender Inequality in the Eastern European Labour Market*, Routledge

問い　①ここにあげた表や資料の記述から何が読みとれるだろうか？

②「アンチ・ジェンダー」と言われる動きの背景にはどのような理由があると考えられるか？

3）冷戦とポストコロニアル状況

③韓国の民主化

🔍【読】世13−8, 世14−4, 日9−8

◆**民主化とフェミニズム**　フェミニズムをテーマにした韓国の文芸作品が海外でも熱い視線を浴びている。その代表とも言える『82年生まれ、キム・ジヨン』は日本でも20万部を超えるベストセラーとなっている。盛り上がる韓国フェミニズムの中心にはヤングフェミと呼ばれる若い女性たちの存在があるが、この社会現象の源流は1987年の民主化にまで遡ることができるだろう。

◆**民族解放（1945年）後の家父長制強化から1970年代の民主化への胎動**　韓国は日本の植民地支配に続く米ソ冷戦下での南北分断、朝鮮戦争と困難な現代史を歩

Kフェミニズムの熱い視線—『82年生まれ、キム・ジヨン』各国版
（日本語版は筑摩書房、2018年）

んできた。戦争の結果、多くの家族が離散し、経済的にはアジアの最貧国となった。独裁政権は戦後復興を理由に家父長権を強化し、とりわけ女性に負担を強いた。また家族崩壊を防ぐために植民地期に女性だけに適用されていた姦通罪が男女ともに適用された。

　1970年代に繊維産業など軽工業が起こると、若年女性の労働力が投入されたが、彼女たちの低賃金と劣悪な労働条件に抗議して全泰壱という一労働者が焼身自殺を図る衝撃的な事件（1970年）が労働界を揺るがした。それを契機に女性による労働運動が高揚し、彼女たちの生存権をかけた闘いは学生や知識人との連帯を生み出し、民主化運動の土壌となった。

　同じころ、性売買への批判的まなざしが広く共有されるようになる。1972年の日中国交回復により、日本は台湾と国交断絶をし、日本男性の買春ツアーの行き先が台湾から韓国に変わると、韓国政府は外貨獲得のために買春ツアー（キーセン観光）を推進する。それに対し大学やキリスト教団体の女性たちは抗議行動を展開するが、これに呼応した日本女性との間に日韓連帯が生まれ、この経験が後に「慰安婦」問

題を解決する運動へと発展する。

◆**韓国フェミニズムの誕生と成長**　1980年代前半は光州市民による民主化運動（1980年）が軍部によって弾圧され、民主化が遅々として進まなかった。女性平友会（1983年）は性差別の問題を構造的にみようとし、25歳定年制の撤廃など女子労働者の待遇改善を求める一方で、富川性拷問事件（1986年）❶の被害者支援に性拷問対策委員会を発足させ、公論化させた。これが韓国女性団体連合（1987年）❷の結成につながり、「女性部（省）Ministry of Gender Equality」（2001年）創設を実現させる。女性部の初代、二代目の長官に同団体の共同代表が選ばれ、女性の要求を政策に反映させるうえで力を発揮する。

80年代には欧米で学んだフェミニストたちが大学で女性学を講義（1977年〜）するのに始まり、DVを社会問題と捉える「女性の電話」（1983年）や「もう一つの文化」（1984年）などが家父長制に対抗する文化創造に参与する。

◆**民主化宣言（1987年）後の女性発展政策**　民主化が実現し、大統領直接選挙制などの政治改革と並行して「男女雇用平等法」（1988施行）が制定される。続いて「女性発展基本法」（1995年）が制定され、それに基づいて「女性政策基本計画」が5年ごとに策定され、政治分野、行政分野、経済分野における男女共同参画を方向づける。金大中政権（1998〜2003年）は女性の働きやすい環境を整えるために「男女雇用平等法」改定、男女差別禁止法（1999年）、女性企業支援法、保育無償化に向けた取り組みなどを始める。また女性の政治参加を促すために国会議員のクオータ制（2000年）を導入するが、その結果、2020年の総選挙では女性比率は19.0％となった。女性活躍支援を専担する女性部（省）が創設されると、産前後休暇及び育児休業の有給化や大企業を中心に積極的雇用改善措置を実施（2006）するなど女性の雇用促進を進めた。

◆**家族の民主的改編**　韓国では合計特殊出生率の低下❸、離婚率の増加など家族にまつわる環境変化が著しい。民主化後、強固な家族主義にメスを入れたのが、夫の妻に対する暴力を禁じる二法、「DV防止及び被害者保護に関する法律」「DV犯罪の処罰等に関する法律」（97年）制定である。

女性政策推進を担ってきた女性部が盧武鉉政権（2003-2008年）期に女性家族部に改編されたのも、変化する家族に対応するためである。植民地遺制の戸主制は男性や家を中核とする家父長制の最後の砦だったが、長年の家族法改正運動の結果2007年についに廃止され、家単位の戸籍編成から個人別登録のシステムに変わった。同時に婚姻年齢の男女統一、女性にのみ適用されていた再婚禁止期間条項の削除もなされた。「男

女雇用平等法」が2007年に「男女雇用平等と仕事・家庭両立支援に関する法律」へ改められ、2008年には育児等の理由でキャリアを中断した女性を対象とする経済活動促進法が制定されるのも、核家族化する社会の変化と既婚女性の労働力活用のねらいがある。

◆性暴力・性売買・セクシュアル・ライツへのまなざし変化　圧縮成長した韓国では急速に進んだ法・政策のもとで、性に関する意識や価値規範も変化した。元「慰安婦」金学順のキムハクスンの衝撃的なカムアウト（1991年）は性暴力問題への関心を高め、性売買・性暴力を禁止する法制化にもつながった。女性に対する暴力追放のために1993年に「性暴力犯罪の処罰及び被害者保護等に関する法律」が制定された。

性売買については女性のモラルに責任を帰す「淪落行為等防止法」（1961年）が存続していたが、ようやく2004年に「性売買斡旋処罰法」「性売買被害者保護法」に改定されることにより、性売買が不法であるという認識を確立し、売春業者の処罰と被害者の人権保護を推進した。近年に至っては姦通罪の廃止（2015年）、堕胎罪は違憲という憲法裁判所の判決（2019年）までに至っている。このような変化は同性愛者の人権運動にも及んだ。1998年には韓国同性愛者団体協議会が組織され、第1回ソウル・クィア映画祭の実現、ゲイとレズビアンの専門雑誌『BUDDY』が創刊された。しかしながら軍隊内での同性愛は処罰の対象となるので、男性の同性愛者への偏見をなくすうえで課題は残されている。

◆さらなるジェンダー平等に向けての課題　1997年末に韓国は通貨危機に陥りIMFの支援を受けるが、その引き換えに金融だけでなく雇用の現場でも市場原理の導入が求められた。大胆な構造改革は非正規雇用の増加につながり、格差を拡大した。男女格差以上に顕現したのは女女格差だった。

民主化以降、女性発展のための法・制度的インフラは大きく進み、法曹界だけをみても女性の判事・検事は30％以上、新規の女性弁護士登録は40％を越え（2019年）、国会議員、教育機関、公務員、医師、すべての専門分野で女性比率は高まっている。就職難にあえぐ男性はこのような可視化される女性の躍進に焦りを感じ、一部では1999年末に廃止された「軍服務加算点制」❹の復活を求めている。韓国政府はこのように短期間に劇的に変化した韓国社会の歪みを是正するために、2014年に「女性発展基本法」を「男女平等基本法」に変えた。2016年に起こった江南駅殺人事件❺は韓国社会のジェンダー関係の歪みを表すものと言えよう。この事件と女性検事のセクハラ告発を契機に「メガリア」❻に見られるようなヤング・フェミニズムが高揚し、美容整形に反対するデモなど、アメリカ以上の#Me Too運動の広がりを見せている。

女性たちの憤りに応えるべく2019年に女性への暴力全般を定義し、さらに被害者

保護を強化した「女性暴力防止基本法」が施行された。また「権力型性犯罪」の処罰を強化することを目的とした法改正、非同意の性暴力罪新設の議論も活発化している。しかし女性の華やかな活躍、それに対する男性の反発の陰には依然として非正規職における女性比率の高さ、OECDでもっとも大きい男女賃金格差、零細事業場での高い女性従事比率などの問題が存在する。これらまでを視野に入れた民主化の

追悼メッセージが書かれたポストイットで埋め尽くされた江南駅殺人現場（『女性新聞』2016年5月19日付）

課題を継承しようとするヤングフェミニストの登場が今後注目される。（宋連玉）

---

❶ ソウル大生だった権仁淑が工場労働者として活動していたことで逮捕され、公権力による性拷問を受ける。彼女の勇気ある告発が性暴力問題についての社会的関心を集める契機となる。権仁淑は女性政策研究院院長を経て現在、法務部セクハラ・性犯罪対策委員長。

❷ **韓国女性団体連合ホームページ掲載の趣旨文**（women21.or.kr）
　女性が経験している苦痛の根源はこの社会の反民主的、反民衆的構造にあり、その上で競争優先、物質優先の非人間的社会が毒キノコのように繁殖している。女性の解放のために家庭を含めたこの社会が人間の尊厳を具現する真正の民主主義社会に変わらなければならない。

❸ **韓国の合計特殊出生率**（出典：韓国統計庁）

年度	1980	1990	2000	2010	2020
合計特殊出生率	2.82	1.57	1.25	1.23	0.84

❹ 韓国では18歳以上の男性に約2年の兵役が義務づけられている。1999年末に「軍服務加算点制」（兵役を終えた者に公務員採用試験などで5％の加算点が与えられる制度）に違憲判決が出されたが、企業には軍加算制を適用するところもある。

❺ 2016年5月、ソウルの地下鉄駅で、23歳の女性が34歳の男に殺害される事件が起きた。男は犯行の動機を「女性に蔑まれてきたため」と釈明したが、女性に対するヘイトクライム（憎悪犯罪）として対処すべきだという声が高まる。

❻ 2015年にできたミソジニー（女性嫌悪）対抗のコミュニティサイト。ミソジニーのフレームをそのまま男性に適用して逆襲する「ミラーリング」（mirroring）で、社会運動の戦略として注目をあびる。

▶参考文献
韓国女性ホットライン連合編（山下英愛訳）（2004）『韓国女性人権運動史』明石書店
チョ・ナムジュ（斎藤真理子訳）（2018）『82年生まれ、キム・ジヨン』筑摩書房
鄭喜鎮編（2021）『#Me Tooの政治学―コリア・フェミニズムの最前線』大月書店

問い　①『82年生まれ、キム・ジヨン』はなぜ日本でもベストセラーになったのだろうか？
　　②アメリカ発の#Me Too運動がアジア各国にどのような影響を与え、どのような違いを示したのだろうか？

3) 冷戦とポストコロニアル状況

④アラブの春

📖 I −コラム㉗, II −2−4−③　🔍【読】世15−8

◆「サウラ」と「アラブの春」　2010年12月にチュニジアで始まった民衆運動は、数か月のうちに、エジプトやイエメン、アルジェリア、リビア、シリア、バーレーンなど、アラブ地域の広い範囲へと伝播した。各地で共通して叫ばれたのが、「公正」な社会の実現、圧政からの「自由」の希求、人間としての「尊厳」の重要性、そして「パン（食糧）」の必要性であった。

　これらの運動はアラビア語で「サウラ（革命・蜂起）」と呼ばれたが、グローバルメディアを中心に「アラブの春」という名称も用いられた。後者に対しては、「春」という表現が民主化への移行を理想とする欧米的価値観の押しつけだとして反発する声も聞かれた。また、当初の民衆による非暴力運動が、激しい内戦へと発展したリビアやシリアでは、民主化支援を名目とした外国軍の介入によって、混乱がいっそう深まったことから、「アラブの春」という名づけの持つイデオロギー性（特定の政治的立場に基づく考え方の押しつけ）が問題視された（長沢 2016）。

　以下では、「サウラ」や「アラブの春」と呼ばれた民衆運動の始まりとそれが各地へと飛び火した過程を概観するとともに、その中で性をめぐる複数の分断線（ジェンダー）がいかに引かれていったのか見ていく。

◆最初の革命　2010年代にアラブ地域各国で起きた民衆運動は、偶発的な出来事ではなく、それぞれの社会が抱えていたひずみの噴出による必然的なものであったと言われる。例えばチュニジアでは、2000年代以前から、政府の開発政策によって沿岸部と内陸部や北部と南部のあいだに、経済や生活環境の大きな格差が生じ、貧しい内陸部や南部の人々の不満が鬱積していた。

　チュニジアで革命の発端となったのは、1人の青年の死である。当時20代半ばのムハンマド・ブーアズィーズィー（1984-2011）は、内陸部の町の出身で、つましい生活の中、家族を養うために野菜の路上販売を行っていた。2010年12月17日、許可のない販売行為を取り締まっていた市役所職員の女性検察官が、ムハンマドの取り調べを行い、彼が販売許可証を持っていなかったため、秤や荷台を没収した。ムハンマドが許可を得ていなかったのは、その申請に賄賂の支払いが必要であり、また

日銭を稼ぐ身には場所代や税金の支払いが難しかったからである。商売道具を奪われたことに怒った青年が、女性検察官に対して性的な表現で悪態をつき、その言葉に腹を立てた検察官が公衆の面前で彼に平手打ちをしたという証言もある。ムハンマドが県庁舎の前でガソリンを頭からかぶり、焼身自殺を図ったのは、その後のことであった。やり場のない怒りと抗議、そして絶望からの行為であったと考えられている。

　この事件はその日のうちに周辺の町々に伝わり、翌日にはSNSや国際メディアを通じて全土に、さらには国際的にも知られるようになっていた。チュニジアの各地で、ムハンマドの死を追悼し、彼との連帯を表明し、求職や賃上げ、公正な社会の実現を要求する運動が起こった。運動にはあらゆる階層や年齢の男女が参加した。当初はもっぱら平和的なデモが行われたが、その鎮圧のために警察や治安部隊が武力を行使すると、運動は暴力を伴うものとなっていった。公権力の横暴や政権の腐敗に対する抗議、そして不正蓄財や権力乱用がはびこる現体制の打倒、言論・思想の自由が叫ばれるようになった。デモ参加者が日に日に増えていく中、2011年1月14日、ベン・アリー大統領は国外に脱出し、それによって23年間に亘る独裁政権に終止符が打たれ、革命が成就した（鷹木 2016）。

◆**飛び火する革命**　チュニジアでの政権打倒のニュースが流れた4日後の1月18日、エジプトの若者による政治運動組織「4月6日運動」❶のメンバー、アスマー・マフフーズ（1985-）の動画がYouTube上にアップロードされた。アスマーはその中で、エジプト国内でたて続けに起きていた抗議の焼身自殺に言及してこう言った。「4人のエジプト人が自らに火をつけました。圧政と空

動画で革命への参加を呼びかける
アスマー・マフフーズ
https://www.youtube.com/
watch?v=SgjlgMdsEuk

腹、貧困、そして30年間の腐敗に抗議して。4人のエジプト人が自らに火をつけました。自分たちもチュニジアで起きたような革命が起こせるのではないかと考えて。もしかしてこの国でも、自由や、公正、尊厳が得られるのではないか、動物のように生かされるのではなく、本当の人間になれる日がくるのではないかと考えて。」続けてアスマーは、現状を変えるために皆で1月25日にカイロ中心部にある解放広場（タハリール）に集まって声を挙げようと訴えた（後藤 2020）。他の運動組織からの呼びかけもあり、当日は、何千もの人々が広場に集まり、チュニジア革命で用いられたスローガン「人民は政権の打倒を望む（Al-shaʻb yurīd isqāṭ al-niẓām）」を口々に叫んだ。約30年間続いたムバーラク政権が倒れたのは、その18日後、2月11日のことであった。

　イエメンでサナア大学の男女学生らを中心とした抗議運動が始まったのも同じく1月

半ばのことである。自由広場（フッリーヤ）に集まった人々は、社会と政治の改革の必要性を訴え、33年間独裁体制を続けてきたサーリフ大統領の退陣を要求した。1月末から2月にかけて、アルジェリアやリビア、シリア、バーレーンでも、民主的な改革の実現と、独裁政権の打倒を求める抗議運動が始まった。リビアで運動を先導したのは、1996年にトリポリのアブー＝サーリム刑務所で起きた政治犯の虐殺事件被害者の母や姉妹、妻たちであった。遺族の代理人弁護士が拘束されたことに抗議し、反政権デモを行ったのである。それがきっかけとなって、抗議運動はリビア全土に広がった。アルジェリアやイエメン、シリアで女性たちはデモに参加するだけでなく、しばしばその先頭にも立った。より厳格な男女隔離の慣習があるバーレーンでも、女性たちは路上にくり出し、女性の医師や看護師らは衝突現場での治療にあたり、女性ジャーナリストらは世界に向けて発信を続けた。

◆刻まれる分断線　抗議運動に集まった人々は、性別や年齢、宗教的属性や社会的地位の違いにもかかわらず、多くの場合、日常を良くしたい、そのために社会や政治を変えたいという信念を共有し、同じスローガンを叫んだ。後に著された手記やインタビューの記録から、各地で人々が互いを尊重し

> 「大学で行われたデモでは、女性は男性と並んで抗議しました。ダマスカスの路上では、隊列の中央に女性が集まり、彼女たちを守ろうと男性がその周りを囲みました。村々では、男性が行進の前方を歩き、女性がそれに続きました。（中略）治安の悪化からデモに参加できなくなると、女性たちは互いの家に集まり、ソーシャル・ネットワークやオンライン・ビデオを利用して、外の世界に、何が起きているのかを伝えたのです。」
> 　シリアの活動家女性の証言（FIDH 2012, 54-55）

合い、気遣い、助け合っていた様子がわかる。一方で、治安部隊や警官隊、反革命派との衝突の中では、しばしば、女性が標的となり、暴力や性的暴行の被害者となった。レイプは被害者の汚名となるため、被害にまつわる情報が表に出ることは少ない。NGO団体「国際人権連盟」❷は、抗議行動が政権交代をもたらさず、内戦に陥ったリビアやシリアでとくに被害が多かった可能性を示唆している（FIDH 2012）。

　日が経つにつれて、政治からの女性の排除も顕著になった。エジプトでは政権交代2日後の2月13日、新憲法制定に向けた準備委員会の構成員が発表されたが、そこには女性が一人も含まれていなかった。女性団体や人権団体は複数の連合を結成し、女性の政治参加を確実なものにしようと活動した。3月8日、国際女性の日に合わせて人々は解放広場に集まった。その日は他にもキリスト教徒の権利を求める運動や、学生たちの団体が、それぞれの要求を掲げていたが、その中で、女性たちの権利を掲げた運動だけが、「台所へ帰れ」「広場を出ていけ」などの罵声を浴び、身体的な攻撃の的となった。

　性をめぐる分断線が引かれたのは、民衆運動の内側だけではなかった。2011年12

月、イエメンの活動家でジャーナリストのタワックル・カルマーン（1979-）が、アラブ女性として初めてノーベル平和賞を受賞し、記念スピーチを行った。「女性の安全確保と女性が平和構築活動に全面参加する権利を求めて、非暴力闘争を行った」ことが受賞の理由であったが、スピーチの中で彼女が強調したのは、自身がイエメンの何百万人もの「革命を担った若者」の一人であり、彼らとともに、すべての同胞のための活動を行ってきたことであった。「何百万人ものイエメン人の女性や男性、子どもや若者、老人が、18州の通りに出て、非暴力で、しかも有益な方法によって、自由や公正、尊厳を求めました。（中略）人々は武器を家に残し、殺人や暴力を厭わない政府を前に、花を手にして、無防備な姿で、夢と愛と平穏さを胸に抱きながら、革命に参加したのです。」

タワックル・カルマーン
https://www.wikiwand.
com/id/Tawakkul_Karman

　タワックルやその同志が目指したのは、「女性」が安全や権利を獲得することではなく、誰もがそれを得ることであった。他のアラブ地域の民衆運動でも、女性たちの多くは、性別にかかわらず、すべての人々の生活や人生が豊かになるような社会を求めて活動した。しかし後になって女性という属性が強調されるあまり、その行動は、「女性のためのもの」として語られたのであった。（後藤絵美）

❶ 2008年にエジプトで起きた労働運動に呼応する形で結成された若者たちの政治運動組織。政治・経済・社会における不公正を問題視し、是正のための改革運動を展開してきた。

❷ 人権擁護のための非政府系国際連盟。117カ国から192の団体が参加している。（https://www.fidh.org/en/about-us/What-is-FIDH/）

▶参考文献

長沢栄治（2016）「中東近代史のもう一つの見方──アラブ革命の5年間を振り返って」後藤晃・長沢栄治編『現代中東を読み解く──アラブ革命後の政治秩序とイスラーム』明石書店
鷹木恵子（2016）『チュニジア革命と民主化──人類学的プロセス・ドキュメンテーションの試み』明石書店
後藤絵美（2020）「エジプト女性運動の「長い20世紀」─連帯までの道のり」鷹木恵子編『越境する社会運動』明石書店
Federation Internationale des Ligues des Droits de l'Homme, FIDH (2012) Women and the Arab Spring: Taking Their Place?, FIDH

　　　問い　①チュニジアに関する参考文献を読んで、女性がどのような形で蜂起や革命に関わったのかを調べてみよう。
　　　　　　②南米や東欧など、現代の他の地域の民主化運動についてもジェンダー視点から見直してみよう。

コラム⑤　ナショナリズム運動とジェンダー言説――インドを事例に

◆植民地支配の正当化言説　支配―被支配の関係はしばしば、男女の関係、つまり、女性に対して男性が優越する構造とパラレルでイメージされ、自然化される。植民地支配においても、ジェンダー言説は機能した。インドを支配したイギリス（男性）は、男性的な存在として自らのマスキュリニティ（男性性）を強調する一方で、インド（男性）を「女性化」した。さらに、18世紀以降に西洋で定着した、ある社会の「文明化」の度合いを、当該社会における女性の地位によって測るという視座は、インドにおける女性の「抑圧」をことさらに強調することによって、インドの後進性の証左とした。例えば、大きな影響力を持った『英領インド史』（1817年）の著者ジェームズ・ミルは、「女性のおかれた地位は、諸国家の慣習の中でももっとも顕著な条件の一つである。野蛮な人々のあいだでは、女性は一般にしいたげられ、文明化した人々のあいだでは、彼女らは尊敬される。……ヒンドゥー教徒が女性たちに示す常習的な蔑視を凌ぐものはない」と記した。夫の亡骸と一緒に生きながら焼かれるというサティー（寡婦殉死）の慣習を禁止したイギリスの政策は「文明化」政策の象徴のように捉えられるが、ポストコロニアル理論の代表的論客ガヤトリ・スピヴァクの表現を借りれば、「茶色い女性たちを茶色い男性たちから救い出す白人の男性たち」という言説による支配の正当化でもあった。一方で、対抗するナショナリズムは、インド人男性の「男性性」を示す尚武の歴史を掘り返すとともに、女性の「地位」に関して再考することとなる。

◆社会改革とジェンダー　19世紀初頭から社会改革の機運が高まるが、そのなかで中核になったのは、サティーの禁止、幼児婚抑制、寡婦再婚を禁止する慣行の見直しなど、多くが女性の地位に関わる問題だった。これらの運動は19世紀の末まで、もっぱら上位カースト出身のヒンドゥー男性によって主導されたが、彼らも女性の地位と文明度を等値する思考を支配者と共有したと言える。これらの問題をめぐる論争では、そうした慣行がヒンドゥー法文献でいかに規定されているかが議論され、しばしば、女子の生命や健康の問題が、「ヒンドゥー教」や「ヒンドゥー社会」の理想をめぐる議論へと横滑りした。また、論争の過程では、そうした慣行がもっぱら上位カーストの間での慣行であること、例えば、大多数の集団では、たとえ幼児婚の慣習は共有しても再婚は認められていたという現実は看過され、あたかも、上位カーストの慣習改革がインド社会全体の改革であるかのように認識されたのだった。

◆「ウチ」と「ソト」　インドの政治・歴史研究者パルタ・チャタジーは、19世紀後半からナショナリズムが台頭するにつれ社会改革の問題が後景に退いたとし、その背景を探った。チャタジーは、19世紀半ばから形を取り始めたナショナリズム言説は、文化の領域を「物質的」、「精神的」な領域に二分し、西洋文化を「物資的」、インド（とはいえ、もっぱらヒンドゥー）のそれを「精神的」と同定し、インド文化の「精神性」に西欧に優越する価値を見出そうとしたと指摘した。さらに二つの領域は、「ソト（世界）」と「ウチ（家）」に重ねあわされ、植民地支配に晒される公共空間（そこでは男性は白人男性と同じ土俵で競う）と対置された「ウチ」の領域では、インド（ヒンドゥー）の精神的な文化が守られ、それを体現するのが女性とされた。ただし、「下層」の女性や古い世代の女性ではなく、新たなミドルクラスのヒンドゥー女性が想定された。

「ウチ」は、インド人男性がヘゲモニーを有する空間とみなされ、植民地権力が「社会改革」という名目で介入することに彼らは反発することになった。典型的な事例として、1891年に起きた同意年齢（同意の有無にかかわらず強姦とされる年齢）の引き上げに対する反対運動が挙げられよう。11歳と推定された少女妻が夫による性行為によって死亡した事件をきっかけとして、1891年、インド政府が同意年齢を10歳から12歳に引きあげる法案を上程した。これに対して、ベンガルと西インドを中心に一大抗議運動が引き起こされた。もっぱら急進的ナショナリズムの立場から主張されたのは、夫婦関係という私的な領域への植民地権力の介入を許さないという議論である。西洋女性の性的な「ルースさ」と対照されつつインド女性の貞淑さ、清浄さが強調されることで、インドの文化の優越性も唱えられた。

◆「フェミニズム」と自称しない「フェミニズム」

19世紀後半からインド女性は、雑誌への執筆など
を通じて公共の場に登場し、20世紀初頭からは全
国的な女性組織を創設し、教育を受ける権利、選
挙権、相続や婚姻をめぐる家族法の修正など、い
わゆる第一波フェミニズム的な運動を展開して
いった。インドにおける女性運動は、ナショナリ
ズム運動と同時に進行した。これはおそらく、植
民地支配を受けた地域に広く共通した動きであり、
女性運動を担った女性は多くの場合、ナショナリ
ズム運動にも参加したのである。インドの場合、
ガーンディーが非暴力を強調し、かつ、忍耐力、
自己犠牲を体現した存在として、女性こそが非暴
力運動の担い手としてよりふさわしいと説いたこ
とも、女性のナショナリズム運動への参加を大い
に助けた。

彼女たちが直面したジレンマの一つは、女性固
有の権利の主張が、「西洋かぶれ」、「白人女性の猿
まね」であり、インドの「伝統」から逸脱してい
るといった批判に対して防御せねばならなかった
ことである。女性運動の主な主導者は、しばしば、
自分たちの運動は、両性間の戦争（セックス・
ウォー）であるとみなされた西洋のフェミニズム
とは異なり、両性がともに共同するプロジェクト
であると主張し、自分は「フェミニスト」ではな
いと公言する場面も少なくなかった。ナショナリ
ズム運動のなかで創造された「インド女性の理想
像」は、インド女性によっても積極的に共有され
る一方、女性の権利を主張するにあたって、民族
の発展のためというロジックが活用された。また、
公共の場での活動は、家庭の内部における女性の
責務の延長として正当化された。

◆エリート女性の運動？　植民地支配という政

治状況に大きく規定されたインドのフェミニズム
運動は、教育を受けた都市部のアッパー／ミドル
クラスに属するヒンドゥー・エリート女性の関心
に特化していたと批判される。1990年代以降、と
くにダリト（不可触民）・フェミニズムの潮流が登
場し、既存のフェミニズム運動がカースト差別の
問題を軽視し、自らの特権的なカーストの地位を
不問としてきたとして糾弾されている。とはいえ、
独立以前から、社会主義・共産主義の影響を受け
た一部のエリート女性が階級の問題に積極的に関
与し、また、英語知識と人的ネットワークを活用

して、初期の国際的なフェミニスト運動に参加す
る過程で、同運動が看過する傾向にあった植民地
支配の問題を批判する視座を提起したことは忘れ
てはならないであろう。

◆ポストコロニアル・インドが継承するもの

先に紹介したチャタジーの議論は、ベンガルの事
例を一般化する傾向、19世紀後半以降に女性自身
が公の場で「社会改革」を主張していくという事
実を看過していること、女性たちの主張がすべて
男性ナショナリストたちの言説に取り込まれてい
るとみなすことなど、批判も少なくない。しかし、
植民地支配に対抗してナショナリズム言説が強調
した男性性の主張、「西洋」との差異化の指標とし
ての「インド（ヒンドゥー）女性」、インド（ヒン
ドゥー教）文化の精神性といったテーマは、ポス
トコロニアル状況のもとでも形を変えて繰り返し
登場する。文化の「真正性」を表象する存在とし
ての女性という、ナショナリズムがほとんど常に
内包する言説が、（半）植民地支配という経験をし
た諸地域でとった多様な形を明らかにし、かつ、
今日のフェミニズム運動にどのように機能し続け
ているのか、さらなる検証が必要であろう。（粟屋
利江）

▶参考文献

ライラ・アブー゠ルゴド編（後藤絵美他訳）（2009）『「女性
をつくりかえる」という思想―中東におけるフェミニズム
と近代性』明石書店
ガヤトリ・スピヴァク（上村忠男訳）（1998）『サバルタンは
語ることができるか』みすず書房

全インド不可触民女性会議（1942年）

クィット・インディア（イン
ドを立ち去れ）運動（1942年）
の記念切手

4）グローバル資本主義と女性労働

①中東欧出身女性と人身取引

📖 I－コラム㉙, Ⅲ－2－3－② 🔍【読】世15－5, 世15－8, 世15－9

◆**人身取引の「被害者」としての中東欧出身女性への注目**　1989年の東欧の体制転換、および1991年のソビエト連邦の解体後、この地域は経済的な混乱に陥った。そのため多くの人々が外国でお金を稼ぐことに活路を見出すようになったが、若い女性にとって、この活路は人身取引の被害者となる危険と隣り合わせだった。1990年代以降、この地域出身の多数の女性（未成年を含む）が騙されて外国でセックスワークへの従事を強制されていると、国際機関の報告書や各国のメディアで指摘されるようになった。隷属状態にある人間を売買すること自体の歴史は古く、過去には世界各地でさまざまな形式の人身取引が行われてきた。しかし、人権の概念が普及した現在において、グローバル化した経済と国際的な組織犯罪が深く関連した人身取引は、早急な対策が必要とみなされている問題である。2000年の国連総会では、「国際的な組織犯罪の防止に関する国際連合条約を補足する人（とくに女性および児童）の取引を防止し、抑止し及び処罰するための議定書」❶が採択され、解決に向けた国際的な取り組みが進められ始めた。

◆**困難な実態把握**　人身取引はその実態を把握することが非常に難しい。1990年代から2000年代に報告された推計から、あえて数字を挙げるならば、その当時、世界全体で毎年少なくとも70万人以上の女性や児童が取引され、このうち20万人弱が、かつての「鉄のカーテン」より東側の中東欧諸国の出身者に該当すると言われていた。人身取引の被害者数を公表している国もあるが、被害者として認知された人の数は氷山の一角にすぎないと予想される。それは単に発見、保護が困難であるだけでなく、誰が被害者であるかを認定することも容易ではないからである。当事者が、正規の滞在資格を持っていない外国人である場合は、不法移民なのか人身取引の被害者なのかが、恣意的に判断されることもある。また、たとえ相場よりかなり安いものであっても対価を得ている場合であれば、当事者が自身を人身取引の被害者として認めないこともある。

◆**被害者の立場の脆弱さ**　中東欧出身の被害女性の証言に多くみられたのは、賃金水準の高い外国でのウエイトレスや家政婦、モデルやダンサーなどの仕事の募集

に応じたはずが、現地に着いた後に騙されたことを知ったというものである。セックスワークを拒んで逃げ出そうとしたが、暴力を受け、精神的にも肉体的にも支配下に置かれてしまったという証言も多い。同じ立場の女性への見せしめとして殺され、行方不明と扱われている女性も一定数いるはずだと推測する専門家もいる。また、出国にあたって持たされたのが偽造査証の場合や、売春行為自体が禁止されている国に滞在する場合は、現地の警察にも容易に保護を求めることができず、被害者の立場はさらに弱くなる。そもそも、人身取引の被害者たちは、出身地に留まることに将来の展望が抱けない状況に置かれていることが多い。旧ユーゴスラヴィアや旧ソ連地域では、紛争で頼るべき身内を失った女性や、路上や孤児院にいる身寄りのない女児が、ターゲットにされるといった深刻な事例も報告されており、社会的に脆弱な立場に置かれた女性や児童が巻き込まれやすいと言える。

◆**EU加盟という転換点**　ただし、中東欧諸国の状況も一様ではない。とくに2000年代にEUに加盟した国においては、暴力を伴う悲惨な人身取引の事例の報告は1990年代から2000年代まではみられたものの、近年では暴力を伴うような強制は減っていると報告されている。もちろん、EU加盟が可能になる程度に、国の経済が安定してきたため、無理に外国で仕事を探す必要がなくなったことは理由の一つだろう。また、EU加盟に関係なく、2000年に採択された議定書を受けて、各国で人身取引を抑止する法整備が進んだことの影響も大きいと考えられる。ただし、それだけでなく、外国への入国や滞在が制限されている場合は、働くためにリスクの高い手段を選択せざるを得ないが、EU加盟により西欧諸国への移動に制限がなくなった後であれば、より安全に仕事を探す選択肢が増えたという点にも注目したい。というのも、人身取引による深刻な被害は、西欧諸国への入国や滞在に制限を抱えているうえに、人身取引を抑止するための法整備が整っていない別の国の出身者に代わりつつあり、本質的な解決には至っていない現実が残っているからである。

◆**残る格差と人身取引**　その一方で、EU域内出身者の人身取引被害も断続的に減少し続けているとは断言し難い側面がある（図1、2）。欧州委員会の報告（European Commission 2020: 24）によると、2017年から2018年の間にEU域内で報告された人身取引の被害者は、その国の市民が27％、他のEU市民が14％、非

図1　EU域内の人身取引被害者内訳（2008-2012年、男女合計、推定被害者含む）（Eurostat 2013, 2014より筆者作図）

EU市民が56％であった。つまり、4割はEU市民である。もちろんEU市民の場合、騙されたと判明した時もEU域内であれば助けを求めやすいため、被害者として保護されやすいことは考慮する必要がある。また、人身取引被害者には一定数の西欧諸国出身者も含まれていることから、EU加盟国に居住していても、格差のある社会において不遇

図2　EU域内の人身取引被害者内訳（2015-2018年、男女合計、推定被害者含む）（European Commission 2018, 2020より筆者作図）
※2013年にクロアチアがEU加盟

な環境にある人々の選択肢は、それほど多様ではないことには注意したい。確かに、この地域の女性が深刻な人権侵害を伴う性的搾取の被害者となるリスクは減ったかもしれない。しかし、性的搾取を目的とした人身取引は、より巧妙に、他の選択肢がないゆえの「選択」の結果として残存していると考えられる。

◆**人身取引のグレーゾーン**　性的搾取を目的とした人身取引について、論点となりやすいのが、合法的なセックスワークへの従事と性的搾取の区別である。両者は搾取や強制の有無で区別されることが多いが、その判断は難しい。労働市場が相互に開放されたEU加盟国間であれば、セックスワークが合法化されている国へは、仲介業者を通さず、自分でセックスワークのために移動することが可能である。この場合は人身取引とは言い難い。ただし、人身取引を行う犯罪組織とセックスワークが密接に結びついている国において、フリーランスのセックスワーカーは、現地で人身取引の被害者となるリスクに晒される。セックスワークに潜むさまざまな危険を勘案したうえで、個別の身体が資本となる仕事に正当な対価を算定するのは困難であるため、搾取の基準も不明瞭である。また、成人女性が、他に選択肢がない状況において、相対的に「良心的」なブローカーの下で働くことができている場合、当事者自身もセックスワークを自発的な選択と理解しがちである。このように、性的搾取を目的とした人身取引と、職業選択としてのセックスワークへの従事のあいだにはグレーゾーンが広がっている。

◆**女性に限らない人身取引**　議定書で定義されている人身取引は、性的搾取以外の強制労働や臓器摘出も含まれているが、長らく性的搾取のみが注目されがちであった。しかしながら、不正薬物と越境組織犯罪の対策に取り組むUNOCD（国連薬物犯罪事務所）の報告（2020: 35）によると、2018年に欧州、南北アメリカと東・東南アジアの人身取引の被害でもっとも多かったのは、性的搾取であったとはいえ、アフリカや中央・南アジアでは強制労働の被害の方が多かった。強制労働は、容易に逃げられない環境下におき、極端に安い

賃金または無給で農作業や建設作業、工場労働に従事させることなどが該当する。強制労働は男性が被害者となることが多いのが特徴である。児童の場合は性別を問わず、性的搾取以外にスリ・窃盗などの犯罪や物乞いを強要される人身取引被害が報告されている。

　◆**外国での労働をとりまく環境の変化**　冒頭に述べたように中東欧地域では、体制転換以降、西欧諸国への出稼ぎを試みる人が多数いた。西欧に地理的に近く、観光目的のビザなし訪問も1990年代から解禁されていた中欧諸国では、農作業、建設作業、ベビーシッターなどに従事するために、短期の出稼ぎをすることはめずらしくなかった。外国での就労がありふれた選択肢であれば、必要以上に外国の求人を疑うことは自分の可能性を狭めることになる。EU加盟を経て労働市場が解放された後は、EU域内の外国で仕事をすることについての障壁はさらに下がった。その一方で、EU市民としてある程度の給与が保障される仕事は、語学やその他の技能が必要であることが多いという現実もある。単純労働については、法定賃金以下でも働く域外の不法滞在者のほうが西欧諸国の一部の業界には需要があるため、EU市民の外国人の職探しが困難になるという逆説的な状況も生じている。その点で、EU加盟を果たし、西欧への移動が自由になったとしても、労働市場で有利な条件にない人々は、人身取引の被害者となるリスクが高い選択をせざるを得ない状況は継続している。（神原ゆうこ）

---

❶（出典）https://www.mofa.go.jp/mofaj/gaiko/treaty/pdfs/treaty162_1a.pdf
　第3条　用語　この議定書の適用上、(a)「人身取引」とは、搾取の目的で、暴力その他の形態の強制力による脅迫若しくはその行使、誘拐、詐欺、欺もう、権力の濫用若しくはぜい弱な立場に乗じること又は他の者を支配下に置く者の同意を得る目的で行われる金銭若しくは利益の授受の手段を用いて、人を獲得し、輸送し、引き渡し、蔵匿し、または収受することを言う。搾取には、少なくとも、他の者を売春させて搾取することその他の形態の性的搾取、強制的な労働若しくは役務の提供、奴隷化若しくはこれに類する行為、隷属又は臓器の摘出を含める。(b)(a)に規定する手段が用いられた場合には、人身取引の被害者が(a)に規定する搾取について同意しているか否かを問わない。(c)搾取の目的で児童を獲得し、輸送し、引き渡し、蔵匿し、又は収受することは、(a)に規定するいずれの手段が用いられない場合であっても、人身取引とみなされる。(d)「児童」とは、18歳未満のすべての者を言う。

　▶**解説**　この議定書の採択により、国際法上の「人身取引」が定義された。同時に、締結国が協力して人身取引行為を犯罪として処罰するとともに、被害者の保護や取引の防止に取り組むことが可能となった。本項目における人身取引もこの定義に依拠している。

▶**参考文献**

シドハース・カーラ（山岡万里子訳）(2022)『性的人身取引─現代奴隷制というビジネスの内側』明石書店
中村文子 (2017)「犯罪のグローバル化─ヨーロッパにおける人身取引の事例から」石井香世子編『国際社会学入門』ナカニシヤ出版
山田美和編 (2016)『「人身取引」問題の学際的研究─法学・経済学・国際関係の観点から』アジア経済研究所

◢　**問い**　　人身取引のなかでも、性的搾取がとくに問題視されてきたのはどうしてか？

4）グローバル資本主義と女性労働

②ケア労働のグローバル化

📖 I-2-5-②、I-2-5-④、II-1-3-④、II-コラム⑦、II-3-1、II-3-3-⑤、II-4-1、II-4-3-①　🔍【読】世1-8, 世14-7, 世15-9, 日1-3

◆**再生産労働の国際分業体制**　近代家族の成立以降、家事・育児・介護といった再生産労働は親密圏で営まれてきたが、その国際分業体制が指摘されて久しい。これは、高所得国のケア労働（再生産労働）を開発途上国の女性に外部化する現象であり、同時に家事労働の国際商品化が進展していることを示す。家事労働の国際商品化は、エスピン＝アンデルセンが指摘する福祉レジーム（福祉体制）の違いにかかわらず進んでいる。つまり、再生産労働の国際分業体制はグローバルな現象であり、これが移住労働の女性化を進める要因ともなっている。

◆**アジアにおける家事・ケア労働者の移動**　アジア諸国を見ても、香港、シンガポール、台湾、ブルネイ、マレーシアといった国や社会は、二国間の労働協定などを用いてフィリピン、インドネシア、ベトナム、ミャンマー、インドなどの近隣諸国から家事労働者を導入している。韓国では、中国籍の朝鮮族が家事労働に従事したり、病院付添婦（看病人）として就労したりしている。こうした受け入れは概して、海外から家事労働者を呼び寄せることによって、自国の女性の就労を促進することを目的としている。また高齢化の進展で、高齢者ケアのために家事労働者を雇用することも一般化し、施設介護でも外国人の雇用が目立つようになってきた。

こうしたケアの国際商品化は、途上国女性に対するケアの外部化という倫理的問題のほかに、労働法令への不十分な包含、内外価格差を利用した安価な労働者の創出と長時間労働、資格や人材育成制度の標準化の遅れによるケアの質の担保といった諸課題を抱えている。とくに住み込み家事労働者に関しては、労働法や社会保障法が適用されないことも多いため、「現代の奴隷制」とも指摘され、労働者としての地位の確立が課題となっている。

◆**日本における外国人ケア従事者**　日本は、もともと外国人労働者の受け入れに消極的だとされてきた。とくに、ケアの領域においてその傾向は顕著だったが、徐々に変化してきた。

2002年、フィリピンのアロヨ大統領（当時）が小泉首相（当時）に、家事労働者や看護師の受け入れを打診した。交渉の末、経済連携協定が批准され、看護と介護領域におけ

る人材の送り出し／受け入れが決定した。しかし、送り出し国の看護協会だけではなく、日本の介護福祉士会・ホームヘルパー協会・看護協会といった業界団体は、いずれもこの送り出し／受け入れに強く反対した。送り出し国にとっては看護師を、日本の看護師資格を取得するまでは看護業務外に従事させる点が問題だったし、日本国内ではケアの質の担保への懸念が表明された。こうした動きにもかかわらず、2008年のフィリピンを皮切りに受け入れが始まった。その後、インドネシアとベトナムからの受け入れも始まった。

　外国人材の受け入れによる「ケアの質」への影響だが、こちらは受け入れ施設、職員、入居者から一定の高評価があった。その後の深刻な人材不足もあって、介護業界団体は一転して、外国人材の受け入れの推進役となった。2017年には技能実習制度に介護職が追加された。また、介護福祉士を取得した者のための在留資格「介護」が設置されたため、介護留学が盛んとなった。2019年には特定技能「介護」が始まり、試験に合格し要件を満たせば、「特定技能」という在留資格で最大5年間就労できるようになった。このように、介護業界には10年余りで大きな変化があり、複雑な受け入れ制度となった。

　成長戦略上、特定地域に適用される制度改革である特区制度の下で「通い」の家事労働者（家事支援外国人）の受け入れも、東京都、神奈川県、大阪府、兵庫県などで導入されている（2015年施行）。

　こうしたチャネルの多様化により、コロナ禍においてもケアに従事する外国人介護従事者は増大した。厚生労働省の調査によると医療や福祉に従事する外国人は、2008年にはわずか3000人に満たなかったが、2014年には1万人を突破、3年後の2017年には2万人を突破し、2020年には4万人を超えた。2021年にはほぼ6万人に達している。

　◆家事労働の商品化と労働者性　多くの国で、住み込み家事労働者には労働法が適用されないという課題がある。このことが、家事労働者の低賃金を招き、長時間労働の原因ともなっている。また、公私が明確に分離されない家庭空間での労働であるため、労働監督が困難で、労使対等原則も実現が難しい。虐待が生じやすいのも、こうした閉鎖的な空間での就労が一因である。また、家事労働者を「家族の一員」として扱う「家族言説」も強い。労働者本人もまた、出身国の家族と離れた寂しさから、使用者の家族を「疑似家族」と考える者が多い。こうした親密なる社会関係を前提とした労働であることも、労働者性が確立していない要因である。

　また、ケアの専門性の問題も顕在化している。家事労働者の送り出し国は人口構成が若く、介護の資格制度の整備や人材育成制度に乏しい。そのため、高齢者介護に従事する家事労働者であっても、介護の経験や専門的知識に乏しいことも多く、質

の確保に課題を抱えている。また、排痰など家族に認められる「医療的ケア」に家事労働者がどこまで対応できるかについても、法令の整備が整っているとは言えない。

　◆**東アジアの家族主義的福祉レジームの分岐**　香港、シンガポール、台湾は「小さな政府」を志向し、経済政策を優先し、成長による所得増大こそが福祉であるという考えに基づいている。またこれらの社会は、家族を福祉のフロントライナーとして一義的に位置づけていることから、家族主義と呼ぶこともできる。

　アジア諸国は「家計経済福祉国家」と呼ばれることもあるが、それは、これらの国々が福祉に対して無知で、未開だという意味ではない。これらの国々は国家戦略として、意図的に小さな政府を志向しているのである。そして、安価かつ柔軟な家事労働力を必要な家庭にリクルートすることで疑似福祉的な効果を持ち、家庭に課す雇用税を通じて政府は税収を確保するという福祉の外部化である。このように「小さな政府志向」と「家族主義」には親和性がある。

　家族主義的福祉レジームの国々は自由主義的な政策をとるということは、すでに指摘されている。落合恵美子によれば、国際労働市場の開放を通じて外国人労働者が家族主義と結びついて、自由主義的家族主義福祉レジームとなる。つまり、福祉は家族が担うべきという考えに基づき、家族は家事労働の担い手の調達を国際労働市場に求める。福祉予算を削減したい政府は安価な労働者の調達を許容することで家事労働の外部化の制度化を図り、国際商品化がおこるのである。とはいえ経時的には、東アジア諸国における「家族主義」は多様化している。

　◆**「家族主義」の多様性**　では香港、シンガポール、台湾の事例を見てみよう。香港やシンガポールは、面積が狭隘で人口が限定的であることから、工業化による労働力不足が顕著で、1970年代からすでに外国人の家事労働者を導入していた。小さな政府を志向してきたため、福祉政策の充実よりも、労働市場の開放を通じて、家族単位でケアを完結する市場化を選択した。

　他方で、政府は家事労働者の定着を嫌い、その定住を認めてこなかった。シンガポールにおける家事労働者の妊娠検査はその証である（妊娠していた場合は、国外退去の対象となる）。しかし家事労働は、いったん外部化されると、それを再び内部に戻すのは困難である。近年は高齢者介護の需要が急速に高まっており、外国人家事労働者へのさらなる依存が避けられなくなった。シンガポールは2004年に、家族ケアのいっそうの進展を目的として、要介護者世帯が家事労働者を雇用する際の雇用税の減免制度を導入した。また、家事労働者を含む家族介護者に対する疾患別介護講座への補助制度も整えられた。こうして、妊娠検査が象徴するように定着を嫌う一

方で、家事労働の外部化はますます進展した。

　台湾は、要介護者を抱える世帯にしか外国人家事労働者の雇用を認めていない。いわゆる「贅沢品」としての家事労働者を認めず、高齢社会のニーズとの整合性を取ろうとしている。2001年には、すでに日本の要介護3以上に相当する高齢者を抱える世帯の4割以上が家事労働者を雇用していたが、2010年にはそれが6割に達し、2017年には7割を超えた。

　他方で台湾は、2000年代に入ってからケアの社会化を図っている。国民党は、第1次長期ケア10年計画において、日本や韓国についで介護保険制度を導入する予定であった。しかし2016年の選挙で民進党政権が誕生し、保険方式ではなく税方式によるサービスの提供がなされるようになった。民進党の蔡政権は、当初は外国人家事労働者の抑制も考えていたが、家事労働者数はすでに25万人を超えており、雇用主や家族は大きな票田となっていたため、抑制策を事実上撤回した。他方で、施設介護よりも在宅を基本としつつデイケアや訪問介護を充実させるコミュニティケアの模索も続いている。外国人家事労働者を雇用する世帯については、政府補助のショートステイを通じて家事労働者も休日の取得が促進されるようになっている。

　このように、各国政府とも外国人家事労働者を前提とした公的支出を増やしており、アジアの福祉レジームは複雑な混合を見せ始めている。

◆**ケアのディーセントワーク化と国際協調体制**　再生産労働の国際分業体制は、人口構成の変化に従ってますます強まっている。家事労働市場の進展は、福祉レジームにかかわらず共通した現象だが、ディーセントワーク化への取り組みは国によって大きく異なる。家事労働者条約（国際労働機関第189号）が2011年採択され、2013年に発効した。これは、家事労働者が他の労働者と同等の権利を有することを目的としている。例えば、労働法・社会保障法の適用対象となること、団体交渉権の規定、プライバシーの確保や十分な休息の確保である。児童労働の禁止や国際移動の場合の雇用契約の明確化、職業あっせんにおける保護なども定めている。また、過度な送り出し競争による賃金水準のダンピングも見られることから、適切な移動を実施するため、人材移動の多国間調整メカニズムの確立も求められる。（安里和晃）

▶**参考文献**

International Labour Organization and Walk Free Foundation (2017) *Global Estimates of Modern Slavery*, International Labour Office
Emiko Ochiai (2014) "Unsustainable Societies: Low Fertility and Familialism in East Asia's Compressed and Semi-compressed Modernities," Ochiai Emiko and Hosoya Leo Aoi (eds.) *Transformation of the Intimate and the Public in Asian Modernity*, Brill
安里和晃（2020）「福祉と社会──長期ケアの展開と外国人労働者」上村泰裕編『東アジア（新 世界の社会福祉第7巻）』旬報社

4）グローバル資本主義と女性労働

③中国の農民工

📖 Ⅰ-1-4-③　🔍【読】世3-3, 世4-4

◆**中国経済を支える農民工**　2000年、中国はWTOに加盟した。急成長を続ける中国経済は世界経済にしっかりと包摂されるようになり、「世界の工場」としてさらに拡大していった。多国籍企業であるアップルやユニクロの製品は、多くがメイド・イン・チャイナであり、深圳などの経済特区で作られている。その工場のラインで生産しているのは、農村からの出稼ぎ労働者たちで、女性も少なくない。グローバル化の下の中国経済を移動する男女の労働者が支えている。

　出稼ぎが発生するのは地域間の経済格差のためだ。中国では、都市と農村の経済格差に加えて、両者を隔ててきた戸籍制度によって、出稼ぎ労働者は日本における外国人労働者などと似た悪条件の権利の守られない働き方・暮らし方を強いられてきた。農民戸籍の労働者を農民工／民工と呼ぶが、遠方の都市で働く農民工の数は2020年には1億3101万人とほぼ日本人口に匹敵し、うち女性は3943万人（30.1%）であった。農村戸籍だと正職員として働けず、職場のプレハブの寮などに仮住まいしながら非正規雇用に甘んじることになる。彼らは低賃金に加えて、就業先の医療保険・社会保険に加入できないなど、無権利に近い状態に置かれていた。近年は都市と農村の差別を解消し移住を容易にする方向の政策がすすめられて、高い壁が少し低くなりつつあるが、完全なフラットまではまだ多くの距離がある。

　◆**農民工女性の低い待遇**　農民工は、中国経済と都市生活を支えるあらゆる業種、とりわけ3Kの職場で働いている。男性は建築業・運輸業・製造業などで働く人が多く、女性はサービス業・宿泊業・飲食業・製造業や家事労働者としても働いている。出稼ぎ農民工の労働時間は大変長く、女性は月315時間というデータがある。これは都市の女性の月192時間よりはるかに長く、出稼ぎ男性の月301時間と比べても長い。2020年の出稼ぎ農民工の収入は平均4072元／月で、業種別にみると建築業は4699元だが卸売・小売業3532元、飲食宿泊業は3358元である。つまり男性の多い業種は女性の多い業種より水準が高い（製造業は4096元）。2006年に女性の出稼ぎ農民工の収入は男性より20.3%低かったが、現在はさらに差が広がっていそうである。

　◆**農民工の家族**　出稼ぎ農民工の2020年の有配偶率は68.1%、平均年齢は41.4歳でこれは年々上昇している。現在の中国農村では、若い男女の多くは学校を出たら外に出て、

故郷の村には春節(旧正月)くらいしか戻らずに働く。女性には出稼ぎ先で知り合った男性の村へ嫁いでそこで暮らすようになる人もいれば、子どもを置いて夫婦で出稼ぎを続ける人もいる(でも同じ都市で働いていても一緒に住む部屋が確保できるとは限らない)。親が出稼ぎに出ている子どもは「留守児童」と呼ばれ、中国全体で6000万人の留守児童がいることが話題になったのは数年前だ。また、都市で子どもを育てるケースも増えており、彼らが都市の公立学校に入るには高額な「借読料」が必要で、ボランティアに頼る条件の悪い民間の学校で学ぶしかないことが問題になった。政府が農民工の子どもを受け入れるように公立学校に指示した結果、2020年には小学生の8割が公立学校に通えるようになったと言う。

◆**家事労働者となる女性**　都市の中上層家庭では多くの家事労働者が働いている。背景には、改革開放政策の中での保育園の消滅や、高齢化に伴う老人介護の需要の高まりという都市社会の事情があり、先進地域の男女が活躍するために後進地域の女性のケアワークに頼る、という構造がみえる。家事労働者は、雇い主の家に住み込むことが多く、自由時間やプライバシーの確保が難しいなどの苦労がある。当局は出産直後の母子のケア、老人ケアなどの専門別に「家庭服務員」の資格を作って家事労働の規律化を図っており、ケアワークの需要増加に伴って労働条件も向上している。また家事労働者自身も「打工妹(女性出稼ぎ労働者)の家」などを拠点にネットワークを構築して自らエンパワーを図り、自己研鑽に努めている。

中国農村の女性は、改革開放の中でもっとも「割を食った」存在である。しかし出稼ぎは家父長的な雰囲気の強い農村から脱出し、新しい人生を切り拓くチャンスでもある。彼女たちは携帯電話で頻繁に家族や友人と連絡を取りながら、より良い条件を求めて頻繁に職場を変えながら都市社会を生き抜く力を身につけてゆく。

◆**変容を迫られる「男らしさ」**　出稼ぎは、男性にとっても過酷な体験だ。現代中国社会の男らしさの指標は、何と言ってもどれだけ稼げるかであり、また農村男性は、男が稼ぎ女は家事育児という性別規範を刷り込まれている。出稼ぎ男性農民の収入は、都市の男性に遥かに及ばず、贅沢なデートを奢ることも、子どもの教育に充分な金を準備することもできない。それゆえ妻も有給の仕事に就き、家事を引き受けることもある。彼らは葛藤しながら、家族の幸福のために男性性を変化させている、とも言う。

拡大する中国経済を支えて働く出稼ぎ農民の生活は刻々と変化し、女性と男性の生き方も少し前には想像できなかった様相を呈することが少なくない。(小浜正子)

▶**参考文献**
中国国家統計局「2020年農民工監測調査報告」www.stats.gov.cn/tjsj/zxfb/202104/t20210430_1816933.html(2022年2月21日最終閲覧)／金一虹(2016)「中国社会の変容と女性の経済参画」小浜正子・秋山洋子編『現代中国のジェンダー・ポリティクス―格差・性売買・「慰安婦」』勉誠出版／大橋史恵(2011)『現代中国の移住家事労働者―農村・都市関係と再生産労働のジェンダー・ポリティクス』御茶の水書房

> 4）グローバル資本主義と女性労働
> # ④フードシステムと食事労働

◆フードシステムと労働　世界各地で栽培、肥育、採集、捕獲された農水産物が食料品という商品に姿を変え、私たちの口に収まるまでに、複雑につながった生産・輸送・加工・流通・販売のグローバルな商品連鎖が存在する。フードシステムとは、これら市場領域の諸過程に加えて、世帯内でなされる消費・廃棄の過程も含めて、食料品の商品連鎖の総体を指す概念である。フードシステムをめぐっては、その諸過程に強い影響力を持つアグリビジネス❶などの農業・食品関連企業の経済・政治行動についての研究が蓄積されてきた。近年、アグリビジネスのもとでの労働過程においては、さまざまな契約形態が駆使されて雇用のフレキシビリティが一層追求されつつあることや、人種化されジェンダー化された労働動員がなされていることなどが指摘されている。例えば南欧や北米など世界的な集約的園芸や食品加工の現場では、労務管理上、「従順」であるという理由で移民や難民の女性、とくに子を持つ既婚女性が好まれて季節労働に動員されている。

◆日々の食事とジェンダー規範　フードシステムはまた、食という文字通り私たちの身体を再生産する営みに注目することを通して、主に世帯内でなされる再生産労働と市場領域でなされる生産労働とを横断して検討することを可能とする概念でもある。日本の例から考えよう。食事の準備は技能や創造性を要求される営みであるが、食材の買い出しから調理・片付けまでを家事の一部である食事労働としてみると、必要とする人々と必要とされるタイミングに近接してなされ、さまざまな家事のなかでもとくに裁量の余地の少ない日々の義務的なルーティンとなりやすい。そして食事労働は、ワークライフバランス意識や男性の家事・育児参加が当然視されているはずの現代においても依然としてジェンダー間の不平等が著しいまま残り続けている。平成28年社会生活基本調査によれば、共働き世帯であっても妻が食事労働に毎日費やす時間は平均1時間50分であるのに対して、夫のそれは8分にすぎない。世帯内のジェンダー平等をすすめるうえで、食事労働の分担は大きな課題となっている。

◆惣菜・調理食品による食事労働の外部化　近年、食料消費支出の中心となりつつある惣菜や種々の調理食品は、調理の過程を世帯から外部化して市場領域に委ねる

ものであり、しばしば食事労働の負担を軽減させて世帯内のジェンダー不平等の解決に資するとされる。主として食事労働を担ってきた女性の家事時間を短縮し、あるいは食事準備の簡素化を通して調理技能を持たない男性の家事参加を容易にする。実際、世帯から市場に外部化された調理の過程を産業として実質的に担う食料品製造業部門は、国内のアグリビジネスのなかでもとくに生産額を伸ばし続けている。なかでも、食料品小売で多くのシェアを占めるコンビニやスーパーから委託を受けて大規模工場で調理食品を製造する中食企業の肥大は著しい。

　◆調理食品を調理しているのはだれか　しかし、食事労働の外部化が社会全体でみたときのジェンダー平等に寄与しているかは疑わしい。食料品製造業の賃金は他の製造業と比較して6割程度と著しく低い。その要因として、非正規雇用割合が60％と、製造業一般の2倍の比率にあることが挙げられる。そうした産業において現業部門で働いている者の多くは女性だ。とくに調理食品の生産現場である「惣菜」や「寿司・弁当・調理パン」製造の事業所をとりだすと、女性雇用者が6割強をしめ、そのうちパートなどの非正規労働者の割合は9割にのぼる。しかも食料品製造業は他の製造業と比較して労働災害の発生率が際立って高い。こうした状況をみれば世帯から食事労働が外部化されようとも、そもそも世帯内のジェンダー規範のもと食事労働を引き受けてきた女性たちが、今度はそれらをアグリビジネス傘下の工場において不安定かつ低賃金の雇用労働として引き受けているだけだと言える。

　◆ジェンダーとエスニシティの交差領域　しかも工場で働く女性たちは国内労働者にとどまらない。食料品製造業の全労働者のうち20％はすでに技能実習や留学などの外国人労働者が占めている。雇用労働者に占める外国人の割合の高さは園芸農業や食料品小売業（コンビニやスーパーなど）、外食業などフードシステムに連なる産業全体に指摘できる。このようにフードシステムをめぐってジェンダーの問題を検討しようとするとき、世帯における再生産労働の問題と市場におけるジェンダー格差の問題、商品連鎖でつながる国境の中と外の問題、またジェンダーとエスニシティ・ナショナリティの問題など、つねに複数の領域を横断して思考することが要請される。（飯田悠哉）

---

❶ 本来、農業・食料関連産業を包括して表現する概念であるが、個別の大手農業・食料関連企業を指す場合も多い。多国籍アグリビジネスとして、種子や農薬・肥料などを扱う農業生産財企業であるバイエル、農産物取引加工企業カーギル、食品加工企業ネスレ、食品サービス企業マクドナルド、食品小売業企業ウォルマートやセブン＆アイが代表例。

▶参考文献
飯田悠哉・伊藤泰郎（2021）「食の外部化と外国人労働者」伊藤泰郎・崔博憲編『日本で働く─外国人労働者の視点から』松籟社／冬木勝仁・岩佐和幸・関根佳恵編（2021）『アグリビジネスと現代社会』筑波書房

4）グローバル資本主義と女性労働

⑤バングラデシュの縫製産業

📖 Ⅱ－2－3－③

◆**歴史のなかの縫製産業とジェンダー**　人間の基本的な生の営みの一つ、衣が近代的な工場生産によって賄われるようになったのは、世界史においてはさほど昔のことではない。日本では、既製服生産（縫製産業）が産業として確立したのは、1970年代前半のことである。

　原料から糸を紡ぎ、布に織り、さらに衣服に縫い上げる仕事は、世界のどの地域においても、主に家庭内で行われてきた。その生産様式が変容したのは、糸と布の生産過程で起きた18世紀の産業革命以降である。また、1850年頃までにはミシンの開発が進み、手仕事に代わって、機械による既製服生産工場が出現していった。

　日本を含め、産業革命の舞台となった紡績・紡織部門で女性・子どもが動員されたことで、工場労働はジェンダーに基づく分業や規範が交錯する場となった。縫製産業においても同様である。背景には、女性は縫製に適した「器用な手先」を持っているという固定観念がある。また、20世紀初め、既製服製造の中心であったロンドンやニューヨークにおいて、主力の労働者となっていたのは移民たちだった。低賃金と劣悪な労働環境から、これらの縫製工場はスウェットショップ（搾取工場）と呼ばれた。1911年、ニューヨーク市のトライアングル・シャツウェスト工場で発生した火災では141人（146人説もあり）の犠牲者を出したが、そのうち125人（同123人）が女性・女児で、またユダヤ系、イタリア系移民が多くを占めていた。この事件を通じてスウェットショップの状況への社会的関心が高まり、労働環境・条件の改革や労働者の組織化が進んだ。さらに第二次世界大戦後の先進国における経済成長は、全般的な所得水準の向上をもたらし、スウェットショップを過去のものとしたかにみえた。

　◆**グローバル化と縫製産業**　縫製産業の一つの特徴は、多様なデザインに合わせてさまざまなパーツがあり、それらを縫い合わせる工程の多くは、今なお人の手による作業を不可欠としていることである。したがってサプライヤー（生産者）ならびにバイヤー（小売・仲買業者）にとっては、人件費を最大限抑えることが利益を上げる重要な手段となる。安い人件費を求める競争は、先進国の国内では開発途上国か

らの新たな移民労働力の利用、そして安くて豊富な労働力が調達可能な開発途上国への工場移転という二つの流れを通じてスウェットショップのグローバル化という現象を生むことになった。

1970年代初めまでには途上国で作られた衣料品が、アメリカ等の先進国市場を席捲するようになり、1974年には関税及び貿易に関する一般協定（GATT）の下で多国間繊維取り決め（Multi-Fiber Agreement: MFA）が定められた。これは繊維製品、衣料品の輸入国が、自国の産業を守るために輸出国に対して品目ごとに毎年輸出できる量的制限（クオータ）を課すことができるというものである。これによって輸出の頭打ちを余儀なくされた国から、MFAの対象となっていない国へ生産や製品調達の拠点を移す企業が出てきた。こうした動きの中で生まれたのがバングラデシュの縫製産業である。

◆バングラデシュの縫製産業の誕生と成長　　バングラデシュにおいて輸出向けの縫製産業が誕生したのは1970年代の末である。1971年にパキスタンから独立した同国は、人口の多さ、国土の狭小さ、頻発する自然災害等多くの問題を抱える貧困国の代名詞的存在であった。主な輸出品は、ジュート（黄麻）とその加工品で、それすらも化学繊維に代替され輸出は低下傾向にあった。衣料品についてみれば、女性はサリーやサルワール・カミーズ（長い上衣とゆったりしたズボン），男性はシャツとパンツ、ルンギー（腰布）が中心で、足踏みミシン1～数台の仕立て屋がそれら衣料縫製の担い手だった。すなわち輸出志向型の縫製産業はバングラデシュにとっては全く新しい産業であった。

その誕生には韓国の大手企業大宇の関わりがある。1978年、バングラデシュの官僚出身企業家がMFAの対象外であったバングラデシュに設立した工場デシュ・ガーメンツに対して、大宇は技術協力並びにマーケティング協定を結んだ。デシュ・ガーメンツのスタッフ130人が大宇の釜山工場で研修を受け、後にこれらのスタッフの中から独立して工場を設立するものが多数現れた。以後、バングラデシュの縫製産業は、地場資本によって飛躍的な成長を遂げる。その結果1985年にはバングラデシュもアメリカ、カナダからの輸出規制の対象国となったが、数量制限のない品目の輸出を伸ばした。2005年にMFAが撤廃され、衣料品貿易が自由化された後もバングラデシュ縫製産業の成長は続き、世界貿易機関（WTO）のランキングによれば、2010年には、中国に次ぐ世界第2位の衣料品輸出国となった（2020年にはベトナムに抜かれ3位）。

◆社会革命としての縫製産業　　バングラデシュの成功の最大の要因は、安くて豊

富な労働力である。4000社を超える縫製工場で働く400万人以上の労働者の7〜8割が女性だった。バングラデシュの社会文化的慣行として、パルダ（カーテンの意）と呼ばれる女性隔離の規範がある。女性の活動空間は家庭内にあり、パルダの遵守は、女性の属する家族やコミュニティの社会的威信にも関連づけられてきた。女性の就労は、学歴、経済力のある一部の女性が就く医師、教師といった「女性にふさわしい仕事」を除けば、家事労働者、農産物の加工処理等きわめて限られていた。このような文脈において、外資が先鞭をつけた縫製産業が、自国での経験を踏まえてバングラデシュにおいても女性を主たる労働者として雇用したことは、きわめて大きな変化をもたらした。農村の若い女性が都市に向かい縫製工場で働くことを人生の選択肢として持つようになり、その経済力は、女性の意思決定、家族やコミュニティの中での地位を大きく変えた。

　◆暴力の問題　縫製工場での女性労働が、社会におけるジェンダー平等に直結したということではない。家庭の外で働くことは従来のジェンダー規範からの逸脱であり、女性が経済力を有することが男性性への挑戦となるという面もある。具体的な事例としては、より見える化されるようになった女性に対する暴力の問題がある。

　親元から離れ都市で就労する女性たちは、職場、生活の場、通勤の路上といったさまざまな場所と空間で、暴力の危険に晒される。国際NGO、Action Aidが2019年に行った調査によれば、女性縫製労働者の8割がセクシュアル・ハラスメントを含む何らかのハラスメントを受けた経験があると回答していた。縫製工場労働者の大半を占める若い未婚女性は、職を失ったり、自分や家族の評判が損なわれたりすることを懸念して、被害を受けても沈黙を守る傾向がある。また、女性が訴えても、多くの場合上司に当たる男性加害者に対しては処分が取られないことが多い。

　女性の就労が増えても、ジェンダー規範をめぐる社会全体の意識が同時に変わるわけではない。縫製工場に限ったことではないが、2015年に政府が実施した全国標本調査からは、夫から暴力を受けた経験は、仕事を持っている女性の中の60.6％を占め、専業主婦の中の割合（53.0％）を上回るという結果が示されている。そうした状況下にあって、女性達は、女性同士の共同生活・集団移動、パルダについて、物理的な隔離でなく、謙譲、恥じらいといった内面的価値の重視に自己定義する、夫に給料を渡す等、多様なエージェンシーの発揮によって対応している。

　◆グローバル・サプライチェーンの深化と産業高度化　2013年に起きたラナ・プラザビル崩落事件は、約100年前のトライアングル・シャツウェスト工場を彷彿させる産業災害となった。首都ダカ郊外に立つ8階建てのビル、ラナ・プラザには縫製工

場が5社入居していた。死者1132人、負傷者2500人以上を出した大惨事は、バングラデシュにおける労働環境の脱法性および労働者の権利の剥奪状況をあらためて国内外に知らしめた。同時に焦点となったのが、グローバル・サプライチェーンにおける不透明な説明責任、とくに先進国の大手小売り、バイヤーの責任問題である。この事件を通じて、バングラデシュの縫製産業や女性労働者は世界的な注目を浴びるようになる。

　近年、縫製産業における雇用の頭打ちとともに女性労働者の割合の減少が指摘されている。正確な統計はなかったものの、全国にある縫製工場の数は4000社前後、労働者は約400万人、そのうち女性が7～8割を占めるというのが従来の通説であった。しかし、バングラデシュはもとより、世界でも最大規模のNGOと言われるBRACが設立したBRAC大学が始めた縫製工場の全数調査によれば、2021年6月現在、工場の数は3248社、労働者は約2580万人で、女性の割合は58.3％まで低下していた。

　工場数の減少については、ラナ・プラザ事件や新型コロナウィルス感染症の影響により、受注が途絶え閉鎖に追い込まれた工場が出たことが考えられる。他方、労働者数の減少や、そのジェンダー比の変化に関しては、上記の原因に加え、低賃金が続いていたバングラデシュにおいても徐々に人件費が上昇し機械化の導入が始まっていることや、より複雑な工程を必要とする高付加価値の衣類生産へのシフトといった要因の影響が推測される。縫製業界団体の会頭の見解によれば、2020年時点での縫製の生産活動における機械化は8％だが、2年後には25％まで増える見通しである。女性は高度な機械には対応できないといった偏見や、女性の場合、仕事と家庭の両立は困難といった見方が、女性労働者の雇用減をもたらしていると言われている。（村山真弓）

▶参考文献
ナイラ・カビール（遠藤環・青山和佳・韓載香訳）(2016)『選択する力―バングラデシュ人女性によるロンドンとダッカの労働市場における意思決定』ハーベスト社
村山真弓・山形辰史編（2014）『知られざる工業国バングラデシュ』アジア経済研究所

> **問い**　①なぜ縫製産業がジェンダーの問題と関係しているのか、考えなさい。
> ②なぜバングラデシュのような発展途上国において縫製産業が成長したのか、考えなさい。

コラム⑥　オセアニアの植民地化と宣教活動

◆**人の移動と植民地化**　オセアニアは地球の総表面積の3分の1を占める南太平洋の広大な島嶼地域とオーストラリア大陸をあわせた地域である。オーストラリアには少なくも5万年前に、ニューギニア、ソロモン島には数万年前から人類が居住していた。一方、ソロモン島以東に広がる海域の島々は今から3000年前頃までは無人であった。西欧人がオセアニアを発見するのは16世紀初頭の大航海時代であり、1788年のイギリスによるオーストラリア入植が本格的な居住のはじまりだった。イギリスは19世紀初頭にはニュージーランドに入植し、19世紀からイギリス、フランス、ドイツ、アメリカが競ってオセアニア島嶼部を植民地とした。

◆**キリスト教ミッションの影響**　植民地となったオセアニアの近代化に大きな役割を果たしたのは、キリスト教ミッションであった。1797年にロンドン伝道教会がタヒチに入り、南太平洋地域での活動が本格化した。メソジスト派は1835年にフィジーに入った。新旧両派の活躍によって、オセアニア島嶼部住民のほとんどがキリスト教に帰依し、重要な精神的な支柱となった。ミッションはキリスト教化によって近代化を進めようとしたわけだが、そこにはミッションが理想とする、一夫一婦の、夫が外で働き妻が家庭を整え、子どもを育てるというジェンダー観も含まれた。

◆**ミッションのジェンダー観**　植民地化によるジェンダー関係への影響についての研究には二つの立場がある。一つは、入植以前の社会では男性が圧倒的に優位で、女性が搾取されていたとし、近代化によって女性の地位は向上したとする植民地化の影響を肯定する立場である。もう一つは反対に植民地化によって女性の地位が低下したとする立場である。もともとは女性の生産性を評価する、平等なジェンダー関係があったが、近代化によって公と私の空間区分が生まれ、女性は家内空間に押し込まれ、周縁化されることになったとする。いずれの立場も、ミッション活動が植民地のジェンダーに影響し変化を起こしたとすることは共通している。

ミッションの主たる方針は宗派を超えて共通しており、ジェンダー関係に大きく影響を与えるものだった。まず第一に、一夫一婦の核家族の家庭という聖家族の理想である。女性は家庭を整え、子どもを養育することが求められた。第二に労働の概念である。男性が農業労働を行い女性が家事労働をするというジェンダーによる労働区分が強調され、教育も男女別に行われた。そして第三に、女性の美徳である。女性の美徳は、従順、奉仕、純潔、清潔、貞淑、家庭性とされた。例えばハワイでは、19世紀のミッションの女性たちがハワイ女性に、慎みを身につけ、裸体をさらさない、などの指導していた。いずれも、地域のジェンダー概念を大きく変容させるものであったことがわかる。キリスト教受容が順調であったオセアニア島嶼部では、とくにその影響はより大きかったと考えられる。

◆**オーストラリアのミッション**　一方で、オーストラリア先住民、アボリジニの間でのミッション活動は当初、困難であった。初期に活動したミッショナリーはポリネシア、ニューギニアと比べてアボリジニの「教化」が難しいことを記録している。アボリジニは裸族であり、狩猟採集を行う遅れた野蛮人と見られた。19世紀のミッションでは、強圧的な管理強化が目ざされ、徹底した同化政策がとられた。その中でアボリジニ女性は、男性よりもさらに下に置かれ、複合差別を受けてきた。

20世紀にはミッションの運営方針が変わり、アボリジニの文化を尊重する友好的な運営のミッションが増加した。彼らの人権が認められるようになる1970年代には、キリスト教ミッションはアボリジニの管理から手を引いた。しかし、アボリジニの植民地状態でのジェンダー関係に一番大きな影響を持ったのはミッションであったことはまちがいなく、その影響は現在にも続いている。（窪田幸子）

▶**参考文献**

窪田幸子（2002）「ジェンダーとミッション—オーストラリアにおける植民地経験」山路勝彦・田中雅一編『植民地主義と人類学』関西学院大学出版会

コラム⑦　インドにおける家事労働者

◆経済・社会的格差と女性労働移動　東南アジアの諸国が家事労働者の送り出し国、あるいは受入国となってきた状況とは異なり、インドでは、地域的・社会的な格差を背景に、家事労働者は国内でもっぱら「調達」されてきた。1990年代以降の経済自由化を契機としたインドの急速な経済成長は、都市部において家事労働者を雇用する余裕のあるアッパー／ミドル・クラスを醸成する一方、農業の不振、雇用機会の希少化などを要因として、農村部から都市部への人口移動を加速化した。アッパー／ミドル・クラス女性の職場進出を支えているのは、農村部から経済的な機会を求めて移住してきた貧しく、教育にも恵まれずスキルもない女性が担う家事・ケア労働だと言える。

◆家事労働者の規模と内容　社会的上層部が家事労働者を（しばしば複数）、長期にわたって雇用する慣行は歴史的に存在し、ステータスの指標でもあった。しかし、そうした労働者は必ずしも女性に偏ってはいなかった。近年の変化は、家事労働者の「女性化」と短期雇用化である。

家事労働者は、インフォーマル経済部門において最大の労働者カテゴリーの一つを形成している。家事労働者の総数の把握は難しく、250万から9000万まで、実にさまざまな数値が示されてきた。250万強という数値を示した研究者によれば、そのうち71％が女性であり、その比率が高まってきている。多くは既婚者（寡婦、離婚者、遺棄された女性も含む）である。彼女たちの実態把握が遅れてきた要因には、家事労働者を「労働者」として認識する意識の低さがある。

◆労働形態　家事労働者は世帯に居住して家事・ケア労働にあたる住み込み（live-in）と、通い（live-out）に大別される。後者がドミナントな形態であり、複数の世帯を掛け持ちすることが多い。掃除、料理を主たる仕事内容とし、洗濯、買い物、子どもや高齢者の世話といった雑多な仕事が、雇用者の要請によって、個別に、もしくは組み合わされ遂行される。低賃金と雇用条件の悪さがつとに指摘されてきたが、労働者の側から見るならば、自身の家庭の再生産労働との両立を可能にする時間の融通性、相対的に安定した現金収入、賃金以外の「特典」（緊急時の借金、古着など）などが魅力となる。インドにおいては経済的な階層がカースト的なヒエラルキーとしばしば対応関係にあるという現実から、家事労働者の多数をダリト（不可触民）などの下位カースト出身者が占める傾向がある。ただし、不浄とされるトイレ掃除をダリトが担うといったカースト分業は、都市部における無名性も手伝って、その厳格さが弱まっているとも指摘される。

◆トライブ女性の家事労働者　デリーやムンバイーといった大都市における家事労働者、とくに住み込みの労働者として特筆すべきなのは、ジャールカンド州などのトライブ集住地域出身で、多くがクリスチャンである若い女性たちである。2004年の時点で、デリーだけで10万人ほどが働いていると推計された。長時間労働などの問題がありながらも、「都市生活の魅力」が彼女たちを惹きつけていると指摘されている。一方、彼女たちは、非トライブ女性と比して、「正直、働きもの、従順である」といったステレオタイプ化もされてもいる。

◆法制化　家事労働者は、労働の場が「家庭」であることなどから、既存の労働法制の対象外とされてきた。今世紀になってから、いくつかの法律で、家事労働者が「労働者」として位置付けられ、また、1948年の最低賃金法を家事労働者にも適用する措置が州レベルで試みられてきた。2011年のILOの家事労働者条約（Domestic Workers Convention 2011 No.189）の採択に際してインド政府はそれを支持したが、現時点では未批准である（2022年8月）。2020年初めから世界を襲ったパンデミックは、家事労働者たちを直撃した。2019年から2020年にかけて、現政権はそれまでの労働関連の法律を四つの法律として整備したが、この改革が数百万の家事労働者たちの生活をどのように改善できるのか、その意志がどこまであるのか、これまでのところ不透明である。（粟屋利江）

▶参考文献

Neetha N. (ed.) (2019) *Working at Others' Homes: The Specifics and Challenges of Paid Domestic Work*, Tulika Books

落合恵美子・赤枝香奈子編（2012）『アジア女性と親密性の労働』京都大学学術出版会

コラム⑧　過労死・過労自殺

◆**KAROSHIとサラリーマン規範**　日本社会で「過労死」が問題にされ始めたのは、1980年代後半である。1988年、「過労死110番」が設置され、1991年には「全国過労死を考える家族の会」が結成された。働き過ぎによる死は、時代・地域を問わない。これに対し、日本の過労死は、ごく普通のサラリーマンが働き盛りで突然死するという現象を指す。日本特有の社会問題として着目された結果、過労死は「KAROSHI」として国際用語となった。

過労死の多発は、高度経済成長期以降、サラリーマン男性に期待された「男らしさ」の産物である。終身雇用・年功序列型賃金などの「日本型雇用慣行」は、企業が「稼ぎ主」たる男性労働者の雇用を保障し、その家族を丸抱えする「企業社会」の柱をなす。男性労働者には正規雇用と家族賃金が保障され、これと引き換えに会社への忠誠が求められた。専業主婦となった女性たちは夫の安定雇用を歓迎しつつ、パート労働者として家計を補填した。サラリーマンでなくなることは社会の落伍者になるとの強迫観念が共有され、「自発的」に残業を引き受けるべき（サービス残業）との規範が広まったのである。

◆**電通事件**　過労自殺裁判としてもっともよく知られるのが、電通事件である。1991年、広告大手の電通で入社2年目の男性が自殺した。遺族（親）が提訴し、一審（1996年）、二審（1997年）とも勝訴した。2000年3月、最高裁は、電通の上告を棄却し、二審での敗訴部分を破棄して、原審に差し戻した。「裁判上の和解」の結果、事実上、遺族側の全面勝利となり、電通側は1億6857万円を遺族に支払った。また、電通事件を通じて、過労死に関する労災補償の認定基準が改められ、過労自殺も対象となった（1999／2001年）。その基準は、過労死等防止対策推進法（2014年）にも取り入れられている。

電通事件は、「サービス残業」（不払い残業）の苛酷さをまざまざと見せつけた。生来頑健であった男性は、大卒後入社してから1年5カ月間、日曜日も必ず仕事に出かけ、取得した有給休暇は半日だけであった。1991年には深夜帰宅が増え、睡眠時間は30分から2時間30分であったと言う。同年春頃からうつ症状が現れ始め、8月、自宅で自死した。両親は、1人息子に退職を勧めることができなかったことを悔い、死の真相を知るべく、提訴に踏み切った。会社からも労働組合からも協力は得られず、父親は息子の実働時間を明らかにするために接待に使ったレシート等を集めるために奔走した。

男性が会社に申告した「勤務状況報告表」によれば、1991年4〜8月の平日の平均残業時間は約2.41時間、平均勤務終了時刻は午後8時前であった。しかし、管理員巡察報告書（帰宅時間の実記録）によれば、男性は休日も含めてほぼ5日に2日の割合で深夜午前2時以降に退館していた。親はこれを「サービス残業」と主張したが、会社側は報告表の記載が真実であり、「業務とは無関係に社内に在館した」と主張した。裁判所は、長時間労働と自殺の因果関係を認め、会社側の主張を退けた。

◆**現状**　「過労死等」は、過労死・過労自殺及び過労による病気（脳血管疾患・心臓疾患）・精神障害と定義される（法2条）。1カ月の残業が80時間を超える場合を「過労死ライン」と呼ぶ。法定労働時間が40時間であるから、週60時間以上の労働がこれに当たる。週60時間以上働く労働者の比率は、2000年代には14〜18％に達した。2020年に9％に下落したとはいえ、なおも10人に1人が「過労死ライン」にいる（令和3年白書）。また、過労死・過労自殺が労災認定されるのはハードルが高く、認定件数は申請件数の半分にすぎない。

休む権利を無視した働き方は「ディーセントワーク」（人間らしい仕事：SDGs第8目標）とは言えない。今日、リーマンショック（2008年）を境に、中高年男性の過労死よりも、20〜30歳代の過労自殺が増えている。人員整理のしわ寄せが若い世代に及んでいるからである。2016年10月、電通で新入社員女性の過労自殺が労災認定された。人員削減により月100時間以上の残業を強いられた結果である。化粧をせずに働く姿を「女らしくない」とからかうハラスメントもあったと言う。（三成美保）

▶**参考文献**
川人博（2014）『過労自殺（第2版）』岩波新書
厚生労働省（2021）『過労死等防止対策白書』（令和3年版）

第 3 章

戦争と暴力に抵抗する

1）概論

戦争と暴力に抵抗する

🔍【読】世12−6, 世13−8, 世13−9, 世13−11, 世14−4, 世14−7, 日9−14

◆**21世紀、前景化する暴力**　ウクライナ戦争に加え、本書出版直前、圧倒的な軍事力によるイスラエル軍のガザ侵攻は、分や秒単位での民間人殺戮という地獄絵を繰り広げている。「戦争の世紀」の20世紀に止まらず、地域紛争が顕在化する今日、戦争と暴力の連鎖は国際法を無化する勢いである。戦争と暴力を「ひと」から問うとは何か。あるいは戦争による人的被害や経験は「性差」にどう関わるのか。

◆**暴力とは何か**　近代国家は法秩序のもとで、暴力の制御・弁別を行うとされた。しかし近代国民国家は同時に植民地を支配する帝国であり、「国民」の「外部」への暴力を「存在しないもの」として正当化してきた。その論理を追うと、注目を集めるアガンベンの考察は、20世紀ナチスの「強制収容所」を、法と暴力の行使が交差する極＝「例外状態」であるにとどまらず、法秩序による、いっさいの法権利の外に置かれた人々（「剥き出しの生」）への「剥き出しの権力」による暴力とみた。一方、J.バトラーも、暴力に抗する非暴力行為がどのように「暴力」とされるのか、主権者による法の無秩序な拡大という観点を提示する。帝国による不可視とされてきた暴力は、「西洋」の近代化の歴史を問い直すことで広がりをみせる。例えば多くの地域ですすめられた先住者が暮らす土地への「開発」をめぐって、とくに第一次世界大戦後のセトラー・コロニアリズム（定住型植民地主義／入植植民地主義）の歴史を問う視座は、「西洋」の植民地主義が人種主義的言説を強めるとともに、性急な入植社会の暴力による構築を正当化し、先住者の居住空間ごと奪うジェノサイドを見えない歴史としてきた論理をたどる。人口の増加を必要とする定住型植民地主義は、生殖管理を不可避にする点でもジェンダー介入を伴う暴力であるという。

◆**性別に基づく暴力**　総力戦以後、戦争被害は民間人としての女性と子どもの大量死ももたらすが、性暴力も含め、女性に対する暴力が構造化することと、それが性別に基づく暴力であることは認識を異にする。国連による「女性差別撤廃条約」（1979年）が注目されるも、「男女の社会的及び文化的な行動様式」として「人権」問題として問われる歴史は浅い。例えば「家庭内暴力」―DV事例が法整備によって、ようやく犯罪とされるのは近年のことだが、近代国家の秩序形成は、法の関与から

私的領域を外して成り立ってきた。法的には対等なパートナー関係であっても、私的領域にくくり込まれることで家族内の暴力は看過されてきた。戦争・暴力を対象とする歴史研究も国家を主語とする方法にとどまるならば、個々のサヴァイヴァーの経験は不可視化されるか又は個別事例にとどまり、特定の人種やジェンダーは「外部」とされ、暴力を不処罰としてきた歴史的な構造を問うことはできない。ジェンダー平等は「歴史」を読み直すツールでもある。

◆**軍事性暴力という認識**　「女性に対する暴力」という視座は、組織的な「軍事性暴力」の発見を伴って、ジェンダー主流化をめぐる主題の一つとなった。日本軍性奴隷制・「慰安婦」問題を起点に、1995年の北京会議での「行動綱領」の採択は、転回点として知られる。国家の責任が明記される軍事性暴力とは、「敵」の男性性を損なう目的で、家父長制の傘のもとにある存在とみなされた「女性の身体」に向けた構造的な暴力である。性暴力はようやく被害者の恥から責任者追及、加害者の責任が問われる。一方、男性という性別に対する性暴力もまた、去勢など、個々の人々の尊厳を損なう暴力として可視化されつつある。20世紀という「戦争の時代」は、戦時下や紛争下、さらには強制移動のさなかでの「女・子ども」への暴力―性暴力、略奪・誘拐の連鎖にあり、抗する主体としてのナショナリズムも、「家族の恥」「民族の恥」「国家の恥」として性的暴力の被害者の声を封じ込め、民族の純血性と女性を直結させてきた。

◆**さまざまな抗する力**　暴力の対象としての被害者女性とその救助という言説は、当事者から声や意志を奪うとともに、歴史の主体としての抵抗運動とその意義を看過してきた。軽視されてきた「ファミリーヒストリー」は、「真実と正義の日」の認定など凄惨な経験の可視化と真相究明を可能にした歴史への主体的な参加であった。抗する主体の長期にわたる活動は、社会の変革を促してきた。ではその歴史は誰の経験に基づくのか。ブラックフェミニズムは、フェミニズム思想の成り立ちを問い直す。異性愛主義という支配的な性のあり方への異議申し立ては、日常的なジェンダー構造と規範との結びつきを歴史の対象とする。ジェンダー射程による、さまざまな抗する主体の経験をふまえ、「周辺」とされた経験からの歴史の読み直しは、重層的差別を広く問い、人権概念を豊かにする試みである。（長志珠絵）

▶**参考文献**
早尾貴紀（2020）『イスラエル／パレスチナ論』有志舎／藤岡俊博他編（2022）『「暴力」から読み解く現代世界』東京大学出版会／J.バトラー（佐藤嘉幸・清水知子訳）（2022）『非暴力の力』青土社

2) 内戦とテロリズム・ヘイト
①旧ユーゴスラビア紛争のなかの性暴力

📖 Ⅱ-3-3-③, Ⅲ-3-1-②, Ⅲ-3-1-⑤ 🔍【読】世13-11, 世15-5

◆**旧ユーゴの解体と家父長的支配の強化**　第二次世界大戦中に人民解放軍を率いたヨシップ・ブロズ・チトーのもと、独立を果たしたユーゴスラヴィア社会主義連邦共和国（1943年に「民主連邦」として建国宣言、1946年に国家発足。以下旧ユーゴ）は、セルビア、モンテネグロ、スロベニア、クロアチア、マケドニア、ボスニア・ヘルツェゴビナという六つの共和国、並びにセルビア共和国内の二つの自治州（北部のヴォイヴォディナ、南部のコソボ）から成る。この多民族国家内部の民族問題は、チトーの強力なリーダーシップとカリスマ的人気によって抑え込まれてきた。

　チトーの死（1980年）で民族を核とする各共和国のナショナリズムが噴出し、第二次世界大戦後、西欧の影響を受けて旧ユーゴで育まれつつあったフェミニズムを押しつぶしていく。1980年代、セルビアでは女性国会議員の議席が20％から2％にまで激減。女性には「産み育てる母性」が強調され、以前にもまして家父長的価値観のもとに置かれることになった。それは、旧ユーゴの枠組みを維持したいセルビアでも、1991年に独立を宣言したスロベニアやクロアチアでも同じであった。

　セルビア共和国の自治州コソボでは、1980年代後半、アルバニア人男性によるセルビア人女性へのレイプ被害急増がセルビア・ナショナリズムを煽った、と語られる。背後にはアルバニア系ムスリムの高い出生率に対するセルビア人の脅威があり、それは、旧ユーゴ内戦を語る「民族浄化（エスニック・クレンジング）」という言葉に連なる。大量虐殺、強制移住、レイプなどで戦略的に特定の民族を消し去るという意味のこの言葉は、民族の純血性を女性に直結させた「暴力」にほかならない。

◆**ボスニア・ヘルツェゴビナ紛争と民族浄化**　「民族浄化」という言葉が世界中で注目を集めたのは、ボスニア・ヘルツェゴビナ紛争（1992-1995年）においてである。当時の人口統計（1991年）によれば、ボスニア・ヘルツェゴビナ共和国の人口約430万人の民族内訳は、ボシュニャク人（ムスリム）44％、セルビア人（正教）33％、クロアチア人（カトリック）17％。うち、ボシュニャク人とクロアチア人は独立賛成だが、セルビア人は少数民族化することを恐れて独立に反対した。国民投票の結果を受けた独立宣言（1992年3月）を引き金に勃発した紛争は、ヨーロッパ共同体（EC）

による独立承認（1992年4月）によって、悪化の一途をたどった。

　「民族浄化」は、1992年初夏以降、もっぱらムスリムのボシュニャク人に対するセルビア人の蛮行を示す言葉として、欧米メディアでセンセーショナルに使われ始めた。独立政府を支持するアメリカの大手広告会社、ルーダー・フィン社が当初提案した「ホロコースト」がユダヤ人団体に非難されたため、それに代わる言葉として発案された。拷問や殺戮が行われた施設が（実態はどうあれ）「強制収容所」と呼ばれたことを含めて、ナチスの蛮行を連想させるイメージ操作であった。

　メディア戦略に打って出たのは、当時ボスニア・ヘルツェゴビナ政府外相のハリス・シライジッチ（1993-96年首相）である。1992年12月、ジュネーヴの国連欧州本部での記者会見で、シライジッチ外相は開口一番、こう切り出した。数千人のムスリム女性がセルビア人兵士によってレイプされ、妊娠するまで監禁される「レイプ・キャンプ」がある——この言葉に、欧米メディアは飛びついた。

　◆レイプ・キャンプ　シライジッチ発言の根拠となったのは、国連報告「戦争犯罪の事実調査委員会」（1992年10月）である。アメリカのNPO「難民女性と子どものための女性委員会」による聞き取り報告書（1992年9月）にも同様の指摘がある。いずれも、セルビア人兵士がボシュニャク人やクロアチア人の女性を連れ去り、倉庫やホテル、病院、学校など30カ所以上に「レイプ・キャンプ」を設けて監禁し、不衛生な環境のなかで集団的かつ組織的な性暴力を繰り返している、という内容だ。レイプ後、妊娠しなかった女性の多くは殺害された。自殺した女性も少なくない。妊娠した女性は、中絶不可能な妊娠5カ月頃まで拘束された後、解放された。彼女たちが上記報告書の主な証言者だ。国連報告の時点でレイプ被害者は14,000人余りに上るとあるが、被害者の数については数千人から2万人余りとばらつきが大きい。

　レイプ・キャンプの主目的は、セルビア人男性を父親とする子どもの数を増やすことで、対立する民族の純血性を侵害するという、屈折した「民族浄化」戦略にあったと思われる。セルビア人のみならず、クロアチア人やボシュニャク人も異民族の女性をレイプしたが、国連「バショウニ報告書」（1994年）でも、「民族浄化」と関わるレイプについては「加害者はセルビア人男性」とされており、メディア戦略の巧みさが伺える。

　◆「黒衣の女性たち」　一方、レイプを逃れた女性たちには男子出産が奨励され、出征兵士の支援に加えて、難民、国内避難民の救援活動が待っていた。戦場に息子を送りたくない母たちは、セルビアの首都ベオグラードやクロアチアの首都ザグレブなどで反戦運動を行ったものの、まとまりに欠け、内戦の激化とともに民族によ

る分断が進んだ。反戦デモに参加した父たちは、すぐさま戦闘動員された。

　代わって反戦の最前線に立ったのは、黒い服に身を包んだ女性たち、その名も「黒衣の女性たち（ウィメン・イン・ブラック）」（WIB）だった。1988年、第一次インティファーダのエルサレムで、占領地でのイスラエル兵による人権侵害に抗議するイスラエルの女性活動家たちの行動に由来する。敵味方を問わず、紛争の犠牲者すべてを悼む喪の色をまとい、とくにデモ行進をするでもなく、自国の戦争を非難して静かに公共の場に立ち続ける女性たちの姿は、その後、世界各地で見られた。

　1991年10月、ベオグラードの中心部にWIBは姿を見せた。軍国主義と民族主義に反対する彼女たちは、セルビア人男性の徴兵逃れや脱走を補助し、難民女性の自立を支えた。WIBはボスニア各地に設置されたレイプ・キャンプの情報も得ており、そこに内戦前後の旧ユーゴで頻発していた家庭内暴力を重ねていたのかもしれない。ここから、男性優位の民族ナショナリズムを超える試みも始まっていく。

　◆旧ユーゴ国際戦犯法廷の意味　　紛争・戦争における性暴力はけっして目新しい現象ではない。戦争と性暴力の関係を規定したハーグ陸戦条約（1907年）は、占領下における性暴力を「家族の名誉」を損なう行為として明記し、禁止した（付属書第46条）。女性の保護は「家族の名誉」の問題とされ、（占領政策を含む）軍事戦略の一部に組み込まれたのである。女性は男性家族に守られ、管理される存在であり、ゆえに性暴力の被害者は、女性自身ではなく、彼女の家族であった。

　ここにメスを入れたのが、1993年 5 月に設置された旧ユーゴ国際戦犯法廷（ICTY、国連安保理決議827、2017年12月閉廷）であった。人道に対する罪やジェノサイドを焦点化した同法廷で、性暴力は明確に「戦争犯罪」とされたのである。生きのびた女性たちの証言でレイプの場所や加害者が特定され、つぎつぎに起訴された❶。

　紛争下の性暴力は単なる男性の性衝動の問題ではなく、ジェンダー権力関係の結果である。ゆえに、性暴力は敵を攻撃する「武器」ともなり得る。この認識を受け継ぐ国連クマラスワミ報告（1996年）やマクドゥーガル報告（1998年）で再検証された日本の慰安婦問題も、ICTYが開いた一連の動向を反映する。2000年には「女性と平和・安全保障に関する国連安全保障理事会決議1325号」が採択され、紛争当事国に女性や女児を性暴力から保護する手段とともに、和平協定、紛争予防、戦後復興と関わるプロセスへの女性の参画、ジェンダー視点の重要性が促されて現在に至る。

　◆民族を超えた支援　　レイプ・キャンプの実態が暴かれた1992年末以降、国連関連機関や多くの民間組織が被害者の支援に乗り出した。その一つ、ボスニア中央部のゼニカで活動する「メディカ女性セラピーセンター」（1993年 4 月設立、以下メディ

カ）は、「女性による女性のためのプロジェクト」を合言葉に、民族を問わず、レイプで妊娠した女性に対する医学相談（中絶を含む）、被害者に対する心理療法、住居の提供など、多様な活動を展開している。2年間のデータ分析（1995年）によれば、メディカの調査対象者のうち、3割がレイプによって妊娠し、その多くがメディカで出産、子育てをしていると言う。

　だが、メディカはおろか、誰にも相談できずに引きこもり、PTSDの発症に苦しむ事例も少なからず報告されている。「民族浄化」と関わる性暴力の傷跡は深く重い。

　◆『見えない子どもの罠』　被害者は女性だけではない。レイプで生まれた子どもたちのことを忘れてはならない。彼らの多くは母親に引き取りを拒否され、その後の顛末も知られないまま、「見えない存在」であり続けてきた。その数は2万人を超えるとされる。ボスニア紛争に終止符を打ったデイトン和平合意調印（1995年12月）から20年を超え、成人した子どもたちのなかには、自らの過去と向き合い、声をあげる者も出てきた。

　その1人に、ドキュメンタリー映画『見えない子どもの罠』（2015年）の主人公、アレン・ムヒッチがいる。ムヒッチの母は、国際法廷ICTYで「人道に対する罪」とされた「フォチャの虐殺」（1992年4月-1994年1月）のなかでセルビア人兵士にレイプされ、出産直後の彼を野戦病院に放置し、その後アメリカに亡命した。映画は、この病院の清掃員夫婦に引き取られ、20歳になったムヒッチが、生物学上の両親を捜す旅に出るという設定で、サラエボの「人権に対する罪と国際法研究所」が運営する「オーラル・ヒストリー」の一プロジェクトとして制作された。

　彼の実父は、2007年、ICTYにおいて強姦罪で禁錮5年6カ月の判決を下されたが、翌年の控訴審で、目撃者証言の矛盾を理由に無罪となった。この男性がムヒッチの生物学上の父であることが証明されたのは、裁判中に提出されたDNA鑑定による。こうして可視化されたムヒッチの人生は、紛争下の性暴力の「未来」を、紛争が何を生み、何を破壊し、何を残すかを、伝えて余りある。（井野瀬久美惠）

---

❶　その後も国連などによる調査が続けられた結果、ICTYの閉廷式典（2017年12月）までに合計161人（うち90人以上はセルビア人）が訴追された。召喚された証人は約4650人、起訴状や判決文は約250万ページにも達した。

▶参考文献

伊藤芳明（1996）『ボスニアで起きたこと──「民族浄化」の現場から』岩波書店
ベヴェリー・アレン（鳥居千代香訳）（2001）『ユーゴスラヴィア　民族浄化のためのレイプ』柘植書房新社
シンシア・コウバーン（藤田真利子訳）（2004）『紛争下のジェンダーと民族──ナショナル・アイデンティティをこえて』明石書店

> 2) 内戦とテロリズム・ヘイト
>
> # ②ルワンダ内戦と暴力
>
> 📖 Ⅲ−3−1−①、Ⅲ−3−1−⑤

◆ルワンダの内戦と「女性に対する暴力」　アフリカ大陸の内陸に位置するルワンダ共和国では、1990年10月に反政府武装勢力「ルワンダ愛国戦線」（RPF）が隣国ウガンダより侵攻することで、内戦が開始された。RPFは、1962年の独立に至る「社会革命」❶の過程で難民化したトゥチの第二世代を中心に構成された組織である。さらに1994年には、人口の8割強を占める多数派のフトゥのエリート層や「暴漢」集団によって、人口の1割強とされる少数派のトゥチ、およびフトゥ穏健派に対する虐殺が発生した。約100日間ですくなくとも50万人の犠牲があったとされ、世界的にも類をみない規模で進行したルワンダの虐殺の最中には、「女性に対する暴力」も深刻なかたちで顕在化した。それらは歴史をたどって見直してみるとき、変容するジェンダーとエスニシティの差異の交点において行使され、現在もなお、位相を変えながら継続する暴力として発現していることが確認できる。

◆父系制社会のルワンダ　従来、ルワンダ社会の大部分は自律的な父系親族集団による共同体で管理されており、妻は夫の親族集団の女性となり、子もそこに属すとされた。女性は農地における主要な労働力であり、農業に関わる知識を発展させ、父系親族集団のあいだをつなぐ役割も果たしてきた。

　17世紀にルワンダ王国が成立し、ドイツとベルギーによる植民地化を経て王権が強化されることに伴って、ルワンダにおける父系親族集団とジェンダー関係は大きな変容を遂げた。20世紀の初頭には人口の大部分が王国の垂直的なパトロン＝クライアント関係に組み込まれ、社会の大部分が核家族で構成される従属的な農民となっていた。植民地政府によって税や労働の賦課が加えられていくことで、親族集団に残された機能は「成人男性が負うべき義務」を遂行するものへと変えられて、家を維持することになった女性の労働力は、あくまで男性のそれを補うものとされた。つまり、植民地統治による王国の拡大と強化は、女性の政治的・経済的な権力への公式なアクセス、および、従来女性が父系親族集団のなかで土地や労働力に対して有していた権利をも消失させていったのである。

◆ジェンダーと人種主義　ルワンダのジェンダーを語るうえで、19世紀のヨーロッパに普及していた「科学的」で人種主義的な思考である「ハム仮説」❷の影響は重

ルワンダ略史

	ルワンダ国内の動き	周辺諸国での動き
17世紀	ルワンダ王国の建国	
1899年	ドイツ領東アフリカの一部として組み込まれる	
1918年	ベルギーによる委任統治の開始	
1930年代	エスニック・カテゴリーが明記されたIDカードの導入	
1959年	フトゥ・エリートによる万聖節の騒乱、「社会革命」の開始	周辺国へのトゥチの流出、難民化
1961年 （〜1966年）	国政選挙と王制に関する住民投票の実施、暫定政府成立	トゥチの難民「イニェンジ」によるルワンダへの武力攻撃
1962年7月1日	独立、初代大統領カイバンダ政権発足	
1962年、1963年	「イニェンジ」攻撃を受けた国内のトゥチに対する虐殺の発生	
1972年		隣国ブルンディでフトゥに対する虐殺
1973年	国内のトゥチに対する排斥運動 無血クーデター、第二代大統領ハビャリマナ政権発足	
1987年		ウガンダで武装勢力「ルワンダ愛国戦線」（RPF）発足
1990年10月1日	RPF、ルワンダ北部に侵攻、内戦勃発	
1993年8月4日	アルーシャ和平協定締結	
1994年4月6日	ハビャリマナ搭乗機撃墜事件	
1994年4月7日	全土で虐殺の展開	
1994年7月18日	RPF、戦争終結を宣言	周辺国へのフトゥの流出、難民化
1996年	フトゥ難民の帰還開始	RPFの侵攻による第一次コンゴ内戦の勃発

大である。それは、アフリカの諸文明をもたらしたのがアフリカ土着のバントゥー系人種ではなく、アラビア半島を原郷とするハム系人種だとする見解である。このハム仮説を根拠に、植民地政策のなかではトゥチがハム系の非黒人で、バントゥー系の黒人であるフトゥを支配するのにふさわしい人種とみなして優遇していった。ヨーロッパの人々によって、トゥチはフトゥに比べてより高い知性と美しい肉体を持つ、生物学的に優れた存在として誤認されたのである。

　トゥチとフトゥという概念自体は、ヨーロッパとの接触以前からすでに存在していた。トゥチとは、もともと牧畜民の一部が自分たちを区別するために用いたもので、ルワンダ王国が建国された17世紀には、政治的エリートを意味する言葉になっていた。他方で、フトゥという言葉には「粗野」「不作法」といったニュアンスがあり、当初はエリートの側から用いられたものだと考えられている。しかし、それらはあくまで王国の中心部で権力と密接に関わりながら発展してきた概念であり、従来、人々にとっては多様にあるアイデンティティの一つにすぎず、その境界は柔軟で流動的なものでもあった。

　植民地統治による介入は、トゥチとフトゥのエスニックな差異を人種化し、IDカードの配布を通して固定化した。さらにはルワンダの人々自身がそれを受容し、内面化することによって、その境界は自然化されていったのである。

◆**両義的な存在のトゥチ女性**　20世紀初頭まで、ルワンダの中央部では、貧しいフトゥが家畜で富を得たりトゥチの女性と結婚したりすることで、世代をこえて子孫をトゥチとするような行為が頻繁に行われていた。1959年からの「社会革命」によってルワンダのトゥチの王政が幕を閉じ、1962年の独立を経てフトゥによる共和制が開始されたあとには、トゥチの地位が二流とされたことで、このような婚姻関係は減少をみた。しかし、おもにフトゥ男性とトゥチ女性のあいだの婚姻は行われ続けた。1970～80年代には、政府の高官たちはトゥチの妻を持つことを禁じられていたが、トゥチの愛人を持つことは容認されていたと言う。

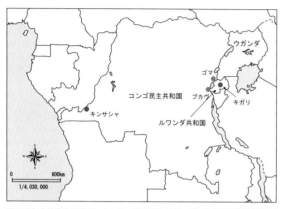

アフリカ大陸中東部地域　ルワンダ共和国とコンゴ民主共和国の位置関係

　1994年の虐殺以前、フトゥ過激派にとって、トゥチの女性は社会的、精神的な両義性を有する存在であった。彼らの多くがトゥチの妻や愛人を有していたように、トゥチ女性の「知性や美貌」はフトゥの男性を惹きつけた。他方でフトゥ過激派の文書には、トゥチの女性がその性的魅力を利用して、トゥチ系反政府武装勢力RPFの大義のために西洋の支援を得る売春婦として描かれ、フトゥの支配体制を脅かす存在として蔑まれた。

　このように、学説上はすでに否定されたはずのハム仮説は、独立後も一般の人々の意識下にまで深く根づいて混迷を極めていった。

◆**「被害者」としての女性**　1994年4月6日、当時のハビャリマナ大統領が暗殺されたことを契機としてトゥチに対する虐殺が開始されると、まずはトゥチの男性が標的となっていった。虐殺の初期に女性が対象にならなかったのは、父系制社会の特徴を残すルワンダにおいて、トゥチの女性はその男性よりも「劣った」存在とみなされるか、彼女たちをレイプしたり強制的な内縁関係を結んだりすることで「解放」できると考えられていたためである。そのため、トゥチの母親のなかには、自分の息子に女児の洋服を着せることで、虐殺を逃れようとする者も多くいた。

　しかしトゥチの女性も、5月半ばには男性と同程度に殺戮の目標となっていった。

その多くは、乳房を切除されたり、殺される前にレイプされたりすることもあれば、槍で膣から口まで突き刺されたりする女性もいた。妊娠中の女性であれば、腹を裂かれて胎児を切り離されることもあった。短期間で生じたルワンダの虐殺の最中には、25〜50万件ほどのレイプが発生していたと推計されている。

◆「加害者」としての女性　しばしば純粋な「被害者」として描かれる女性であるが、ルワンダの虐殺では加害行為に参与した女性も一定数存在した。内戦当時のルワンダ政府軍（FAR）のもとでは、女性は社会奉仕の名目で積極的に軍事活動に従事するよう奨励され、なかでも過激派政党に加わり、民兵組織の一員となったフトゥの女性は賞賛された。虐殺を首謀するような中心的な立場にいた女性は多くはなかったが、財産の略奪や、穏健派のフトゥに関する諜報や告発といったかたちで、場合によっては男性以上に積極的な関わりを展開した者もいる。また日々の襲撃や殺戮から戻った民兵たちに酒を売ることで、間接的に関与した者も多数いた。ただし、国軍FARからは女性は排除されていた。

他方で反政府武装勢力RPFは、当初より女性が重要な役割を担ってきたことで注目されている。RPFはルワンダの周辺諸国に難民化していたルワンダ人を束ねるために包括的な政策を掲げていた。農民から学生、実業家、障がい者まで、幅広い層を意図的に対象とし、女性もその例外ではなかった。内戦以前にRPFに入隊した女性のほとんどは、自発的に参加していたとされる。彼女たちの多くは戦線の後方で運動を支えており、会合に出席したり、資金や資材を寄付したりと秘密裏に活動した。1990年の内戦開始時に侵攻した初期部隊には、数人の女性将校と数十人の女性兵士が組み込まれており、ほかにも多くが看護師や諜報員として戦地に赴いた。ただし、結果的に数百人の女性が最前線で戦ったとされるが、その数は全兵力の１％にすぎなかった。

◆華々しいジェンダー政策　1994年７月、軍事的な勝利を果たして権力を掌握したRPFは、国際的な援助を受けながら、さまざまな社会変革に乗り出していった。その一つに、内戦と虐殺を経て男性人口が相対的に減少したことを受けて、男女間格差の是正に向けた意欲的な取り組みに着手したことがあげられる。2003年新憲法では、国会議員をはじめとする各意思決定機関の女性比率を３割以上と定めるクオータ制度が導入された。その結果、2008年の議会選挙では下院議員に占める女性の割合が56.3％にまで増加し、ルワンダは議会における女性の割合が世界でもっとも高い国となった。2019年現在では、下院議員の61.3％が女性である。

一般の女性にとっても、従来、夫の許可が必要であった商業活動への参入や銀行口座の開設を女性が単独で行うことが可能となり、1999年には相続法が改変されて、

女性による土地の相続や婚姻財産の管理ができるようになっている。ただし近年の
ジェンダー変革は、都市部を基盤とするエリート層に向けた取り組みであり、あくま
で現政権が権力を保持するための道具として用いられてきたという指摘も存在する。

　　◆不可視化される被害、分断の転置　さらにRPF政権は、虐殺の終結直後より、
国民の統合と和解の政策に着手してきた。そこではトゥチやフトゥといったエスニ
シティが否定され、全国民が「ルワンダ人」として包摂された。これは、それらの
差異が植民地統治によって創られたことがルワンダの悲劇の始まりだとするRPF政
権の歴史認識に基づく。

　しかしこの取り組みのなかでは、1990年代前半に発生した暴力に関して、そのす
べてを「トゥチに対する虐殺」として一括りにして、トゥチの被害者性を強調する
かたちでの語り直しが行われている。つまり、トゥチが一様に「生存者」、フトゥが
等しく「加害者」とみなされるような一元化した「国家の歴史」が形成されてきた
のである。それに伴い、その「国家の歴史」から零れ落ちる経験を有した者たちが、
ルワンダには多数存在する。そこにはフトゥの被害者も、無実のフトゥも、また自
身の身を守るために殺戮集団に参加したトゥチもいた。

　そうした個別の経験がとくに不可視化される傾向にあるのが、女性である。例え
ば、1994年の虐殺当時にフトゥの男性と結婚していたトゥチ女性や、RPFによる人
権侵害❸で被害を被ったフトゥの女性は、「生存者」として国から認定されることは
ほとんどない。前者の場合、そうしたトゥチ女性の多くが、虐殺の際には自らの両親
やきょうだい、親族集団のほとんどを亡くしているにもかかわらず、フトゥの夫の
親族集団からの庇護を受けることが想定されて「生存者」としては扱われていない。
後者の場合もまた、現政権となったRPFによる人権侵害が現状のルワンダ社会では
不問とされるなかで、「隠された死」として一層の沈黙を強いられている❹。

　近年、「生存者」として公的に認定された者たちが虐殺の追悼集会等で自らの被害を
語り、政府からの経済的な援助を受け取る一方、そうではない人々とのあいだに社会
的、経済的な格差が生じている。そのことが、社会の再編過程のなかで、人々のあい
だにあらたに引かれた境界を鮮明にする作用をも孕んでいるのである。（近藤有希子）

---

❶ ルワンダの「社会革命」とは、1959年の万聖節の騒乱を皮切りに起こった、植民地末期の一連の政
治変動を指す言葉である。これは独立後に政治権力を握ったフトゥ支配層の見方である。それに対して、
現政権RPFは、この事件を「最初のトゥチの虐殺」として捉えている。

❷ ハムとは、旧約聖書の創世記に由来する。ノアには、セム、ハム、ヤテベという三人の子があり、
全世界の民はかれらの子孫であるとされた。ハムが父ノアの裸を見たために、ノアはハムの息子カナン

を呪った。ユダヤ人とアラブ人はセムの子孫と考えられたが、ハムという概念は時代とともに変容した。近世ヨーロッパでは、すべての黒人が「呪われた存在」としてのハムとみなされていたが、近代になるとヨーロッパの基準からみて顔立ちの整った北東アフリカの人々を指す語として用いられるようになる。ヨーロッパの人々が王宮などで接したトゥチの体型が北東アフリカの住民に似ていたことを理由に、トゥチもまた、「言葉を失ったハム」や「半ハム」とされた。ただし、ハム仮説それ自体は、20世紀半ばには言語学的にも人類学的にも否定されている。

❸　1990年代の内戦では、トゥチだけでなく、フトゥも多数が犠牲になった。1994年7月の虐殺終結後には、RPFによる報復を恐れたフトゥの旧政権派や民兵集団、および一般市民が逃げ込むことで、ルワンダ国内や隣国コンゴ民主共和国に難民キャンプが形成された。しかし治安維持を理由にRPFがそれらのキャンプ侵攻することで、それ以降にも度重なる悲惨な暴力が発生した。虐殺が開始された1994年4月から1995年8月までの期間におけるRPFの殺戮行為による犠牲者だけでも、60,000人にのぼると推計されている。

　また、こうしたRPFによる侵攻は、コンゴに存在する豊富な天然資源の利権等が絡むなかで、1996年から現在に至るまで続くコンゴ内戦の引き金ともなってきた。そこでは、第二次世界大戦以降最多の540万人以上の犠牲があったとされ、未曾有の性暴力の被害が報告されている。そしてその前線地域となったルワンダ北西部でも、RPFとフトゥ過激派との衝突が起こることによって度々情勢が不安定化し、一般市民を巻き込んだ切実な被害を生み出してきた。しかし現在のルワンダ社会において、それらの出来事が公的に語られることはない。被害に遭った者たちは、それを語ることによって「分断主義」や「虐殺イデオロギー」（❹ 参照）を志向する者とみなされる恐れがあるために、沈黙を選択するほかない状況に置かれている。

❹　虐殺の再発を危惧するRPF政権は、社会を分断する恐れのある発言に対して、「分断主義」や「虐殺イデオロギー」という用語をあてて、それらを全面的に禁ずるための法を整備している。エスニシティに関する言及も該当し、現在のルワンダではそれについて不用意に発言することはできない。2008年には虐殺イデオロギー罪の処罰に関する法律が成立し、それらは厳しく罰せられるようになった。ところが、その際の「分断」や「分断主義」という言葉に法的な定義が与えられていないために、その法が恣意的に利用される恐れを多くの研究者が指摘している。アムネスティ・インターナショナルの報告書によれば、2007年から2008年の時点ですでに1,304件が発議され、そのうち234人が告発されていた。

▶参考文献

近藤有希子（2018）「農地から軍隊へ—現代ルワンダ農村社会を生きる彼女たちの未来と選択」『スワヒリ＆アフリカ研究』29

近藤有希子（2019）「悲しみの配置と痛みの感知—ルワンダの国家が規定するシティズンシップと人びとのモラリティ」『文化人類学』84(1)

Christopher C. Taylor (1999) *Sacrifice as Terror: The Rwandan Genocide of 1994*, Berg

Hannah Spens-Black (2016) "Rwandan Women at War: Fighting for the Rwandan Patriotic Front (1990-1994)," Shirley Ardener, Fiona Armitage-Woodward and Lidia D. Sciama (eds.) *War and Women across Continents: Autobiographical and Biographical Experiences*, Berghahn Books

> **問い**　私たちは学校の授業やメディアを通して、「多数派のフトゥによる少数派のトゥチに対する虐殺」という単純化したかたちでルワンダの歴史を学ぶが、女性に焦点をあてたとき、そこで見落とされてしまうこととはなにか？

コラム⑨

印パ分離独立と暴力

◆**印パ分離独立**　1947年8月、イギリス支配地域からパキスタンとインドという二つの国民国家が分離して独立した歴史的事象を、英語でパーティション（大文字でPartition）と呼ぶ。分離独立は、宗主国イギリスとの闘いによるのではなく、被植民地側の住民同士の暴力による膨大な死傷者を生んだのみならず、多くの女性の拉致誘拐とレイプを伴った。

パキスタンは英領インド西側のパンジャーブ州、東側のベンガル州からイスラーム教徒の多住地域を切り取った形で形成された。恣意的とも言える国境線画定の責を担った中心人物は、それまでインドを訪れたこともなかったイギリス人法律家ラドクリフであった。

国境線の発表を待たず、西パンジャーブからヒンドゥー教徒とスィク教徒がインドを、東パンジャーブおよび北インドからはイスラーム教徒がパキスタンを目指し、空前の人口の大移動がおこった。分離独立によって、1200万ほどの人々が故郷を失ったとされ（数値は絶対的なものではない）、多くの家族が分断された。その過程でおこった殺戮によって20万とも200万ともされる人が命を落とした。ベンガルでも難民は生じたが、とくに凄惨な事態が生じたのは、短期間で大規模な人の移動がおこったパンジャーブ地方だった。拉致誘拐・レイプされた女性の数の正確な把握は難しいが、ウルワシー・ブターリヤーは約7万5000人という数字をあげている。

◆**女性を取り返す――国家の名誉**　インドとパキスタンという二つの新生国民国家にとって、拉致誘拐された「我々の女性」、すなわち、インドにとってはヒンドゥー教徒とスィク教徒の女性、パキスタンにとってはイスラーム教徒の女性を、「本来」属すべき国家に取り戻すことが責務と位置づけられた。政府に行方不明の女性親族の捜索を求める家族たちの声は、個々の訴えを超えて国家の名誉を賭けた政策となっていった。インドの議会では、「インド」女性の奪還を、叙事詩『ラーマーヤナ』に描かれた、ラーヴァナに誘拐されたシーター妃を取り戻すラーマ王子のストーリーになぞらえる意見もだされた。

両政府による女性の「回復」について、1947年末の「自治領（ドミニオン）間会議」で、両国の間で取り決めがなされた。インド側で女性回復政策の中心となったのは、西インドの有力ビジネス一家に生まれたムリドゥラー・サーラーバーイーと、ネルーの従弟と結婚していたラーメーシュワリー・ネルーである。1947年12月から翌年7月までに、インドで9362人、パキスタンで5510人が「回復」され、その後、その人数は急速に減っていった。それでもさらにインドでは、1949年に「被拉致者救出回復法」が制定され、同法は更新されつつ1957年まで継続した。この間、3万人ほどの女性が「回復」された。ブターリヤーはインドから2万2000人のムスリム女性、パキスタンから8000人のヒンドゥー、スィク教徒女性という数字をあげている。1949年12月までに「回復」された女性の年齢は以下のような分布であり、少女、若い女性が大半を占めた。

	パキスタン	インド
12歳未満	45%	35%
12〜35	44%	59%
35〜50	6%	4%
50歳以上	5%	2%

（出典　Ritu Menon and Kamla Bhasin, *Borders & Boundaries: Women in India's Partition*, p. 70）

◆**女性たちは「回復」されたかったのか？**　独立インドの初代首相ジャワーハルラール・ネルーはラジオ演説のなかでとくに女性について次のように訴えた。「かれら（ママ、以下同じ）を取り戻すことについて、いささかなりとも躊躇や、またかれらの貞節についての何かしらの懸念を、われわれが抱いていると考えるべきではありません。われわれはかれらを愛情とともに取り戻したいのです。なぜなら、それはかれらの罪ではないからです。かれらは無理やりに誘拐され、われわれは敬意をもって連れ戻し、愛情をもって受け入れたいのです。かれらは、家族のもとへ戻り、あらゆる可能な支援が与えられることを疑うべきではありません。」（グハ　上巻：163）

ネルーの演説は、拉致誘拐された女性たちの家族親族が、実際に「回復」された女性を受け入れるか否か、必ずしも定かでなかったことを示唆する。演説でも言及されている、いわゆる「貞節」問題である。「回復」された女性が妊娠している場合、とくに家族の受け入れが困難であると判断さ

れ、中絶を受けさせることもあった。

　もっとも問題なのはおそらく、国家の政策が女性自身の意向をほぼ無視していたことであろう。ネルーの演説にもあるように、彼女たち自身が、家族に受け入れてもらえるかに不安を抱いていることも少なからずあり、暴力的な状況で開始したにせよ、すでに新しい環境にどうにか落ち着き、結婚し子どももうけている場合もあったのである。

◆**集団的記憶**　分離独立の過程で生じたのは拉致誘拐だけではない。女性たちの自殺、家人による殺害という事象もまた、分離独立は伴った。村が暴徒の攻撃を受ける中、90人ほどのスィク教徒の女性と子どもが井戸に飛び込んで命を落としたとされるパンジャーブの村トーハー・ハールサーの事件（1947年3月）は、なかでも有名である。この事件は、分離独立の悲劇を描いた「動乱文学」の代表的作品で、のちにテレビ・ドラマ化もされたビーシュム・サーヘニーのヒンディー語小説『タマス』（1973年）にも盛り込まれた。事件後に現場を訪れたラーメーシュワリー・ネルーは、「トーハー・ハールサーの女性たちの行動は、歴史に金文字で刻まれるだろう」とも、彼女たちは自殺によって「貞節と信仰を守った」とも称賛した。

　この事件では、自殺した女性たちのほかに、男性親族によって殺された何十人もの女性たちがいた。彼女たちの死もまた「殉教」であり、家族親族による暴力の犠牲者とはみなされない。こうした彼女たちの「自発的な」死の選択は、家族コミュニティの間で語り継がれた。宗教コミュニティと家族の「名誉」を守った「殉教者」として賞揚することは、生き延びることを願ったかもしれない女性たちの意思を否定する。また、拉致誘拐された女性たちの存在、異なった宗教の男性とともに暮らし、子どももうけた女性たちの行動を忘却させる。さらには、拉致誘拐やレイプは、ときに同じ宗教コミュニティに属する男性によっても行われたという事実も看過されることになる。一方で、男性が経験した去勢といった性的な暴力については記録されることはほぼない。

　女性の「回復」事業には、多くの女性ソーシャルワーカーが関わった。彼女たちは、ある意味で、女性の意思を軽視し、その声を消した国家に「加担」したとも言える。しかし、女性ソーシャルワーカーたちの体験談や手記では、「回復」を望まない女性たちに無理強いすることへの戸惑いや躊躇、分離独立を許した政治家たちへの怒り、残虐行為を行う「男」一般への嫌悪などが表明されている。

◆**印パ分離独立後の南アジア**　1971年、東パキスタンから、イスラーム教ではなくベンガル語という言語をアイデンティティの中核として掲げてバングラデシュが独立した。激しい独立戦争の過程で、パキスタン軍および現地の協力者たちによる大量のレイプが行われた。分離独立に際してのレイプが忘却されたのとは異なり、バングラデシュ政府は独立早々にレイプ犠牲者を「勇敢な女性（birangona）」と名付け、一方的に英雄とした。共通するのは、女性自身がなにをどのように望むのかということに対する無関心である。

　インドでは、1980年代以降、ヒンドゥー至上主義の潮流が台頭するとともに、イスラーム教徒に対する攻撃が頻発するようになるが、とくに2002年、グジャラート州（当時の州首相は、のちにインド首相となるモーディーである）で起きたイスラーム教徒に対する「ポグロム」とも評される攻撃では、イスラーム教徒女性の身体に対する暴力が頂点に達した。

　「宗教」間の摩擦・暴動において、「敵」とされるコミュニティの女性に対する攻撃は、「敵」コミュニティの男性性・名誉を傷つける行為として認識されるのみならず、コミュニティの境界線を具現化する存在としての女性の身体という視座を固定化・強化する。非イスラーム教徒の女性たちも少なからず、こうした暴力に加担しているという事実は、宗教を超えた「シスターフッド」という連帯の困難さを示唆する。ただし、「宗教」暴動におけるレイプをすべて、コミュニティの一員としての行為として理解するならば、（被害者の属性に関わらない）日常レベルでのジェンダー暴力の延長である側面を見過ごすことにもなるだろう。日常的なジェンダー構造と規範が、コミュニティ間の暴力と密接に結びついているのである。（粟屋利江）

▶**参考文献**

ラーマチャンドラ・グハ（佐藤宏訳）（2012）『インド現代史——1947-2007（上・下）』明石書店

ウルワシー・ブターリア（藤倉恵美子訳）（2002）『沈黙の向こう側——インド・パキスタン分離独立と引き裂かれた人々の声』明石書店

Ritu Menon and Kamla Bhasin (1998) *Borders & Boundaries: Women in India's Partition*, Kali for Women

2）内戦とテロリズム・ヘイト
③冷戦期ラテンアメリカの 国家テロリズムと女性

◆**テロリズムと国家テロリズム**　テロリズムとは、暴力の行使により社会や政府に対し恐怖を与え、自らの目的を達成しようとすることを意味する。国家テロリズムとは、国家によるテロリズムであり、ある国が、敵対する国家や個人に対しテロ行為をする事例もあれば、自国の市民に対しテロ行為に関与する事例もある。ここでは、アルゼンチンの事例を紹介する。

◆**冷戦期のラテンアメリカと左派勢力**　冷戦期のラテンアメリカ諸国は1959年のキューバ革命後に不安定化していった。米国とキューバは外交関係を断絶し、キューバは、米国の帝国主義的姿勢を批判した。1966年、キューバはアジア・アフリカ・ラテンアメリカの人々の連帯を呼びかけ三大陸人民会議を開催し、翌年にはラテンアメリカ諸国の左派グループがキューバに集結し、反帝国主義を掲げ連帯し合う左派勢力の拡大機運が高まった。1970年、アルゼンチンの隣国チリで民主的に社会主義を目指すアジェンデ政権が誕生し、世界的な注目を浴び、米国はそれを警戒した。その後政治的・経済的混乱と社会の分裂が激化し、1973年に軍事政権となった。軍部はアジェンデ政権関係者や左派の人々を弾圧した。チリと近隣諸国の情報機関や警察は、国境を越えた左派ゲリラのネットワーク撲滅のために、情報共有や特定人物の逮捕や身柄引き渡しの協力をし、暗殺計画の連携を行う「コンドル作戦」を展開した。

　当時アルゼンチンは民政であったが、ペロン大統領の側近がこの作戦に関与した。さらに1975年、軍部は大統領令のもと、トゥクマン州でゲリラ活動をしていた「人民革命軍」に対し「独立作戦」を開始した。この作戦で軍部は、ゲリラ戦闘員に加え、労働組合関係者、学生活動家、左派政治家、教育関係者、ジャーナリストらをゲリラ支援者であり国家安全保障上危険な存在とみなし、秘密収容所に収容し拷問した。後にこの種の軍事作戦は全国に拡大した。

◆**アルゼンチン軍事政権下での「国家テロリズム」**　1976年、クーデターでアルゼンチンは軍事政権となった。この軍事政権は、左派ゲリラの国家転覆活動により国家の安全保障や社会秩序が危機に直面しているとし、国家の再編成を掲げた。当時

の軍部は、アルゼンチンが戦時下にあるとし、革命勢力やその支持基盤を破壊し、国家や国民の安全、キリスト教や西洋文明を基盤とする伝統的なアルゼンチンの価値観を守る必要があると考えていた。それに向けた軍部の行為は人権侵害を伴い、「汚い戦争」と呼ばれ、一般市民を巻き込んだ国家によるテロリズムの特徴があった。軍部は安全保障上の脅威と考えられる人々を超法規的に逮捕、拘束し、秘密収容所で拷問や性暴力によって人格を否定し、死に至らしめた。強制的に失踪した人々は、ゲリラ戦闘員に加え、学生、労働者、知識人、弁護士、心理療法士、ユダヤ教信者らであり、その数は約9000から3万と言われている。軍部は、強制失踪により人々に恐怖心を植えつけ、人々の社会的つながりを弱め社会全体を委縮させた。

　◆5月広場の母親の会・5月広場の祖母の会　軍事政権発足後、家に帰ってこない娘や息子たちの母親は、警察、裁判所、教会などで子どもたちの行方を捜した。そして同じ境遇の母親たちに出会い、共に大統領官邸前広場を歩き子どもたちの安否確認を求める行動をとるようになり、「5月広場の母親の会」を組織した。さらに当時子どもが妊娠中で、生まれたであろう孫の行方を求め母親たちは「5月広場の祖母の会」を結成した。当時の米国カーター大統領の人権外交、アムネスティ・インターナショナルのような国際人権擁護団体の活動、米州機構の米州人権委員会による現地調査は、勇気ある母親たちの行動を後押しし、国際社会では軍事政権の人権侵害行為に対し、厳しい批判の声があがった。

　◆真実・正義・記憶　アルゼンチンは1983年に民政移管し、国家テロリズムの過去と向き合うことになった。強制失踪者調査委員会が設置され、軍事政権下の人権侵害の実態が明らかになり、軍事政権の指導者や人権侵害に関与した者は裁判においてその責任が問われた。クーデターが起きた3月24日は国民にとって忘れてはならない「真実と正義の日」となった。海軍の秘密収容所は「記憶の場所の博物館」として同じ過ちを繰り返すことのないよう次世代に教訓を伝える役割を担っている。性暴力を受けた女性たちも証言し、正義を求めた。「5月広場の母親の会」や「5月広場の祖母の会」のメンバーは高齢化がすすんでいるが、見つけ出された孫たちや強制失踪者の子どもたちと共に活動を続けている。（杉山知子）

▶参考文献
杉山知子（2007）『国家テロリズムと市民―冷戦期のアルゼンチンの汚い戦争』北樹出版
石田智恵（2020）『同定の政治、転覆する声―アルゼンチンの「失踪者」と日系人』春風社

④日本の在日ヘイトスピーチ

📖 Ⅰ-1-6-②　🔍【読】日10-5

◆**川崎市の人権条例とヘイトスピーチ解消法**　2020年7月、公共の場でヘイトスピーチを繰り返す行為に対し刑事罰を科す川崎市の人権条例❶が全面施行された。ヘイトスピーチに刑事罰を定めた法令は日本初であり、市民運動の成果だ。

　この条例が、戦前から在日朝鮮人（以下、在日）が数多く暮らしてきた同市で制定されたのは、先行して2016年6月から「ヘイトスピーチ解消法」❷が施行されたにもかかわらず、在日への差別的な攻撃がなくならなかったためだ。同解消法は、「不当な差別的言動は許されない」と宣言し国や地方自治体に「差別解消に向けた施策を推進する責務」を定めたものの、罰則規制がないため実効性に乏しかった。そのため、2018年に国連人種差別撤廃委員会は、日本政府に同法を改正するよう具体的で詳細な勧告を行った。なお日本は1995年に「人種差別撤廃条約」❸に第4条を留保して加入している。

　◆**ヘイトスピーチとは**　その直訳である憎悪表現は正確ではなく、人種、民族、性などのマイノリティに対する差別的な攻撃、端的には差別扇動であり、暴力そのものだ。この言葉は、米国で1980年代からヘイトクライム（差別に基づく犯罪）という用語とともに作られ、アフリカ系をはじめとする非白人や女性、性的マイノリティに対する差別排撃事件に使われてきた（師岡、2013）。一方、日本では、ヘイトスピーチ解消法の正式名称「本邦外出身者に対する不当な差別的言動の解消に向けた取り組みの推進に関する法律」が示すように、外国人、とりわけ在日を念頭に置いている。日本での基調は人種主義（レイシズム）なのだ。では、人種とは何だろうか。

　◆**人種化された在日朝鮮人**　人種主義や人種差別は存在するが、実は人種に実態はない。人種とは欧米で植民地支配や奴隷制を支えるため肌の色や骨格などで優劣をつけようと発明された概念であり、近年は科学的根拠がないことが明らかにされたからだ。先祖から引き継ぐ特徴を有する集団への差別・排除という実践が創り出した概念が人種なのだ。その特徴には民族、言語、文化、宗教、社会的位置を含む。国連人権委員会特別報告者ドゥドゥ・ディエン訪日調査報告書（2006年）では日本には人種差別があり、部落の人々、アイヌ民族、沖縄の人々、旧植民地出身者と子孫、外国人・移住労働者だとした。

　では、在日とは誰か。外国からの移民一般ではなく、日本の朝鮮植民地支配に起因して日本国籍（当時）で日本に渡り、日本敗戦＝植民地解放後に日本に居住を余儀なくさ

れた朝鮮人とその子孫だ。1952年４月サンフランシスコ講和条約発効に伴い日本政府は
その日本国籍を一律「喪失」させ、不安定な在留資格にした（朝鮮籍・韓国籍）。在日は、
植民地主義の産物として日本社会の差別・排除によって人種化されたのだ。在日へのヘ
イトスピーチ・ヘイトクライムを「在日ヘイト」とし、その現状と歴史を見ていこう。

　◆路上とネットの在日ヘイト　ヘイトスピーチという言葉が日本で急速に広まったの
は2013年だ。この年２月東京で「不逞鮮人追放！韓流撲滅デモ in 新大久保」と称するデモ
<small>（ママ）</small>
が、同月大阪で「日韓国交断絶国民大行進 in 鶴橋」というデモが行われた。新大久保は
ニューカマーの韓国人が、鶴橋はオールドカマーの在日が韓流ショップをかまえる代表的な
コリアンタウンだ。新大久保にやってきたデモ隊は拡声器で「寄生虫、ゴキブリ、犯罪者。朝鮮
民族は日本の敵」などと叫び、「よい韓国人も悪い韓国人もどちらも殺せ」などのプラカードを
掲げた。鶴橋では中学生の少女が「いつまでも調子に乗っとったら、南京大虐殺じゃなくて鶴
橋大虐殺を実行しますよ！」と叫んだことで、CNN など海外でも衝撃をもって報道された。

　その後も差別街宣は続き、主催者はネットにその動画を公開した。SNS を通じて
匿名のヘイトも広がった。従来と違うのは、建前上「やってはいけない」差別が路
上やネット・SNS を通じて「やってもかまわない」差別として公然と現れたことだ。

　◆在日ヘイトの予兆　2000年代から予兆はあった。まず、2002年サッカー W 杯日
韓共催後に韓国ドラマブーム（韓流）が起こり、これに対し『マンガ嫌韓流』（2005
年）と続編が出版され総発行部数は100万部をこえるなど〈嫌韓流〉現象がおきた。
その標的は「韓流」というより、韓国／朝鮮（人）や在日に向かった。その後も類
書が次々にベストセラーになった。ヘイトビジネスの誕生である。

　次に、2007年の「在日の特権を許さない市民の会」（在特会）の結成だ。ネット右翼か
ら自覚的なヘイト団体になった在特会（主に男性）は、新聞社や放送局の前や路上で過激
な嫌韓言動を繰り返した。2009年、在特会は京都の朝鮮学校（小学校・幼稚園）の校門前
に押しかけ大音響で差別街宣を行い、その動画をネット公開した。学校側は提訴し裁判
になった。判決では人種差別撤廃条約にいう人種差別と違法性を認定し、損害賠償と学
校周辺での街宣禁止を命じた（2014年）。その後、在特会元会長は政界進出を目指した。

　三つ目は、日本政府が2010年に始まった高校無償化制度から朝鮮学校だけを除外
した。上からのヘイト、官制ヘイトとして是正されないまま、現在に至っている。

　◆ルーツとしての関東大震災時の朝鮮人虐殺　米国での黒人差別がヘイトスピー
チという言葉が生まれるはるか以前の黒人奴隷制（16世紀以降）にさかのぼるように、
在日ヘイトも2000年代に突然始まったわけではない。先述のように、植民地支配を
背景とする朝鮮人の日本渡航・移住の歴史と軌を一にして日本社会に存在してきた。

戦前の日本に居住した朝鮮人の人口は、1920年に約3万人、1930年に約30万人、1938年に約80万人、朝鮮人戦時動員（強制連行・労働）が始まった1940年代には200万人を超えた。日本敗戦後に約60万人になり、これが現在の在日を形成した。

　このなかで数々の差別排撃事件がおこった。とりわけ1923年9月の関東大震災時の朝鮮人虐殺は、日本国内で起された史上最大のヘイトクライムだ。日本の軍、警察、自警団が「朝鮮人が井戸に毒を投げた」「暴動を起こした」等のデマによって、白昼堂々と朝鮮人を大量に虐殺した。「日本人女性を強かんした」というデマも虐殺の口実にされたことは、ジェンダーとの関係で見逃せない。実はこの少し前に「不逞鮮人」という新語が日本で流行した。これは、独立運動家や朝鮮人一般に対し「不平をいだく、けしからぬ朝鮮人」という意味の、偏見にみちた差別語だった。

　図1は、憎悪のピラミッド❹を応用したレイシズムのピラミッドだ（梁、2020）。日常の偏見に始まりジェノサイドにいたる5段階が日本で実際に起こったことがわかる。

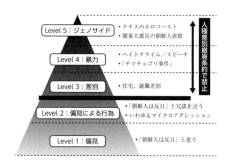

図1　レイシズムのピラミッド
（出典　梁（2020）より作成）

◆**在日女性ヘイトとインターセクショナリティ**　戦後も在日差別が続いたが、在日女性がその標的にされることが少なくない。ここには、レイシズムに加えてセクシズムやミソジニーを含めた複数の差別が交差するインターセクショナリティ（交差性）がみてとれる。これは、米国の黒人女性がそうであるように、「在日」差別と「女性」差別が別々ではなく、両者が交差し重なることでそれぞれを強化し合うため、「在日女性」により深刻な打撃を与える複合差別として機能する。

　在日の少女たちへのチマ・チョゴリ事件がその例だ。1980年代以降から2000年代初めにかけて、朝鮮民主主義人民共和国との関係で何かが起こると、日本各地で朝鮮学校の生徒、とりわけチマ・チョゴリ（民族衣装）で通学する女子生徒への暴行・暴言事件が頻発した。犯人（主に日本人男性）はほとんど捕まらなかった。

　最近では、フリーライターの李信恵氏へのヘイトスピーチ事件がある（李・上瀧、2018）。ヘイト街宣やデモが行われる現場にかけつけ記事を書いた李氏は、2013年頃から路上やネットで名指しされ罵声、脅迫、侮辱が浴びせられ続けた。朝鮮人としてだけでなく、女性として容姿や年齢をことさら揶揄され、猥褻で残酷な画像や動画が送られたりした。李氏は、在特会と同会元会長、ネット上のまとめサイト「保守速報」が名誉毀損、侮辱、

人種差別、女性差別、業務妨害にあたる発言や投稿を行なったとして、損害賠償を求め提訴した。二つの裁判の判決（2017・18年）は、「人種差別と女性差別との複合差別に当たる」と認めて、賠償の支払いを命じた。日本初の複合差別を認めた判決だった。

◆求められる包括的な差別禁止法　ヘイトスピーチはマジョリティ―マイノリティ間の不均衡で不平等な社会的権力関係の中で起こる。ヘイトスピーチ解消法は外国人に限られた罰則のない理念法であり、川崎市人権条例も同市に限定される。ヘイトスピーチ防止の実効力を高めるためには、偏見をなくす人権教育とともに、人種、民族、性などを含む包括的で罰則がある差別禁止法の制定が求められる。（金富子）

---

❶ 正式名称「川崎市差別のない人権尊重のまちづくり条例」（2019成立、2020年全面施行）
　第5条（不当な差別的取扱いの禁止）何人も、人種、国籍、民族、信条、年齢、性別、性的指向、性自認、出身、障害その他の事由を理由とする不当な差別的取扱いをしてはならない。

▶解説　同条例は、人種国籍民族だけでなく性別、性的指向、信条、年齢、出身、障害その他を事由とする差別を禁じたうえで、公共の場での本邦外出身者（外国人）への不当な差別的言動やネットでの同様な表現活動を禁止し、違反に対し刑事罰（最高50万円の罰金）を設け、ヘイトスピーチを犯罪と位置づけた。

❷ ヘイトスピーチ解消法（2016）　正式名称は本文参照　（出典）法務省HP
　第2条（定義）……本邦の域外にある国又は地域の出身であることを理由として、本邦外出身者を地域社会から排除することを扇動する不当な差別的言動

▶解説　日本で初めての反人種差別に関する法だが、ヘイトスピーチを禁止する明文規定や罰則がない理念法にとどまるため同法施行後も、路上やネット上のヘイトは野放しになっている。

❸ 人種差別撤廃条約（1969発効、日本1995加入）（出典）外務省HP「人種差別撤廃条約」日本語訳
　第1条1（人種差別の定義）人種、皮膚の色、世系又は民族的若しくは種族的出身に基づくあらゆる区別、排除、制限又は優先であって、政治的、経済的、社会的、文化的その他のあらゆる公的生活の分野における平等の立場での人権及び基本的自由を認識し、享有し又は行使することを妨げ又は害する目的又は効果を有するものをいう。

▶解説　日本政府は、差別思想の流布や扇動を法律で処罰するよう求める第4条を留保して、同法に加入した。外務省はHP「人種差別撤廃条約Q＆A」で、この定義のうち「民族的若しくは種族的出身」を「言語、宗教、慣習等文化的諸特徴を共有するとされている人々の集団の出身」、「世系」を「人種、民族からみた系統」を表すと解説し、アイヌの人々は同法のいう「民族的若しくは種族的出身」にあたり、在日韓国・朝鮮人をはじめとする在日外国人についても、これらの事由に基づく差別が行われる場合には、この条約の対象となると記している。

❹ 米国の団体「The Anti-Defamation League」（ADL）がユダヤ人への日常的な偏見や差別からナチスによるジェノサイドに至った歴史的事例を分析して、人権学習の教材を作成・配布した。（出典）https://www.adl.org

▶参考文献
師岡康子（2013）『ヘイト・スピーチとは何か』岩波新書／梁英聖（2020）『レイシズムとは何か』ちくま新書
李信恵・上瀧浩子（2018）『#黙らない女たち―インターネット上のヘイトスピーチ・複合差別と裁判で闘う』かもがわ出版

問い　①なぜ、在日朝鮮人、とりわけ在日女性がヘイトスピーチの標的にされたのか？
②日本で、包括的な差別禁止法を実現するために必要なことは何だろうか？

2）内戦とテロリズム・ヘイト

⑤ボコ・ハラム
　—女性たちは自らを守れるか？

📖 Ⅲ-3-1-①, Ⅲ-3-1-②

◆**ボコ・ハラムとイスラーム国西アフリカ州**　「ボコ・ハラム（Boko Haram）」は、西アフリカの大国ナイジェリア北東部❶を本拠地とする過激派組織である。二代目指導者アブバカル・シェカウは、子ども兵の利用や、少女への自爆テロの強要を行い、「イスラーム国西アフリカ州（ISWAP）」に非難されていたが、2021年5月、ISWAPとの戦闘で自爆した。2021年9月初めまでに6000人近い戦闘員が投降しており、今後はISWAPの支配が強まると予想されるが、ここでは、ボコ・ハラムの創始者であるモハメド・ユスフとその後継者シェカウの時代を扱う。

◆**ボコ・ハラムに虐げられる女性たち**　ボコ・ハラムの犠牲者は男女を問わないが、2014年の女子生徒大量誘拐事件のように、被害者の圧倒的多数は女性たちである。2014年4月に、ナイジェリアのボルノ州チボクの公立女子中等学校から300名近い生徒が誘拐され、一部は自力で脱出し、政府軍による救出もあったが、まだ多くが行方不明のままである。圧倒的多数がキリスト教徒であった生徒たちはイスラームに改宗させられ、戦闘員と強制結婚させられた。チボクの誘拐事件は氷山の一角であり、ボコ・ハラムに誘拐された女性や少女たちはさまざまな人権侵害をうけているが、彼女たちを救うためには、武力による組織壊滅を目指すことよりも、貧困を削減し、家父長制社会の価値観を変えていくことが必要である。

◆**若者がボコ・ハラムに参加する理由—貧困と疎外感**　アフリカにはイスラームとキリスト教との長い共存の歴史があり、宗教が違うという理由だけで、殺し合いは起こらない。ボコ・ハラムに参加する若者たちも、信仰心だけで戦おうとしているわけではない。ボコ・ハラムの誕生と過激化の背景には、宗教対立ではなく、構造的な貧困問題と長年差別されてきたカヌリ人の疎外感がある。

　ボコ・ハラムは、汚職と腐敗で住民生活の向上に関心がない州政府に代わり、独自の貧困対策で人々の支持を集めたイスラーム導師モハメド・ユスフによって2002年に創始された。しかし2009年、ユスフは裁判もなく警察署で殺害された。警察の不当な暴力がなく、法の支配が貫徹されていたなら、ボコ・ハラムは過激化しなかったかもしれない。ユスフの後継者は武闘派のシェカウとなった。ボコ・ハラムの過

激化は、住民の望むイスラームの理想や法治国家とは程遠い、州政府の腐敗と警察の暴力に起因しているのである。加えて、ボコ・ハラムの主体であるカヌリ人の怒りは、長年二級市民として扱われてきたことで更に増幅されてきた。さらに近年では、地域住民のライフラインであるチャド湖の縮小（すでに90％減）により、人々の暮らしはますます悪化している。治安部隊がどれほどボコ・ハラムを弾圧しても、若者がリクルートされ続けるのは、人々の生活を顧みず有効な対策を打ち出さない州政府に原因があると言える。

◆**平時の暴力と戦時の暴力**　ナイジェリア北部では、18歳未満の少女たちが強制的に結婚させられる児童婚が一般的である。児童婚を議論するときに、貧困問題は避けて通れない。娘を嫁にやり、夫側から「婚資」（現金や家畜など）を受け取ることは、貧しい父親たちにとって魅力的だからである。ボコ・ハラムによる「強制結婚」が人権侵害であることは疑いないが、ボコ・ハラムが過激化したから強制結婚や性暴力の被害が生まれたわけではない。ナイジェリア北部のように、女性が男性の所有物として扱われる家父長制社会においては、婚姻の際に少女の意思が尊重されないことは平時も戦時も変わりがなく、平時の「児童婚」が戦時に「強制結婚」として、形を変えて実行されているにすぎない。戦闘員もしくは兄から強制されて少女たちが自爆テロを行ってきたことについても、とくに兄が妹に爆弾を巻きつける行為は、家族内で女性が男性の所有物とされる家父長制社会の象徴だと言える。

◆**女性や少女が自らを守るためには**　以上のように、ボコ・ハラムの問題はナイジェリアの国内政治と深く関わっており、この地域に正義がもたらされ、貧困が緩和されない限り解決し得ないこと、そして、女性の人権侵害は平時から常態化しており、女性や少女たちがエンパワーメントし自分たちを守る力を持つためには、女性を男性の所有物と考える家父長制社会の価値観の打破が必要になることに注目してほしい。（戸田真紀子）

---

❶ ナイジェリアでは、南部はキリスト教が、北部はイスラームが優勢である。植民地化以前、北部ではフルベ人のイスラーム導師ウスマン・ダン・フォディオが聖戦（ジハード）を開始し、イスラーム王朝たるソコト帝国が建国された（1804-1903）。イギリスはこのソコト帝国を武力制圧し、社会構造も文化も全く異なる南部と統一し、一つの植民地とした。ナイジェリア北東部からニジェール、チャド、カメルーンには千年に及ぶ歴史を持つカネム・ボルヌ帝国（16世紀後半に最盛期）が広がっていた。カヌリ人はその末裔であり、ハウサ＝フラニ人の支配する北部では差別されてきた。ボコ・ハラムの第一の目的はナイジェリアでのイスラーム国家の樹立である。

▶**参考文献**
島田周平（2019）『物語　ナイジェリアの歴史』中公新書
戸田真紀子（2015）『貧困、紛争、ジェンダー』晃洋書房

3）異議申し立てのさまざまな形（1）

①平和反核運動—グリーナムの女たち

📖 II−2−5−③　🔍【読】世11−10、日9−3、日10−10

◆**女だけの平和キャンプ**　1981年8月27日、36人の女性と3人の子どもたちが核兵器工場のあるカーディフ（ウェールズ）から、約200km先、米空軍基地のあるグリーナムコモン（バークシャー）を目指して行進を始めた。当時、NATO（北大西洋条約機構）は、この基地に96基の中距離核巡航ミサイル（トマホーク）を配備しようとしていた。これに反対する女性たちが行進中に配ったビラには、広島で被曝死した幼子の写真があった❶。

　冷戦体制下の欧州全土に500基もの核ミサイルを配備しようとするNATOに対して、欧米各地で抗議行動がおこっていた。1979年にはスリーマイル島原発事故が発生し、核戦争の脅威は現実味を帯びつつあった。1981年の晩夏に行動をおこしたのは、政治経験のない、わが子の未来を案じる母たちであった。

　グリーナムコモン到着後、女性たちは政府に核問題に関するテレビ討論を求めたが、政府がこれを無視したため、米軍基地の責任者に核ミサイル配備反対の手紙を送った。「勝手にしろ」という軍司令官の言葉に従い、女性たちの多くは、トイレ設備一つない基地周辺にキャンプを張って留まり始めた。

　類似の活動の多くは男性が中心で、どこか家父長制価値観に引きずられがちだった。キャンプから強制排除される可能性を想定して協議した女性たちは、非暴力を貫くために、半年後の82年2月以降、ここを女性だけのキャンプとすることを決めた。

◆**グリーナムの女たち**　警官や軍はすぐさま妨害に入ったが、女性たちは談笑し、歌を歌ってひるまなかった。活動に共感する新たな女性たちもつぎつぎとやってきた。だが、それだけでは核ミサイル配備を阻止することはできない。女性たちは、基

グリーナムコモンの基地包囲（1982年12月12日）
（出典：ジル・リディントン『魔女とミサイル』272頁）

地を抱きしめること、すなわち、周囲約15kmの基地フェンスを両手で囲む計画を思い立つ。1人が3人にメッセージを送るチェーンレターで、1982年12月、3万人を大きく超える女性が集まった。自らの身体を結びつけたフェンスに、それぞれの大切なもの——赤ちゃんのおくるみやおしゃぶり、家族写真、テディベアを飾る彼女たちの姿はメディアで脚光を浴び、世界中に報道された。「人間の鎖」は新しい女性運動のかたちとして各地に拡散し、多くの賛同者を集めた。

その一方で軍や警察の介入は強まり、多くの女性が逮捕、拘束、投獄された。基地に侵入し、巡航ミサイルの格納庫上で踊る女性たちは奇声と歌で魔女のイメージを広め、被告となった女性は裁判所で女神への宣誓にこだわった。社会を当惑させた彼女たちのふるまいは、物言う女性を魔女にしてきた家父長制への抵抗でもあった。

核弾道の搬入後も、それを使わせないために女性たちの闘いは続いた。「グリーナムコモンへは生涯立ち入り禁止」を言い渡された女性もいる。それでも彼女たちのキャンプが長く続いたのは、多様な女性たちに門戸を開いたからだろう❷。その多様性ゆえに、時に保守的な人たちから「母親失格」「集団ヒステリー」といった敵意や憎悪が浴びせられたが、グリーナムに笑いとユーモア、歌と想像力は絶えなかった。

◆**女たちが変えた世界**　軍縮の動きが本格化する1985年頃には、グリーナムの反戦・反核のメッセージは世界中に届いていた。1987年12月、中距離核戦力全廃条約（INF）が正式調印され、1989年からは巡航ミサイルの撤去が始まった。1991年3月、最後の巡航ミサイルを乗せた米軍輸送機をグリーナムで見送ったのは、15人の女性であった。

当時の回想によれば、グリーナムの女性たちは全員に発言権を認め、積極的に議論しながら物事を決めていたと言う。記録映画『グリーナムの女たち』（ピーバン・キドロン監督、1983年）には、「物言う魔女たち」のこだわりと挑戦があふれている。

グリーナムコモンが文字通りの「コモン（共有地）」として地域住民に返還されたのは、2000年9月。この瞬間、最後まで残っていた女性1人がこの地を去った。（井野瀬久美惠）

---

❶ 第二次世界大戦後のイギリスの女性運動は、広島・長崎の被害を知ることに積極的であった。1958年設立のCND（核軍縮キャンペーン、2018年にノーベル平和賞を受賞したI Canの前身）はその好例である。

❷ 参加者が増えるにつれて、メインゲート（イエローゲート）以外の複数の基地ゲートには、自然発生的に特徴ある集団が作られた。各ゲートはレインボーカラーで呼ばれ、レズビアンはグリーンゲート、年配の女性はオレンジゲートに集い、ブルーゲートでは家庭内暴力や虐待の問題までが語られたと言う。各々には多様性が許容、確保され、互いに自由に交流し合い、助け合った。

▶**参考文献**

ジル・リディントン（白石瑞子・清水洋子訳）（1996）『魔女とミサイル—イギリス女性平和運動史』新評論
グリーナムの女たち（近藤和子訳）（1992）『グリーナムの女たちの闘い—核ミサイルを止めた10年』オリジン出版センター

3) 異議申し立てのさまざまな形 (1)

②エコ・フェミニズム

◆エコ・フェミニズム誕生　エコ・フェミニズムという言葉は、1974年にフランスのフェミニスト、フランソワーズ・デュボンヌが造語したもので、『フェミニズムか死か』において初めて用いた。デュボンヌは環境破壊の要因は家父長制資本主義と男性による女性の生殖機能の支配にあると主張し、「女性たちによる生活世界の破壊、生命の危機に立ち向かう環境運動と新しい環境倫理を表す言葉としてこの惑星に住む人間の生存（サブシステンス）を賭けたエコロジー闘争を生み出す女性たちの革命」を呼びかけた。エコ・フェミニズムは1960年代から70年代に活発に展開されたエコロジー運動／環境運動、フェミニズム運動を背景として登場し、オルタナティブな科学や技術の選択、開発問題、人権問題など非常に広い範囲を射程に入れて展開した。例えば1980年にアメリカで開催されたエコフェミニスト会議「地球上の女性と命—80年代のエコ・フェミニズムに関する会議」は1979年のスリーマイル島原発メルトダウン事故をきっかけとしている。さらに、エコ・フェミニズムが拡がりを見せる中で、1986年4月にチェルノブイリ原子力発電所事故がおこり、原子力発電所建設や核兵器の開発、配備などの核の脅威に対して行動する反核、反軍事運動や平和運動はエコ・フェミニズムの重要な関心事となった。

◆エコフェミ論争　エコ・フェミニズムが理論形成された1980年代は「持続可能な開発」という概念が登場した時代でもあり、地球環境問題への関心を持つフェミニストも増え、初期のエコ・フェミニズムの理論形成に影響を与えた。フェミニズムは男性を一元的な価値とした社会そのものを問い直し、社会制度、慣習、人々の意識の中にある性差別に対して異議を申し立て、その撤廃とオルタナティブな社会の構築を目指す考え方であるが、リベラル、カルチュラル、ソーシャルといった、いわゆる「冠フェミニズム」が存在し、その結果、エコ・フェミニズムの中にも複数の潮流が生まれた。エコ・フェミニズムは自然／文化、女性／男性をそれぞれ対立させ、社会レベルでの男性優位論、支配の正当化に結びつける二元論を問題とし、女性の抑圧と自然の搾取と重要な関係があるという点においては一致していた。しかし自然と女性の関係をどのように捉えるのか、その結びつきについての解釈の違

いによる論争が起きた。主に女性と自然を短絡的に結びつけ、女性と自然の関係の本質を突き詰めていくことが女性解放の糸口となるとするカルチュラル／スピリチュアル・エコ・フェミニズムと女性の従属を継続させるにすぎないとするソーシャル／ソーシャリスト・エコ・フェミニズムの間で論争が生じた。日本においても、女性の産む性としての身体性の評価や感性としての女性性の復活をもって地球環境問題と女性解放を目指すことを主張した青木やよひと、青木の女性原理の強調は二元論を温存し、母性主義を助長するものとして批判したフェミニスト社会学・マルクス主義フェミニズムの上野千鶴子の両者による「エコフェミ論争」が注目を集めた。

◆**エコ・フェミニズムの目指す社会とSDGs（持続可能な開発目標）**　エコ・フェミニズムは「エコフェミ論争」を経て、二元論を超える新たなパラダイムの構築を志向する第3のフェミニズムとして発展してきた。本来のエコ・フェミニズムの中心的課題である自然環境の搾取と、女性の支配を正当化した家父長制的資本主義批判や開発政策に対する積極的な発言や理論的展開をみせた。今日では、女性／ジェンダーの視点から気候変動、環境汚染等の自然環境問題を捉え、さらにはジェンダー・バイアスを内在する人口政策、貧困問題、核開発を含めた科学・技術、経済活動に対して、その原因の究明と解決を図ろうとする考えや政治行動を示す概念となった。

デュボンヌが21世紀に入ってすぐに「唯一、エコフェミニズムだけが家父長制の終焉を可能にし、社会を環境破壊から救うだろう」と述べているように、ジェンダー不平等やさまざまな差別を生み出すヒエラルキー的な人間―人間関係（社会的不公正）や環境破壊をもたらす人間と自然関係（環境的不公正）の相互関連を認め、社会的公正と環境的公正の同時達成を求めるものとして、その重要性を増している。

そして、生命とつながっている暮らしを大事に、破壊、暴力、支配、争い、差別といった言葉とは無縁の平和な社会を創ることを目指すエコ・フェミニズムは、ジェンダー平等なくして持続可能な開発目標の達成はないと謳うSDGsにおいて欠かすことのできない思想なのである。（萩原なつ子）

▶**参考文献**

R. ブライドッチ他（戸原正法他訳）（1999）『グローバル・フェミニズム―女性・環境・持続可能な開発』青木書店

萩原なつ子（2001）「ジェンダー視点で捉える環境問題―エコフェミニズムの立場から」長谷川公一編『講座環境社会学第4巻』有斐閣

森田系太郎（2022）「日本のエコフェミニズムの40年」萩原なつ子監修『ジェンダー研究と社会デザインの現在』三恵社

3) 異議申し立てのさまざまな形（1）

③グローバル・ゲイ運動

📖 Ⅰ-3-3-①, Ⅰ-3-3-②　🔍【読】世1-6, 世15-1

◆グローバル・ゲイ運動　ゲイの解放運動は孤立してあるわけではないし、自分たちの解放だけが目標でもない。レズビアンとゲイの運動の文化的な目標は、「男らしさ」「女らしさ」「ホモフォビア」「異性愛核家族の優位」といった支配的な「性」のあり方に異議を申し立てることであり、その政治的な目標は権利を要求していくことであり、迫害からの保護を求めることである。

◆非犯罪化される「同性愛」　「自由・平等・友愛」を掲げたフランス革命の中で、1791年フランスは、同性愛を非犯罪化した最初の国家となった。この時期同性愛者で、ナポレオン法典の起草者の1人でもあったジャン゠ジャック・レジ・ド・カンバセレスの存在は大きい。イギリスでも、功利主義者で「最大多数個人の最大幸福」の主張で有名なベンサムは、1785年頃に同性愛者を罰するソドミー法の修正を唱えていた。1830年のブラジル帝国新刑法も「ソドミー」を犯罪としなくなった。こうした潮流には、人の権利を強調する思想が反映されていた。

◆フリー・ラブ　後世との関係で言えば、フランス革命と同時期に誕生し、19世紀半ばに台頭した自由恋愛主義（free love）の主張が重要である。これは、個人的関係は、国家や教会の干渉から「自由」であるべきとし、そこでは、「結婚」は社会的・経済的な束縛とみなされ、逆にすべてのかたちの愛が受け入れられ、性的快楽は社会的・法的抑制なく享受することができるとされた。

イギリスの詩人・画家ウィリアム・ブレイクやフェミニストとして有名なメアリ・ウルストンクラフト等がこうした考えを唱えていた。実践例としては、ショパンとジョルジュ・サンドの関係が有名である。サン・シモン、フーリエ、オーウェンといった初期社会主義者との親和性も高く、1860年代には、第一波フェミニズム運動を下支えした。彼らは性的抑制を規範とするヴィクトリア朝時代のモラルを、女性を家庭や結婚に押し込めるものと批判した。

◆黎明期の「同性愛」解放運動　女性の同性愛はその存在さえ否定され、男性同性愛は「自然に反する」と刑罰対象とされた中で、19世紀半ばから同性愛解放運動の中心となったのはドイツだった。とくに「同性愛解放運動の始祖」で法律家である

カール・ハインリヒ・ウルリヒスの登場が大
きい。彼は、1867年に開催されたドイツ法曹
会議を中心に、同性愛を「自然なこと」と訴
え、二度の逮捕にも節を曲げず、同性愛の非
犯罪化の主張を貫いた。

　その後1897年には、ドイツ人医師マグヌス・
ヒルシュフェルト❶（写真1）が同性愛を犯罪
とするドイツ刑法175条に反対する「科学的人
道委員会」を組織した。その中にジャーナリ
ストで、1904年にカミングアウトし、世界初
のレズビアン・アクティヴィストと呼ばれる
アンナ・ルーリングもいた。

写真1　1932年、ブルノで開催された性改革世
界連盟の第4回会議にて（ウェルカム図
書館所蔵）

　その後ヒルシュフェルトは、セクシュアル・マイノリティ（セクマイ）全体の地位
向上にも尽力し、1919年には性科学研究所を設立した。研究所はさまざまな調査を
旺盛に行い、セクマイ相談や性教育や避妊など幅広い性改革の支援を行った。しか
し、この動きは1933年ナチズムによって破壊された。戦後、性科学はアメリカ・イ
ンディアナ大学のアルフレッド・キンゼイに引き継がれることとなる。

　他方、1917年のロシアの十月革命でも同性愛の非犯罪化が図られた。フリー・ラ
ブの論客として知られたアレクサンドラ・コロンタイが進めた、性の解放や中絶の
合法化、離婚の容認や家事の社会化の試みなど、一連の女性の権利拡張の延長線で
もあった。しかし、その後のスターリン時代になると、ソ連では、同性愛が再び犯
罪とされ、中絶も禁止されるなど、逆転化現象が見られた。

　◆**ホモファイル運動**　第二次世界大戦が終わると間もなく、同性愛の権利を求め
る運動が復活した。ホモファイル運動と呼ばれるこうした動きは、1940年代後半の
オランダとデンマークで始まったのち、1960年代には西側諸国に波及した。彼らは、
ニューヨークのマタシン協会などに代表されるように、いかに彼らが異性愛者と変
わらないかを主張し、異性愛社会の共感を得ながら、差別制度の撤廃を勝ち取って
いこうとした。社会運動を組織化し、慣習や法制度の改革を求めようとした。政治
的には保守的だったものの、それでも当時は過激だと評価されていた。こうした同
化主義的姿勢を打ち破ったのが、ストーンウォール事件❷であった。

　◆**ゲイ解放運動**　1960年代のアメリカ国内ではブラック・パワーやベトナム反戦
運動、フランスでは1968年五月革命が展開された。また世界的に第二波フェミニズ

ム運動開始の時代でもあった。革新的時代が到来した。そうした中、1969年のニュー
ヨークで、ストーンウォール反乱がおこり、新たな時代の幕開けとなった。ホモファ
イルに代わって登場した彼らの「ゲイ解放運動」は、「ゲイ・プライド」のように、
ゲイとしてのアイデンティティを強烈に主張し、「声高に、誇りを持って外へ飛び出
そう」と口ずさんだ。

　彼らがアメリカ精神医学会に抗議するなどした結果、1974年に同性愛は精神疾患
から削除された。国レベルでは、1979年にスウェーデンが初めて同性愛を病気のカ
テゴリーから除外した。

　◆ゲイ権利要求運動とAIDS　急進的なゲイ解放運動は70年代に入ると次第に衰
退し、代わって、社会的少数者としてのゲイやレズビアンらが公民権の獲得を目指
す「ゲイ・ライツ・ムーブメント」が主流となってきた。この路線上に、78年にホ
モフォビアによって射殺された有名なサンフランシスコ市会議員ハーヴェイ・ミル
クも位置づけられる。また、この時期から「レズビアン・フェミニズム」が隆盛し、
ゲイ解放運動が男性によって支配されていると不満を感じ、独立組織を創設した。

　運動の高揚に、1981年から始まるAIDSの蔓延は冷水をかけることとなった。多
くのゲイが命を落とした。AIDSを同性愛者の病とみなす偏見も加速し、運動は停
滞したが、同時に、患者に対する支援体制、コミュニティーづくりは連携の強化を
生み出し、新しい方向性が模索された。

　80年代も後半になると、アメリカのニュー
ヨークなどでは、ゲイ自身が中心となって、
87年アクトアップ（ACT UP＝AIDS Coalition to
Unleash Power）のような草の根運動も誕生し、
コンドームを装着する「安全なセックス」が
自助的に啓発され、支援体制も構築され、さ
らには、差別反対運動も盛んに展開されるよ
うになった。

　一方、フェミニズムの側も、1995年第4回
世界女性会議（北京会議）を一つの到達点とし
て、次の目標として、女性の身体性、セク
シュアリティへ展開しようとしていた。こう
した交差点に象徴的に登場してくるのがジュ
ディス・バトラー（写真2）であった。

写真2　アドルノ・プレイス2012年。ジュディ
ス・バトラー、フランクフルター・
ポール教会にて。

◆**バトラー以降**　1990年に刊行された『ジェンダー・トラブル』でバトラーは、性差を設定すること自体に疑問を呈するなど、ミシェル・フーコー以降のジェンダーとセクシュアリティ研究を大胆に推し進め、フェミニズムとセクマイの連携を主張するなど、運動全体に画期的な影響を与えた。

この頃になると、世界中で幅広くセクマイの運動がおこるようになり、トランスジェンダー運動も急速に展開され、2003年には国際インターセックス組織が設立された。また、1993年にフィリピンで設立された「ProGay Philippines」のように、アジア諸国でもゲイの解放組織が次々と誕生した。インドではヒジュラーの運動、ラテンアメリカでは、トラヴェスティ（Travesti）と呼ばれる人々の運動のように、多様なセクマイの運動が全世界的規模で展開されるようになった。

草の根の運動は、その後、政治行為としての積極的なカムアウトを促し、著名人のカミングアウトも相次いだ。同性婚も俎上に上がるようになり、2001年には世界で初めてオランダで、アジアでは2019年に初めて台湾で同性婚が認められるようになった。2020年現在では、映画などメディアで取り扱われることも多く、セクマイは次第に日常となりつつある。ただ、ホモフォビアが根絶されたわけでもない。世代間格差も大きく、世界的に見れば、同性愛が処罰されるところもいまだに多い。
（星乃治彦）

---

❶ ユダヤ人、社会民主党員、同性愛者であった彼の下で、性科学は発展したものの、当時性科学は肯定的にみられず、むしろ性を難しく議論するだけの「性のアインシュタイン」と揶揄された。理論的には本質主義的要素と、クィア的な社会構築主義の要素を未分化のまま抱え込んでおり、優生学の影響も強く受けていた。また、トランスヴェスティズム（異性装）などの言葉も彼の造語で、史上初の性別適合手術の保護観察も務めた。先駆的な活動が目をひく。

❷ 同性愛者に理解を示した俳優ジュディー・ガーランドの葬儀後1969年6月28日真夜中に、葬儀会場から近いニューヨーク市のゲイバー、ストーンウォールインで、日常化していた警察の踏み込みに対して、表立って初めて2000人のセクマイの抵抗の意が示され、暴動に発展し、7月2日まで続いた。「ヘヤピンが落ちる音が世界中に響き渡った」と言われるほど世界的反響を呼び、ゲイ解放運動にとって画期的事件とみなされ世界中で展開されるセクマイのプライド・パレードも事件がおこった6月を中心に行われている。

▶**参考文献**
デニス・アルトマン（岡島克樹・河口和也・風間孝訳）（2010）『ゲイ・アイデンティティ─抑圧と解放』岩波書店
河口和也（2003）『クイア・スタディーズ』岩波書店

■　**問い**　①「グローバル・ゲイ運動」の前に立ちふさがる「壁」とは何だったのか、ないしは何か？
②性の多様性を自分が認める、ないし認めない理由は何か？

3）異議申し立てのさまざまな形（1）

④アートから見るポストフェミニズム

📖 Ⅰ−3−4−③　🔍【読】日5−7、日7−5

◆**ポストフェミニズムとは**　第二波フェミニズムまでの男女平等目標はある程度達成されたので、個人は新自由主義の労働市場で活躍することによって自己実現を達成できると考える主張である。女性参政権の獲得を目指した第一波フェミニズム（19-20世紀初）に対して、第二波フェミニズムは、私的領域（家庭）を女性に、公的領域（政治経済）を男性に振り分けるジェンダー化された公私の概念を問題にし、性的自己決定権を求めた（1960-70年代）。その後1980年代終わりから90年代にかけて多様性や個人主義を重視する第三波フェミニズムがおこった頃、ポストフェミニズムが登場・定着し、2000年代以降議論が深化した［A.マクロビー他］。

◆**ポストフェミニズム的状況が突出した日本のアート界**　ポストフェミニズム的状況はアート界においてはどのような形で現れたのだろうか。日本の美術史研究にジェンダーの視点が本格的に導入されたのはかなり遅く1990年代半ば頃からである。ジェンダー関連の美術史研究や展覧会が学会や公立美術館で次々登場すると、それを男性批評家たちが非難し始め、フェミニストたちが反論する議論がおこった（1998-99年「ジェンダー論争」）。美術界でポストを得て仕事をするフェミニストに対置し、自分自身をことさらに「弱者・被害者」として新たなミソジニーに訴えかける男性たちの身振りは、同時にポストフェミニズム的状況を先取りしていた。またフェミニズムではなく脱ジェンダーを唱える展覧会も企画され、1990年代後半のアート界では旧来型の反動とポストフェミニズム現象が同時に出現した。「ジェンダーフリー・バッシング」が日本社会を覆うのは2000年代前半である。

◆**アイデンティティ・ポリティクスの美術と「労働」の不可視化**　現代美術においてアイデンティティの多層性や承認をめぐる作品は中心的テーマの一つである。国際展の開催にはダイバーシティは必須とされているが、アイデンティティの問題に集中し文化の問題として語られることによって、再分配（経済）の問題が覆い隠されてしまった側面はなかっただろうか。そこには美術界の労働制度も関係している。個人化した（ように見える）アーティストの労働形態と作品の生産・消費システムのなかで、一部の花形女性キュレーターの華々しい「活躍」は、かつての大量生産・大

量消費を終えた新自由主義時代のポストフォーディズム体制において、理想化された「自己実現」のモデルとして機能している。知的でオシャレで、やりがいのある仕事というわけだ。「酔いどれの孤高の天才男性画家」のマッチョな神話に付け加わった新自由主義型モデルは、アートやファッション業界と親和性があるのもうなずける。

　ファッション界では、2017年にディオールが発表した「Why Have There Been No Great Women Artists?（なぜ偉大な女性芸術家がいなかったのか）」が話題を呼んだ。Tシャツに書かれたこの文字は、偉大な女性芸術家がいない理由を教育や美術制度に原因を求めた美術史家、リンダ・ノクリンの論文（1971年）のタイトルであり、フェミニズムの視点からの美術史研究の始まりとされる。フェミニズムを打ち出したこの広告戦略は第二波フェミニズムへの回帰ではなく、個人の選択と成功に訴えるポストフェミニズムの時代に登場し得た。

　◆ポストフェミニズム的状況下のアートとクィア思想　ポストフェミニズム的状況の日本の美術界において重要なのは、クィア思想が早くから実践されたことである。例えば90年代半ばにブブ・ド・ラ・マドレーヌが参加したアーティスト集団ダム・タイプの《S/N》や、占領下の揺れる権威とセクシュアリティを天皇やパンパンに扮することで表現した作品が挙げられよう。また自身も野宿者として生きるいちむらみさこ（1971-）は、大都市の開発（ジェントリフィケーション）にアートが利用されることに抗議し、資本主義そのものを批判して公共空間を取り戻す活動を行っている。パフォーマンス・アーティストの草分けのイトー・ターリ（1951-2021）は、レズビアンであることを作品のなかでカムアウトし、日本軍「慰安婦」や、沖縄米軍基地と性暴力、福島の放射能汚染へとテーマを広げ、黙殺される人々の経験を視覚化し続けた。筋萎縮性側索硬化症（ALS）を発症してからは、家族の世話を前提として成立する現在の福祉制度の問題性を看破し、現在社会が直面するケア労働を問い直そうとした。さらにアート界では最近、大学や美術館など美術の現場のジェンダー格差をデータで示し、改革しようとする新たな動きが始まっている。フェミニズムは決して終わっていないのである。（北原恵）

イトー・ターリ《自画像》
1996年　芝田文乃撮影

▶参考文献
『美術手帖（特集：女性たちの美術史）』2021年8月号／表現の現場調査団『ジェンダーバランス白書2022』https://www.hyogen-genba.com/gender（2024年2月8日最終閲覧）／北原恵（2022）「試論「フェミニズムとアート」の歴史」『日本学報』40・41
A. マクロビー他は巻末参考文献に記載。

4) 異議申し立てのさまざまな形（2）

①ブラック・フェミニズム

📖 Ⅰ-2-6-①, Ⅱ-2-5-④　🔍【読】世11-6, 世14-6, 世15-1, 世15-7

◆**ブラック・フェミニズム**　ブラック・フェミニズムとは、黒人女性が自らの歴史的、社会的経験に基づき、人種、階級、ジェンダー、セクシュアリティによる重層的な差別の構造を明らかにし、その構造を変革するために生み出してきた〈知〉の体系をさす。著述家、フェミニズムの理論家で文化批評家のベル・フックスはこの構造を「帝国主義的で白人至上主義的な、資本主義的家父長制」と呼んだが、フックスをはじめとする黒人女性の活動家、知識人は、人種主義、性差別、ヘテロセクシズム、資本主義がいかに重なり合い、人々を周縁化してきたのかを解き明かしてきた。

◆**黒人女性という「独特の立場」**　19世紀後半の米国で黒人女性が経験する重層的な差別に目を向けた人物の1人が、作家で教育者、活動家のアナ・ジュリア・クーパーである。ワシントンDCの高校で長く校長を務めたクーパーは、著書『南部の声』（1892年）のなかで「今日の黒人女性は、この国で独特の立場にある」と記した。クーパーによれば、黒人女性は「女性の問題と人種問題」に直面しており、しかしどちらの問題においても黒人女性はまだ知られていないか、認められていない存在だった。

この「独特の立場」から黒人への暴力と対峙した人物がジャーナリストで教育者、活動家のアイダ・B・ウェルズ＝バーネットである。ウェルズは、白人の暴徒とそれを支える警察が、白人至上主義を維持するため、黒人に対して法の手続きを経ないリンチ（暴力的制裁）を行ってきたことを明らかにした。ウェルズは、友人が白人の暴徒により惨殺された痛ましい事件をきっかけに反リンチ運動に携わるようになり、南部各地で起きたリンチ事件の真相究明のため現地調査を行い、その結果を小冊子にまとめた。そして白人が収集したデータをもとに、黒人が公正な裁判や法手続きを経ずに冷酷に殺されたことを示したのであった❶。黒人に対する白人の警察と民衆による暴力に、いかにジェンダー、

図1　アイダ・B・ウェルズ＝バーネット（1895年頃）(Special Collections ResearchCenter, University of Chicago Library 所蔵)

セクシュアリティ、階級をめぐる問題が介在しているのかをウェルズは示した。

◆黒人自由闘争と女性解放運動における黒人女性　1930年代後半から勢いを増し、第二次世界大戦後アメリカ社会を根底から揺さぶった黒人自由闘争を、数多くの女性が草の根のレベルで支えた。ローザ・パークスは1955年12月1日にアラバマ州モントゴメリーにおいて、黒人が日々経験させられてきた屈辱の一つ——公共バスにおいて、白人に座席を譲る行為——を拒んだことで一躍時の人となった。パークス逮捕後、黒人住民がバスを381日間にわたりボイコットした結果、連邦最高裁判所は市の公共バスにおける人種隔離を禁じる画期的な判決を下した。このバス・ボイコット運動の成功以降、パークスは「公民権運動の母」として位置づけられたが、この12月1日に起きた事件は、黒人に対する暴力と対峙し、公正な裁判や

図2　「貧者の行進」で演説するローザ・パークス（1968年6月20日、ワシントンDC）（出典：Archive Photos / Getty Images）

若年層の教育機会を求めて活動を行ったパークスの60年にわたる活動の一頁にすぎない。マーティン・ルーサー・キングが率いる南部キリスト教指導者会議（SCLC）が男性主導かつトップ・ダウン型で運営されていることに疑問を抱き、学生が発言しやすい、より開かれた組織形態を目指して学生非暴力調整委員会（SNCC）の設立に力を注いだエラ・ベイカーや、ミシシッピ州で有権者登録を推進し、1964年春には、白人学生のボランティアを導入し、フリーダムサマーと呼ばれる大規模な有権者登録運動を牽引したファニー・ルー・ヘイマーの活動も重要である。

　黒人女性は、白人中産階級中心の女性解放運動においても周縁化されてきた。先述のベル・フックスは、「第二波」と呼ばれる女性解放運動が覆い隠してきた「女性」内部の人種、階級に基づく差別に鋭い光をあてた。フックスは現代フェミニズムの根幹に位置してきた「すべての女性は抑圧されている」という主張に疑問を呈し、裕福な白人女性が「共通の抑圧」を雄弁に語る陰で黒人女性は沈黙を強いられてきたと指摘した。

　黒人自由闘争、女性解放運動の双方において十分に取り上げられなかった貧困、格差の問題に正面から向き合ったのが全米福祉権団体（NWRO）である。NWROとは、貧窮状態にあるシングルの親とその子どもたちへの公的扶助プログラムである要扶養児童家族扶助の受給者を束ねた組織であり、その中心にいたのは大都市に暮らす黒人女性のシングルマザーであった❷。NWROは厳寒のなか通学する際に防寒着を購入する費用や、暖房費の支給、家賃滞納による退去に抗う権利など、衣食住という日々の生活の場におい

て受給者の生存権を求めて活動を行った。また、公的資金援助のもと秘密裏に行われてきた不妊施術の実態を白日の下にさらし、同意なく施される不妊手術を阻止し、自らの子どもを産み／育てる権利を求めて闘った。また、NWRO は「合衆国憲法のなかで保障された権利と自由を行使するために必要不可欠なもの」として保証所得の実現を目指した。

　人種主義、性差別、ヘテロセクシズム、資本主義と対峙し、「あらゆる抑圧の構造」と同時に闘うことで包括的なブラック・フェミニズムのヴィジョンを提示したのがコンバヒー・リヴァー・コレクティヴである。サウスカロライナ州コンバヒーは、黒人女性で「地下鉄道」（黒人を北部やカナダに逃亡させる運動）に従事していた奴隷制廃止論者のハリエット・タブマンが1853年に750人の奴隷を解放したことで知られる。1973年に結成された全米黒人フェミニスト組織（NBFO）において専門職に従事するヘテロセクシュアルな女性が実権を握るなか、NBFO 本部の立場に賛同できなかったボストン支部のメンバーが袂を分かち、結成した❸。

◆「インターセクショナリティ」からブラック・ライヴズ・マター運動へ　1980年代末には、「女性」ないし「黒人」といった一つのカテゴリーのなかで中心―周縁を転覆させるのではなく、複数のカテゴリーが「交差」する場に黒人女性の経験を位置づける〈知〉＝新たな分析枠組みが登場した。「インターセクショナリティ（交差性）」である。

　インターセクショナリティという言葉を編み出し、世に知らしめたのは法学者で活動家のキンバリー・クレンショーである。クレンショーは1989年に発表した論文のなかで、人種、あるいはジェンダーといった「単一軸に基づく分析」では黒人女性の経験の拡がりを捉えきることができないと述べ、「交差する経験」に目を向けるよう注意を促した。また、社会学者のパトリシア・ヒル・コリンズは黒人女性がさまざまなステレオタイプに抗い、エンパワーメントのために「対抗の知」を生み出したと指摘した。コリンズにとってインターセクショナリティとは、さまざまな人々が参加する、協働の知的・政治的プロジェクトであり、社会変革のための総称であった。哲学者で活動家のアンジェラ・Y・デイヴィスもクレンショーやコリンズと並んでインターセクショナリティの理論を形づくってきた人物の１人である。ブラック・パンサー党員としての活動歴を持ち、マルクス主義者であり、『女性、人種と階級』を出版するなどフェミニズムの理論家としても名高いデイヴィスの思想と運動そのものがインターセクショナリティという考え方を推し進めてきた。黒人に対する警察暴力を問い、アメリカと世界における刑罰国家の拡大に警鐘を鳴らし、反監獄運動を長年にわたり牽引してきたデイヴィスにとって、インターセクショナリティは制度的・構造的変革をもたらすための思想であった。

　度重なる警察、自警団員の暴力によって、黒人の命が奪われ続けてきたことへの怒りと抗議として、2013年以降、ブラック・ライヴズ・マター（BLM）運動が起きた。アリシア・ガーザ、パトリース・カーン＝カラーズ、オパール・トメティというクイアを含む３人の黒人女性が立ち上げた運動に人種、階級ジェンダー、セクシュアリティを越えて多くの人々が参加した。BLM運動の最大の特徴の一つはインターセクショナリティという考え方を中心に据え、重層的差別を広く問う点にある。BLM運動には、黒人に対する警察と民衆の暴力に対峙し、性差別と闘い、多様な性のあり方を追求し、貧困と格差を問うブラック・フェミニズムの思想が息づいている。（土屋和代）

---

❶ アイダ・B・ウェルズ＝バーネット『鮮血の記録──統計一覧とアメリカ合衆国におけるリンチの理由と疑われるもの』（1895年）

　奴隷制下、黒人は頻繁に、残酷なやり方で鞭打たれることによって従属、服従させられていました。しかし奴隷解放とともに新たな脅迫の制度が台頭しました。黒人は鞭打たれ、苦しまされるだけではなく、殺されたのです。

　▶解説　ウェルズは、「反乱や暴動に関与した」ことがリンチの口実となったことを指摘し、政府が暴力を野放しにし、黒人市民を守ろうとしなかったことを批判した。また、リンチが白人女性に対する攻撃の仇討ちという名目で行われた点に注目した。黒人男性と白人女性の結婚など、実際は同意に基づくものがレイプとして扱われ、黒人男性が制裁を受けた点を指摘したのである。

❷ ジョニー・ティルモン「福祉は女性に関わる問題である」（1972年）

　私のような統計上の数字として扱われる人間が何百万人もいます。福祉手当を受給している人もいれば、そうでない人もいます。さらに、手当を受給する資格があることすら知らない、本当に貧しい人々がいます。…福祉受給者となることは交通事故にあうようなものです。誰にでも起こりうるし、とくに女性には起こりうるのです。だからこそ、福祉は女性の問題なのです。

　▶解説　1972年に雑誌『ミズ』創刊号に掲載された。ティルモンは、ロスアンジェルスのワッツ地区出身で六人の子どもを育てていた黒人のシングルマザーであり、全米福祉権団体の議長（およびのちの事務局長）を務めた。

❸ コンバヒーリヴァー・コレクティヴの声明（1977年）

　私たちは人種を階級や性の抑圧から切り離することは難しいとも考えます──なぜなら私たちの生活において、それらはしばしば同時に経験されるものだからです。

　▶解説　コンバヒーリヴァー・コレクティヴは黒人女性の経験を織りなす「多重の構造」に着目し、そこから連動し、同時におこる「抑圧のシステム」を分析し、それを変革することを目標に掲げた。

▶参考文献
ダイナ・レイミー・ベリー、カリ・ニコール・グロス（兼子歩・坂下史子・土屋和代訳）（2022）『アメリカ黒人女性史』勁草書房
土屋和代（2022）「ブラック・フェミニズムとインターセクショナリティ」松原宏之他編『「いま」を考えるアメリカ史』ミネルヴァ書房
ベル・フックス（大類久恵監訳・柳沢圭子訳）（2010）『アメリカ黒人女性とフェミニズム』明石書店

　問い　黒人自由闘争や、「第二波」と呼ばれる女性解放運動を、黒人女性の批評家や活動家はどのように批判したのか。

4) 異議申し立てのさまざまな形（2）

② フランスのアフロフェミニズム

📖 Ⅲ－3－3－①

◆**アフロフェミニズムをめぐる論争**　フランスでは2010年代半ばより、アフリカ大陸やアンティール諸島にルーツを持つ黒人女性の間で「アフロフェミニズム」が広がっている。従来のフェミニズムが女性内部の多様性やマイノリティ女性の経験を十分に考慮していないと批判し、白人女性と共にではなく、そこから独立して黒人女性同士で集まり、独自の経験や要求を発信する必要性を訴えた。

　マイノリティがマジョリティと共にではなく、独立して運動を形成するという実践は、被差別者の自己決定とエンパワメントを目的に行われてきた。米国にはブラック・パンサーに代表される反人種差別運動やフェミニズム、セクシュアル・マイノリティの運動の事例があるが、同じ動きが近年フランスの人種マイノリティ女性の間で広がると批判が起きた。例えば2017年、アフロフェミニズムのイベントでプログラムの一部が黒人や女性に参加者を限定したことに「白人への逆差別だ」との批判が起き、パリ市長が会の中止を要請する騒動となった。市長は要請を取り下げたものの、同様の論争はその後も繰り返されている。そのような批判にもかかわらず、黒人女性たちは、従来のフェミニズムから独立してどのような変化を生み出そうとしているのか。この問いについて、アマンディーヌ・ゲイ❶のドキュメンタリー映画『声をあげ道を拓く（原題 Ouvrir la voix）』を事例に見てみよう。

　◆**存在を見えなくされてきた者たちの声**　同作品は2016年末にテレビ放映され、翌年に劇場公開された。作品は多くのメディアで取り上げられ、海外の複数の映画祭でも上映され、日本でも2017年第11回クイア映画祭で上映された。

　作品は、フランスが植民地支配をしていたアフリカ大陸とアンティール諸島にルーツを持つ黒人で、かつ女性という 2 点を共有する24名──大半は自分自身を「アフロフェミニスト」や「アフロユーロピアン」と呼ぶが、彼女たちの名前は明らかにされない──に対して、自らもフランス育ちの黒人女性であるゲイ監督が質問をし、経験を聞き出す、というシンプルな構成だ。ナレーションも音楽も一切なく、ただ 2 時間、ひたすら語りが続く。このようなスタイルが採られた背景には「これまで黒人女性が自らの経験を語ることが封印されてきた」というゲイの問題意識があっ

た。「黒人」や「女性」という大きなカテゴリーの中で存在を見えなくされて者たちの声を一切加工せずに、そのまま伝える方法がとられた。

◆**幼少期からの差別経験とその内面化**　そこでは一体、何が語られているのだろうか。冒頭で紹介されている、「最初に自分を黒人だと意識したのはいつか」についての、3人の女性の語りを引用する。

　　──3歳の時、公園で女の子に「黒人の子とは遊びたくない」と言われました。初めてで、あまりにショックだったので今でもよく覚えています。その時の光景もはっきりと。

　　──それを理解したのは、相思相愛だった男の子にこう言われた時です。「君は決して黒人なんかじゃないよ」って。

　　──子どもの頃、通りを歩いていたら、別の子どもが私を見て、こう言いました。「ママ、見て！あの子、ブスだよ！黒人だからブスだよ！」

これらの体験は一見、些細な出来事に見えるかもしれない。公園の女の子も、相思相愛だった男の子もそれほど悪気はなかったかもしれない。きっと、今ではそのことをもう覚えていないだろう。だが、差別しているという明確な意図がないままに、相手を傷つけてしまう「マイクロアグレッション」は自覚がないだけに放置されがちで、それだけ被害者の苦しみは深くなる。しかも幼少期にこのような経験をすることが、いかに人生を規定していくのかが語りを通して示される。

なかでも印象的なのが頭髪のエピソードだ。縮れ毛を面白がられて、無断で他人に髪を触られたので抗議すると「冗談がわからない人だ」とレッテルを貼られる経験を多くの人がしていた。また多くの女性が子どもの頃から「風になびくストレートヘア」に憧れていたことを告白した。社会には白人女性をモデルにした美の規範があり、それとは異なる自身に悩んでいた過去が語られる。

規範の内面化は職場などの制度や、そこで生じる具体的な権力関係と連動して起きている。企業の受付のアルバイトに応募した女性が髪の毛をストレートに伸ばすことを採用の条件にされたことや、電話のオペレーターの仕事をしていた女性が「就業規則」として髪をストレートにするように義務付けられたことや、ドレッドヘアだった自分の恋人が就職の面接に落ち続け、最後には自らドレッドヘアをやめてしまったことなどが語られる。外見の差異は人種主義と紐づけられ、序列化されることで、「仕事が見つからない」などの実質的な不利益を引き起こしていることがわかる。

◆**親密圏における人種差別**　だが本作品はフランス社会の人種主義だけでなく、アフロ・コミュニティにおける規範と差別、排除の問題も同時に浮かび上がらせる。

複数の黒人女性は、人種差別を受けて、パン・アフリカニズムなどの黒人運動や反人種差別運動に参加したが、そこでは女性の問題が取り上げられていないことに違和感を覚えたことが語られる。そして男性中心的な黒人運動を離れアフロフェミニズムに関わるようになったことが述べられる。

　だが欧州で暮らす黒人女性に固有の経験とは、就職差別や教育差別、住居差別のように（ある程度）数値化可能なものばかりでも、家父長制や性暴力という枠組みだけで整理しきれるものでもない。それは同時に親密圏において、とくにセクシュアリティの領域においてもきわめて複雑な影響を及ぼしている。

　一例として、恋愛対象の選択のエピソードを見てみよう。「美しいもの＝強いもの＝白人男性」という考え方を深く内面化し、白人とばかり付き合ってきた女性、子どもの頃、クラスメートに恋していたが、白人ばかりの学校でたった一人の黒人だった自分はあまりにも美の規範から外れていて「自分は眼中にない」ことを感じた女性、逆に黒人女性は特殊な身体を持ったオブジェとして好奇の目に晒され、「黒人と試したい」という理由で言い寄られて傷ついた女性の経験が語られる。その一方、黒人男性と付き合おうと思っても、白人女性と付き合いたがる男性が多いと知り、自分には行き場がないと感じた女性の語りもあった。

　◆セクシュアル・マイノリティの抑圧と交差性の視座　またアフロ・コミュニティ内部でタブー視されてきた、セクシュアル・マイノリティの存在にも語りは及ぶ。なかでも10代半ばで同性愛を自覚しつつも、学校での人種差別と同性愛差別、家庭での同性愛差別に傷つき、それを誰にも打ち明けることができないまま、自殺未遂を図ったという女性は、その後、自分のセクシュアリティを受け入れ、現在では同性のパートナーと暮らしている。だが、それと同時に家族と縁を切ることになったと言う。

　ただし、彼女が抱える苦しみはアフロ・コミュニティにおける同性愛差別のみが原因ではない。同時に、フランス社会においてセクシュアル・マイノリティは常に白人だという想定がなされ、黒人のセクシュアル・マイノリティは存在しないことにされ、ロールモデルや居場所がないことから生じる苦しみも指摘される。キンバリー・クレンショー❷は、人種、ジェンダー、セクシュアリティなどの複数の属性が交差し、不可避的に絡み合うことで抑圧の構造が生まれていることを指摘した。このような「交差性（インターセクショナリティ）」の視座にたつことで、フランスの黒人女性に固有の経験を可視化させ、それを生み出す構造を把握することが可能になる。

　◆視点を転換し、マジョリティを逆照射する　本作品は、不可視化されてきた女性

たちの声を通して、従来のものの見方に転換を促した。第一にアフロフェミニストの声を通して、フランスのマジョリティが自覚しないままに享受している特権を逆照射し、制度的差別の構造を明らかにした。なかでもダブルスタンダードについて鋭い指摘が次々に展開される。例えば白人がテロをおこしても誰も他の白人を責めないのに、ムスリムの場合はコミュニティ全体が批判にさらされるというのはどういうことなのか。また冒頭で言及したアフロフェミニズムの集会のように、マイノリティ同士で集まって何かすると、白人差別だとか社会を分断しようとしているなどと批判されるのに、白人だけで固まって何かする場合には——国会も企業の幹部も白人ばかりだ——まったく批判されないのはおかしくないか。このような語りを通してフランス社会の二重基準と矛盾が鮮やかに浮かび上がる。

　◆既存の黒人女性像を学びほぐす　第二に本作品は「黒人女性」の多様性を示した。24名の語りには共通点が多く見られる一方、そのアイデンティティは差異に富む。「ミルフィーユのよう」というチャプターでは、コンゴ、コモロ、ザイール、ルワンダ、ハイチ、アンティール諸島などのルーツと現在の居住地や社会とが組み合わさり、実に多様で複数的なアイデンティティがあることが示される。「ただのアフロ」「複数のアイデンティティを持ったフランス人女性」「アフロピアン」「アフロの子孫」「ザイールとルワンダと帰化フランス人の三つ」「コンゴ人と生まれ育ったブルターニュの両方」「ルワンダ人の父とポーランド系ユダヤ人の母を持ち、ニューヨークの多様な出自のユダヤ人コミュニティに親近感」。また女性たちの職業も芸術家、通訳、エンジニア、活動家など多様で、高学歴者も多い。このように「黒人女性」内部の多様性を顕示することは、既存のステレオタイプを転覆させ、「マジョリティが抱くイメージを脱植民地化」するだけでなく、「黒人女性」なるカテゴリーを学びほぐし（unlearn）、個々の顔を見ることの大切さを示している。（森千香子）

---

❶ フランスの映画監督、役者、アフロフェミニスト。現在はモントリオール在住。
❷ アメリカの法学者。人種・ジェンダー問題を専門とし、「交差性」概念の提唱者でもある。現在、コロンビア大学ロースクール教授。

▶**参考文献**
鄭暎惠（1997）「フェミニズムのなかのレイシズム」江原由美子・金井淑子編『フェミニズム』新曜社
Patricia Hill Collins (2019) *Intersectionality as Critical Social Theory*, Duke University Press
デラルド・ウィン・スー（マイクロアグレッション研究会訳）（2020）『日常生活に埋め込まれたマイクロアグレッション——人種、ジェンダー、性的指向—マイノリティに向けられる無意識の差別』明石書店

　問い　①複数の差別の軸が組み合わさった抑圧の事例にどのようなものがあるか、具体例を考えてみよう。

4) 異議申し立てのさまざまな形 (2)

③ムスリム社会のさまざまなフェミニズム

📖 I－3－2－④, II－2－4－③　🔍【読】世15－8

◆**19世紀末から20世紀の女性解放論**　中東のムスリム（イスラーム教徒）社会では、19世紀頃より、「西洋の衝撃」を受けた近代化の機運が高まり、ヨーロッパ地域から女性解放論が流入した。エジプトのイスラーム改革主義思想家ムハンマド・アブドゥ（1849-1905年）は、法改革を通じて近代家族の形成を促し、クルアーンの再解釈による一夫多妻への批判などを行った。彼の影響を受けた思想家の1人カースィム・アミーン（1863-1908年）は、『女性の解放』（1899年）と題した著作において、女性への教育の重要性やヴェール廃止を訴え、さらに『新しい女性』（1901年）においては、イスラームの教えは元来、女性を保護しその自由を保障するものであったと主張した。エジプトでは、これらの男性思想家だけでなく、女性たちも定期刊行物や著作などを通じて、教育機会の拡大や社会進出を求める声を発信するようになり、西洋的な男女平等の思想の影響の下、イスラームの伝統を否定する世俗的なフェミニズムも広がった。その影響は、イスラームの枠内で語られるフェミニズムと共に他のムスリム地域にも拡散していった。

◆**国家体制を強化するためのフェミニズム**　女性の権利拡大への働きかけは、近代国家の外見を整えるための政策としてなされるものでもあった。国家は、女性を近代国民国家を構成する一員としてその社会進出を促す一方で、家庭を守る妻や次世代の子どもたちを育てる母の役割の重要性を強調した。オスマン朝が終焉を迎え、ケマル・アタチュルク（在位1923-1938年）の指導の下でトルコ共和国（1924年-）が成立すると、スイス民法に倣った民法制定（1926年）や教育改革、労働権の男女平等など、女性の権利拡大のための政策を積極的に行った。「国家フェミニズム（体制フェミニズム）」と称されるそうした上からの女性解放政策は、近代的な国家の証となったのである。同様に、チュニジア（1956年独立）においても、ブルギーバ初代大統領（在位1957-1987年）の下、国家主導による女性の権利拡大が試みられた。独立とほぼ同時に制定された家族法典は、一夫多妻や夫からの一方的離婚を明確に禁止し、チュニジアの近代化を象徴するものと評された。また、翌1957年に創設された全国組織「チュニジア女性連盟（UNFT）」は、独裁政権の傀儡にすぎなかったともいわれている。ベン・アリー第2代大統領（在位1987-2011年）は、国家主導による女性の権利拡大を強化した。2011

年、「アラブの春」の先駆けとなった政変によって権威主義体制が崩壊すると、男女平等を明記したチュニジア新憲法（2014年）が制定され、女性たちの活動にも新しい風が生まれた。複数の女性運動団体が設立され、女性たち自身の声が公に広く届くようになったのである。国民が主体となったそうした一連の動きを、文化人類学者の鷹木は、「市民フェミニズム」と呼び、国家フェミニズムとの対比として分析している。

◆多様なフェミニズムの展開　フェミニズムの担い手が幅広くなると同時に、その主張や特徴も多様化している。世俗的なフェミニズム運動が活性化する一方で、イスラーム主義の立場から家庭内での女性の役割を重視する人々も声を上げ、さらに、イスラームの教えに基づきつつ女性の社会進出と地位向上を目指す人々も現れるようになった。

　21世紀には、クルアーンのさらなる再解釈を行うことでムスリム家族法を見直し、そこで制限されている女性の権利を拡大しようとする動きが目立つようになっている。そうした立場は、イスラミック・フェミニズム（あるいはムスリム・フェミニズム）と呼ばれ、従来の世俗主義的なフェミニズムとは異なるアプローチでの女性解放を模索している。イスラミック・フェミニズムの流れは、トランスナショナルな連帯によって、活動の広がりも見せている。例えば、国際組織「ムサワ（アラビア語で平等の意味）」では、マレーシアの活動家ザイナ・アンワルやイランの文化人類学者ズィーバー・ミール＝ホセイニーなど各地の著名な活動家らが連帯し、2009年にクアラルンプールで開催された設立集会には47カ国より250名が参加した。活動の目標には、各国の家族法における男女不平等の是正が掲げられ、クルアーンの再解釈によるジェンダー公正を主張している。例えば、クルアーン4章34節❶は、従来は男性の優位を説くとされてきたが、そうした不平等は決して生まれつきの性差に基づくものではなく、歴史的に構築されたものにすぎないとし、その解釈を見直す。女性教育の促進によって女性の経済力を向上させることは可能であり、クルアーンの教えはそれに矛盾するものではないと主張するのである。（小野仁美）

---

❶ 「男は女の擁護者（家長）である。それはアッラーが、一方を他よりも強くなされ、かれらが自分の財産から（扶養するため）、経費を出すためである。それで貞節な女は従順に、アッラーの守護の下に（夫の）不在中を守る。」（日本ムスリム協会訳（2000年）『日亜対訳・注解 聖クルアーン』）

▶参考文献

鷹木恵子編（2020）『越境する社会運動』明石書店／ズィーバー・ミール＝ホセイニー（山岸智子監訳）（2004）『イスラームとジェンダー──現代イランの宗教論争』明石書店
岡真理・後藤絵美編（2023）『記憶と記録にみる女性たちと百年（イスラーム・ジェンダー・スタディーズ5）』明石書店

問い　イスラームの教えは、フェミニズムと対立するものなのだろうか。

アメリカの女性 イマーム礼拝運動

コラム⑩

◆**女性イマームの金曜礼拝**　2005 年 3 月 18 日ニューヨークで、女性が礼拝指導者（イマーム）を務め、男女混合で行う金曜礼拝が実施された。従来金曜礼拝では、イマームはもっぱら男性が務め、また男性と女性は場所を分けて礼拝を行うものとされてきた。ニューヨークの礼拝はこうした伝統的な慣行への全面的な挑戦であり、アメリカ国内はもちろんのこと、海外のムスリムも巻き込み、その正統性をめぐって大きな論争を巻き起こすことになる。実施に当たっては当初から反対の声も強く、礼拝は計画段階からさまざまな障害に直面した。まず開催場所については、協力するモスクが見つからず、最終的にニューヨークのキリスト教聖公会の教会のホールを借りて実施する運びとなった。また、物理的な妨害の可能性を懸念して、その日取りや会場は直前まで伏せられた。他方で、礼拝の実施は事前にアメリカの主要メディアには伝えられ、当日は新聞記者やカメラマンが会場に招き入れられた。礼拝前には記者会見も行われ、主催者たちが集まった記者たちからの質問に答えた。主催者の 1 人で、自身もジャーナリストとして活動してきたアスラ・ノマニは、この礼拝をムスリム社会における女性の地位向上やジェンダー平等の重要な一歩と位置付けた。彼女は、女性がイマームを務める男女混合の礼拝が、預言者ムハンマドの時代には実施されたことがあったものの、その後はイスラームの歴史を通じて行われたことはないとし、その点で今回の礼拝が歴史的にも画期的な出来事であることを強調した。

◆**モスクと女性**　ムスリム女性の地位向上やジェンダー平等への取り組みが、礼拝という形で表現されたのは、アメリカのムスリムの間で、ジェンダーの問題が、とくにモスクでの礼拝をめぐる問題を焦点に展開していたことが背景にある。アメリカでは主に 1980 年代以降移民ムスリムが主体となって、モスクを中心とするコミュニティが形成されてきたが、2000 年代頃までには、こうしたコミュニティの多くで女性が周縁化されてきたことを問題視する声も高まるようになっていた。そしてこの問題はとくにモスクの礼拝スペースから

の女性の排除として可視化されてきた。例えば、女性用の礼拝スペースが男性のそれと比べて狭く、女性が集団礼拝に参加しづらい環境となってきた問題や、さらにはそもそも女性用の礼拝スペースが設けられていないモスクが多数存在することも明らかになっている。またモスクの運営を担う人々がもっぱら男性で占められており、女性の声が反映されてこなかったことも指摘されてきた。こうしたモスクの現状への不満は、とくにアメリカに生まれ育った若い世代のムスリムの間で高まりを見せ、その解決に向けたさまざまな取り組みも進められるようになっていった。ノマニもそうした若い世代のムスリムの一人であり、すでに 2003 年から、地元のモスクで、男性用礼拝スペースでの礼拝を強行したり、モスクの運営側に改善を求める公開文書を送ったりするなど、活発な抗議運動を行っていた。その意味で、ニューヨークの礼拝は、少なくとも彼女にとっては、この抗議運動の延長線上に位置づけられるものであった。

◆**イスラミック・フェミニズム**　モスクの問題とは別に、ニューヨークの礼拝は、イスラームという宗教の枠組みでジェンダー平等を目指すイスラミック・フェミニズムの文脈でも重要な意味を持つ出来事であった。イスラミック・フェミニズムでは、ムスリム社会に見られる家父長的なジェンダー規範を歴史的・文化的な構築物とみなす一方、聖典クルアーンの教えが本来はジェンダー平等を説くものであると主張するが、これは女性イマームが先導する礼拝が預言者ムハンマドの時代に行われていたという主催者側の主張にも反映されている。そして何よりも、礼拝のイマームを、この潮流を牽引する学者であるアミーナ・ワドゥードが務めたことは、この運動に思想的な意義や正統性、そして大きな話題性を提供することになった。アフリカ系アメリカ人の改宗ムスリムであり、ヴァージニア・コモンウェルス大学で教鞭を取っていたワドゥードは、従来もっぱら男性目線でなされてきた家父長的なクルアーン解釈を批判し、それに代わって聖典からジェンダー平等の理念を導き出すための新たな解釈学の構築に取り組んできた学者として、アメリカ内外でよく知られる人物であった。ワドゥードの起用は、礼拝の問題を、ジェンダー平等全般をめぐるより広い議論と関連づけ、この運動が社会運動として展開

するうえで重要な役割を果たしたとみなすことができる。

◆**礼拝の表象をめぐる問題**　他方で、ノマニを始めとする主催者が、この礼拝をアメリカの主要メディアに積極的にアピールしたことは、結果的には、この運動の分裂や孤立化を招いたとも考えられる。「9.11」後、アメリカ社会ではイスラームを暴力と結びつけて否定的に描く表象や言説が広まったが、中でも「ムスリム女性が抑圧されている」というイメージは、こうしたステレオタイプな表象や言説を正当化する根拠として強調されることになる。そして、ニューヨークの礼拝も、メディアにとっては、こうしたイメージにぴったりと当てはまるものであったと言えるだろう。事実、礼拝を報じた報道の多くは、ノマニらをムスリム社会の女性差別に敢然と立ち向かう勇士として描く一方で、その他の一般のムスリムを抑圧者とみなす一面的なものが目立った。こうした表象は、ムスリム社会を分断し、むしろ一般の多くのムスリムがこの運動に強く反発する結果をもたらしたと考えられる。ただし、このような表象をめぐっては、関係者や参加者の間でも見解の違いがあったことにも言及する必要があるだろう。例えば、ワドゥードはメディアからのこうした注目に不快感を示し、自らのジェンダー平等への取り組みを、「女性イマーム」というイメージに矮小化されることを懸念して、その後はこの礼拝についてコメントすることはほとんどなかったという。このように、ニューヨークの礼拝に関わった人々は決して一枚岩ではなく、それぞれの問題意識は多様であった。こうしたさまざまな立場の人々が、ジェンダー平等を共通テーマとして参集したことは、この礼拝の大きな意義であったと言えるが、同時に、この礼拝を通じて、彼女たち／彼らの目指す方向性の違いも顕在化していったと言えるかもしれない。

◆**多様化する礼拝**　ニューヨークの礼拝後も、さまざまなグループがこの運動を引き継ぎ、女性イマームによる礼拝を継続的に実施している。ただし、それらの礼拝は必ずしも2005年の礼拝を再現するものだけではなく、多様な形で取り組まれている。例えば2016年にはロサンゼルスに女性専用のモスクが誕生したが、そこでは女性だけで金曜礼拝を実施し、さまざまな人々が持ち回りでイマームを担当する形を取っている。この礼拝では、まず女性が心地よく礼拝できる空間を確保したうえで、参加者一人一人がより主体的に礼拝に関わっていく点に主眼が置かれていると言えるだろう。なお、女性だけの礼拝については、古典イスラーム法では合法とする見解が主流であり、また中国やエジプトなどで歴史的に先例が見られることもしばしば強調されている。すなわちここでは、イスラームの伝統への挑戦ではなく、むしろそれを継承する形で女性イマームの正統化が図られているのである。この礼拝に対しては、ニューヨークの礼拝からの「後退」として批判する声もあるが、女性たちが団結する場を提供し、またそれを──他の多くのムスリムにも共有される──伝統によって正統化する手法は、ムスリム社会の分断を避けつつ、女性のエンパワーメントに取り組むための効果的な戦略として評価することもできる。事実、ロサンゼルスの女性モスクは、ニューヨークの礼拝のような激しい攻撃を受けることはなく、存続している。このように、当初大きな物議を醸した、女性イマーム礼拝運動は、その後形を変えつつも、現在までジェンダー平等の理念をムスリムが共有し、またそれを実現するための取り組みの一つとして、アメリカのムスリム社会で展開されている。（高橋圭）

▶**参考文献**

大川玲子（2013）『イスラーム化する世界──グローバリゼーション時代の宗教』平凡社

J. Hammer (2012) *American Muslim Women, Religious Authority, and Activism: More Than a Prayer,* University of Texas Press

> 5）ジェンダー主流化に向けて
>
> # ①世界ジェンダー・ギャップ指数を
> # どう読むか
>
> 📖 Ⅲ－3－3－③　🔍【読】世14－7, 世15－4, 日10－12, 日10－15

◆**GGGIと日本の順位**　世界ジェンダー・ギャップ指数（Global Gender Gap Index: GGGI）は、世界経済フォーラム（WEF）が2006年から毎年公表している、世界各国の男女間格差の程度を示すジェンダー総合指数（複数の全く異なった変数を指数化して合算した単一指数）である。日本は2006年の79位以外は、100位前後、2016年以降110位台に、2020年以降は120位台に落ち、最新の2023年（2023年6月発行）では146ヶ国中125位と過去最低を記録した。いずれも日本は下位で、G7の中では最下位であり続けている。

◆**GGGIの基本概念と作成方法**　GGGIは、次の三つの基本的な考えに基づいている。⑴絶対的な「水準」ではなく相対的な「格差」に着目する。すなわち、女性だけの値で各国間を比較しようとすると、そこには各国の経済発展度の違いが反映されてしまうから、そのような違いをできるだけ排除するために、必ず男女間の格差だけを問題にする。⑵男女平等がどのくらい達成されたかというアウトカム（成果）を取り上げる。⑶女性差別に着目する。男性が女性よりも低い場合に生じる格差は取り扱わない。

GGGIでは、四つの分野－経済、教育、健康、政治－の下に14の指標が用いられている。①経済では、⑴労働力率（データ出所：ILO）、⑵類似労働での男女間賃金格差（WEFが行う「経営者意識調査」）⑶勤労推定所得（ILOと世界銀行）、⑷立法者・政府高官・管理職（ILO）、⑸専門的技術的職業従事者（ILO）、②教育では、⑴識字率、⑵初等教育、⑶中等教育、⑷高等教育の就学率（すべてUNESCO）、③健康では、⑴出生時性比（世界銀行）、⑵健康寿命（WHO）、④政治では、⑴国会議員、⑵大臣（ともに列国議会同盟）、⑶過去50年における首相あるいは大統領の就任年数（WEFの計算）、である。

GGGIの計算方法は、シンプルでわかりやすい。具体的には、次の四つのステップをふむ。①14の各指標の比率（女性÷男性）を計算。②①の結果が1以上の場合、端数を切り捨てる。③各指標が当該分野において相体的な影響が同じになるようにウェイトづけて、各指標の点数を計算する。④③を算術平均することで当該国のGGGI値が求められる。GGGIは0～1の値をとり、0は男女不平等、1は男女平等を示す。

◆**GGGIの特徴と問題点**　GGGIは、基盤となる考えが明確であり、分野と指標が

比較的多くて「包括的」であり、計算式がシンプルでわかりやすい。その上、基礎データを使うので途上国を含め比較対象国が相対的に多い。

　しかし、複数の限界・弱さもある。ここでは二つの弱点を紹介する。一つは、男女間格差を、そのほかの格差（例えば貧富、階級、身分、人種等の格差）とは無関係としていることや、先進国と発展途上国との絶対的な水準とも、一国の男女間格差は関係がないとしている点である。例えば、GGGIの順位が高いフィリピンでは、企業のトップや政府高官などに、女性が多く活躍しているが、他方で貧困のために収入を求めて働く下層階級の女性も多くいる。また、フィリピンでは、中等教育までの就学率が7割程度、大学進学率は3割程度と日本より教育水準は低いが、大学に女性が男性よりも多く進学しているため、ジェンダー・ギャップは小さくなる。GGGIでは、各指標の内実は見えないままで、中には相反する要因が含まれる場合もあり、GGGIの結果だけを単純に受け止めてはいけない。とりわけ、新型コロナウィルスの世界的大流行により女性および社会的弱者への打撃は大きく、この点に一層注意する必要がある。

　もう一つは、代表性・信憑性・正確性が弱いあるいは欠如している指標を使っている点である。例えば「類似労働に対する賃金の男女間の平等性」という指標は、企業経営者を対象にした意識調査の結果である。企業経営者の認識であるため、男女間賃金「格差」の実態とは異なり、労働者の見解とも異なる可能性が高く、全体としてバイアスが大きいと言えよう。

　◆GGGIをどのように利用するか　利用者である私たちは、GGGIの複数の分野を統合していることによる強みと弱みをわきまえた上で利用する必要がある。

　男女間格差は、あらゆる分野で現われ、また分野ごとに改善あるいは改悪の程度も異なる。だから、複数の分野を統合して男女間格差全体を表現しているGGGIは役立つ。さらに、GGGIの作成方法が変わらなければ、一国のGGGI値の時系列の比較も有用だろう。他方で、指標を総合化したGGGIは、国会議員などの個別指標が示す現実や政策との結びつきを曖昧にする。現実のジェンダー問題を具体的に検討し改善していくためには、GGGIを構成する個別指標それぞれを利用する方が適している。さらに、利用者である我々は、そもそも統計データを鵜呑みにしないで、現実のジェンダー問題と照らし合わせて判断する姿勢を身に着ける必要もあるだろう。（杉橋やよい）

▶参考文献
杉橋やよい・金井郁（2023）「ジェンダー統計─社会を把握するツール─」長田華子・金井郁・古澤希代子編『フェミニスト経済学─経済社会をジェンダーでとらえる』有斐閣

5）ジェンダー主流化に向けて

②国連によるジェンダー主流化の取り組み

📖 Ⅱ-3-3-⑥, Ⅲ-3-3-① 🔍 【読】 世14-7, 世15-1, 世15-4, 日1-1, 日1-5

◆**国連とジェンダー主流化の流れ**　国際連合憲章に基づき、経済社会理事会下部の機能委員会として、性差別の撤廃と女性の地位向上に向けた「女性の地位委員会（CSW：以下 CSW）」❶が1946年に設置され、さまざまな女性課題への取り組みが始まった。1952年に「女性の参政権に関する条約」、1957年に「既婚女性の国籍に関する条約」、1962年に「婚姻の同意、婚姻の最低年齢及び婚姻の登録に関する条約」が採択されたが、それらの起草の中心的役割を果たしたのは CSW であった。

　国連総会は1967年には女性差別撤廃宣言を採択したが、これには法的拘束力がないため、拘束力ある国際文書（条約）を策定すべきとの機運が高まっていく。国連総会は、1975年を「国際女性年」に設定し、メキシコシティで第1回世界女性会議を開催し、1976年から1985年までを「国連女性の10年」と定めて、「平等・開発・平和」をスローガンに女性の地位向上のための取り組みを重点的に展開した。こうした流れを追い風に、1979年には、「女性差別撤廃条約（正式名称：女性に対するあらゆる形態の差別の撤廃に関する条約）」❷が採択され、1980年にコペンハーゲンで開催された第2回世界女性会議では、同条約の署名式も行われた。1985年には第3回世界女性会議がナイロビで開催され、国連女性の10年の総括とナイロビ将来戦略が採択された。1993年のウィーン世界人権会議では、女性に対する暴力など女性であるがゆえに侵害される人権が注目され「女性の権利は人権である」という明確な認識が示され、国連総会で同年「女性に対する暴力撤廃宣言」の採択へとつながった。1995年には第4回世界女性会議が北京で開催され、女性の人権とエンパワーメントをその中心テーマとした。この会議の成果文書の「北京宣言」と「北京行動綱領」は国連における「ジェンダー主流化（gender mainstreaming）」❸を明示し、その後の国連のジェンダー平等・女性のエンパワーメント政策の要となった。

◆**女性差別撤廃条約**　国際社会が戦後取り組んできた性差別の撤廃と女性の地位向上への法的枠組みが、女性差別撤廃条約であり、「世界女性の憲法」と言われている。女性差別撤廃条約は、1979年12月18日、第34回国連総会において採択され、1985年7月25日に発効した。

　女性差別撤廃条約は、以下のような特徴を持っている。①「固定化された男女の役割分担観念（「男は仕事、女は家庭」という考え方）」の変革を基本理念とする。②「法の下の平等」だけでなく「事実上の平等」を目指す。③公の立場の人による差別ばかりでなく、個人・団体・企業による社会慣習・慣行における差別の撤廃を求めている。④条約の保障する権利は、自由権から社会権までカバーする。⑤女性差別の撤廃をという最終目標を達成するためには、一時的に不平等な立場の人を優遇できるという「暫定的特別措置」（一般的にアファーマティブ・アクション／ポジティブ・アクションと言われる）を規定している。⑥締約国の実施状況の監視を行う女性差別撤廃委員会（CEDAW：以下CEDAW）が設置された。

　日本は1985年に女性差別撤廃条約を批准して72番目の締約国になったが、その際、条約に適合するよう国内の法制度を整備した。①父系優先血統主義から父母両系血統主義に国籍法を改正し（1984年）、②男女雇用機会均等法の制定（1985年）、③高校での家庭科共修の実施（1994年）。これらは人権条約批准が国内法制度を改善した好事例とされる。

　◆女性差別撤廃委員会（CEDAW）　CEDAWは、条約17条に基づき設置された、女性差別撤廃条約の実施を監視する条約機関であり、1982年から活動している。任期４年の23名の個人資格の専門家である委員で構成される。CEDAWは、①国家報告制度（定期的に提出される締約国の報告書審査）、②個人通報制度（個人等による条約違反の申立ての審査）、③調査制度（条約上の権利の「重大又は組織的な侵害」の調査・審査）という３つの実施措置を通じて、条約の実施を監視する。それに加えて、締約国から提出された情報の検討に基づく「提案」や条約の各条文の解釈基準を示す「一般勧告」の策定など、条約という法規範の解釈適用によりジェンダー平等を促進する。なお、②と③の実施措置は1999年に国連総会で採択された「女性差別撤廃条約選択議定書」によって新しく設けられた。

　◆女性に対する暴力撤廃宣言　1993年の世界人権会議において、「女性の権利を人権のメインストリームへ」という主張が提示され、ウィーン宣言及び行動計画において「女性の権利は人権である」「女性の平等な地位及び女性の人権は、国際連合全体の活動の中心に統合されるべきである」と明記された。1993年12月には「女性に対する暴力の撤廃に関する宣言」が採択され、女性に対する暴力の定義と例示、国の義務等が示された。CEDAWは、宣言に先駆けて、一般勧告19号（1992年）❹によって「女性に対する暴力」（あるいは「ジェンダーに基づく女性に対する暴力」）を「女性差別の一形態」として、女性差別撤廃条約の射程に組み込んだ。

◆**北京宣言と北京行動綱領**　第4回世界女性会議の成果文書である北京宣言と北京行動綱領は、女性のエンパワーメントに関するアジェンダであり、今日に至るまで女性差別撤廃条約と共に、ジェンダー平等と女性のエンパワーメントのための最重要文書と位置付けられる。また、これら成果文書では、初めて「ジェンダー」という言葉が用いられ、北京行動綱領では、「すべての女性及び少女の人権は、国連の人権活動の不可欠な一部をなすべきである。すべての女性及び少女の平等な地位及び人権を国連主導の主流に組み入れ、国連機関及び機構全体を通じてこれらの問題に定期的かつ組織的に対処するために、真剣な取り組みが必要である。(下線筆者)」(北京行動綱領I221段落)と規定する。

◆**国連のジェンダー機関**　国連のジェンダー機関としては、先述のCSWやCEDAWも上げられるが、今日その中心的な機関は「国連女性機関(UN Women)」である。国連女性機関は、2010年7月、国連総会決議(A/RES/64/289)に基づき、CSWの活動を支援するために設置されていた4つのジェンダー機関(①国連女性地位向上部(DAW)、②国連女性開発基金(UNIFEM)、③国連婦人調査訓練研究所(INSTRAW)、④国連ジェンダー問題特別顧問事務所(OSAGI))を統合し、「ジェンダー平等と女性のエンパワーメントのための機関」として設立され、2011年1月から活動を開始した。国連女性機関は、女性のエンパワーメント・ジェンダー平等の達成を目的として、ジェンダー分野における国連加盟国支援、国連システム内のジェンダーに関する取り組みの主導・調整・促進を行う。この機関の長は国連事務次長クラスである。優先課題としては、①女性のリーダーシップと参画の拡大、②女性の経済的エンパワーメント❺、③女性に対する暴力の撤廃、④女性・平和・安全保障、⑤人道支援における女性の保護・参画、⑥若者(への支援)、⑦国家の開発計画・予算におけるジェンダーへの配慮、⑧持続可能な開発目標SDGsの履行、⑨HIV/AIDSへの対策等があげられる。CSW等政府間機関との連携支援や市民社会・NGOとの効果的パートナーシップも求められる。

　国連女性機関は、女性・平和・安全保障(WPS)に関連した安保理決議❻、SDGsを規定した2030アジェンダ、女性差別撤廃条約及び北京行動綱領を、指導文書(guiding documents)と位置付け、その活動の中心に置いている。(川眞田嘉壽子)

---

❶ **女性の地位委員会(CSW)**
https://www.unwomen.org/en/csw#:~:text=The%20Commission%20on%20the%20
Status,II)%20of%202021%20June%201946. (2024年2月3日最終閲覧)

▶**解説**　CSWは、今日でもジェンダー平等と女性のエンパワーメントのための国連の中核機関である。

年次会合には、政府代表、国連諸機関、NGO が集まり、その目的達成のための優先テーマとレビューテーマを協議する。CSW は、先述の女性関連の 3 条約、女性差別撤廃条約・選択議定書及び女性に対する暴力撤廃宣言等の重要文書の起草を行った。1996年以降は、北京宣言と北京行動綱領のモニタリングを行うよう総会から委任されている。

❷ **女性差別撤廃条約　外務省 HP　https://www.mofa.go.jp/mofaj/gaiko/josi/index.html** (2024年2月3日最終閲覧)

▶**解説**　政府の公定訳では、women を女子と訳し女子差別撤廃条約と称するが、女子は若年層を意味することが多く、専門家・NGO 等は、条約の趣旨に合わせて、「女子」より包括的な「女性」という語を当てている。

❸ **ジェンダー主流化** (「合意された結論（Agreed Conclusion）1997/2」　A/52/3/Rev.1, pp23-24.)

▶**解説**　北京行動綱領以降、国連内部でジェンダー主流化の具体化が図られた。経済社会理事会は、決議「合意された結論1997/2」において、「ジェンダー主流化とは、ジェンダー平等を最終目的として、あらゆる分野の全ての法律・政策・プログラムの実施において女性と男性に与える影響を評価する過程である。」とし、「女性と男性が平等に利益を受け不平等が続かないよう、政治・経済・社会すべての分野における政策・プログラムの策定・実施・モニタリング・評価の側面において、女性と男性の関心や経験を統合する戦略である。」と定義づけた。

❹ **女性に対する暴力に関する一般勧告19号及び35号**
https://www.gender.go.jp/international/int_kaigi/int_teppai/index.html (2024年2月3日最終閲覧)

▶**解説**　一般勧告19号（1992年）は女性に対する暴力が女性差別であり人権侵害であることを明確にした。女性に対する暴力が尚も収まらない状況に対して、CEDAW はこの19号を補完するため、2017年、あらたに「女性に対するジェンダーに基づく暴力」と題する一般勧告35号を策定した。

❺ **女性のエンパワーメント原則**（WEPs）
https://www.gender.go.jp/international/int_un_kaigi/int_weps/index.html (2024年2月3日最終閲覧)

▶**解説**　女性のエンパワーメント原則は、企業がジェンダー平等と女性のエンパワーメントを経営の核に位置づけ主体的に取り組むことで企業活動を活性化し、女性の経済的エンパワーメントを実現することを求めている。2010年3月に、国連と企業の自主的ネットワークであるグローバル・コンパクトと UNIFEM（のちの国連女性機関）が共同で策定した7つの原則である。

❻ **女性・平和・安全保障**（WPS）**に関する安保理決議**
https://peacewomen.org/resolutions-texts-and-translations (2024年2月3日最終閲覧)

▶**解説**　2000年10月31日、国連安全保障理事会は、「女性と平和・安全保障（WPS）」安保理決議1325号（S/RES/1325）を採択した。この決議では、武力紛争に関わる全ての過程における女性の役割の重要性が強調されるとともに、武力紛争下の性暴力を含むジェンダーに基づく暴力への対応や、責任者の処罰の必要性が示されており、平和・安全保障分野におけるジェンダー主流化の進展を象徴する決議とされる。その後、WPS 関連決議は9本採択されている（1820号，1888号，1889号，1960号，2106号，2122号，2242号，2467号，2493号）。

▶**参考文献**

国際女性の地位協会編（山下泰子・矢澤澄子監修）（2018）『男女平等はどこまで進んだか―女性差別撤廃条約から考える』岩波ジュニア新書

川眞田嘉壽子（2012）「平和・安全保障とジェンダーの主流化―安全保障理事会決議1325とその実施計画を題材として」ジェンダー法学会編『ジェンダー法学のインパクト（講座ジェンダーと法1）』日本加除出版

国連 NGO 国内女性委員会（2017）『世界を変えるのは　あなた（国連・女性・NGO Part Ⅱ）』パド・ウィメンズ・オフィス

5）ジェンダー主流化に向けて

③政治分野におけるクオータ　—フランスのパリテ

📖 Ⅲ－3－3－②

◆女性の政治参画促進　女性の地位向上は政治意思決定過程への女性の参画を必須とする（北京行動綱領パラグラフ181参照）。しかし、世界のほとんどの国では政治権力が男性に集中する歴史が先行し、男女の普通選挙制確立後も男性本位の政治が続いた。その間に女性は政治に不向きであるという見方が根付き、女性は政治分野において少数派にとどまった。このいわば構造化された女性の政治的過少代表状況を打破するために提唱されたファスト・トラックが、クオータ（quota）である。クオータは、性別等を基準に一定の比率をそれぞれに割り当てる制度を指し、1970年代に党則等の定めで議員候補者の一定割合を女性に割り当てる政党の取り組み（政党による自発型）として北欧諸国で始まった。ジェンダー主流化後、中南米、アフリカ諸国を中心に憲法ないし法律によって定められたクオータを導入する国が増えた。2020年現在、国政レベルのクオータ導入は118の国と地域に及ぶ。クオータは、ステレオタイプ化された差別の連鎖を断ち切る点で有効とされる。国会（ないし下院）の女性議員率世界平均は、列国議会同盟（IPU）調べで1995年には11.3%であったが、2020年のそれは25%である。

国会（もしくは下院）の女性議員率　トップ10

1995年			2020年		
国名	女性議員率	クオータの有無	国名	女性議員率	クオータの有無
スウェーデン	40.4	自発型	ルワンダ	61.3	議席リザーブ
ノルウエー	39.4	自発型	キューバ	53.2	無
デンマーク	33.5	自発型（→廃止）	ボリビア	53.1	法定＋自発型
フィンランド	33.5	無	アラブ首長国連邦	50.0	議席リザーブ（選挙＋指名）
オランダ	32.7	自発型	メキシコ	48.2	法定＋自発型
セーシェル	27.3	無	ニカラグア	47.3	法定＋自発型
オーストリア	26.8	自発型	スウェーデン	47.0	自発型
ドイツ	26.3	自発型	グレナダ	46.7	無
アイスランド	25.4	自発型	南アフリカ	46.4	自発型
アルゼンチン	25.3	法定＋自発型	アンドラ	46.4	無

IPU　Women in Parliament: 1995-2020から糠塚作成

◆クオータの類型　憲法ないし法律によって定めるクオータには、議席の一定割合を女性に割り当てる議席割当や議員候補者の一定割合を女性に割り当てる法的候補者クオータがある。女性の政治参画の効果は劇的であるが、西欧立憲主義の諸原則に抵触する疑いがある。欧米諸国では採用が回避され、自発型にとどまっている。その例外の一つが、フランスのパリテ（parité）である。

◆性別クオータ違憲判決からパリテへ　フランスの憲法裁判所に当たる憲法院は、

1982年に名簿式投票で実施される地方議会議員選挙に適用される25％の性別クオータ条項は市民という地位に性別を持ち込むもので、主権の一体性と平等原則に反すると判断した。女性の過少代表を是正する法的措置をとれば形式的平等に反するというジレンマを乗り越えるパラダイムとして登場したのが、1989年のヨーロッパ評議会のセミナー「パリテ民主主義」に由来するパリテである。男女平等を推進する独立機関であるフランスの女男平等高等評議会は、パリテを「代表し決定する権力を女男で平等に分かち合う目的」であり、その手段としての「女男同数制」だと定義している。パリテは性の二元性を前提にすることから、1982年の違憲判決の掛金を外すパリテ条項「法律は、選挙によって選出される議員職と公職への女男の平等なアクセスを促進する」（3条5項）を追加する、1999年7月の憲法改正を必要とした。

　◆**パリテの具体化**　パリテの具体化は、対象となる選挙制度ごとに異なる。2000年6月にいわゆるパリテ法が制定された後、パリテをより厳しく適用する方向で改正が重ねられ、2022年現在、三つの方式でパリテが適用されている。①拘束名簿式で実施される選挙（定数3以上の上院・欧州議会・州議会・人口1000人以上のコミューン議会）について、女男交互に記載した候補者名簿の作成を義務付け、条件を満たさない名簿は選挙管理委員会が受け付けないとする方式、②小選挙区二回投票制で実施されている下院議員選挙について、候補者の一方の性の比率と他方の性の比率の開きが2％を超えたとき、その開きの50％（2007年の法律で75％、2014年の法律で150％に引き上げ）を政党の公的助成金（第1回目の投票時に得票数に応じて配分される部分）から減額することで、女性候補者擁立に政党を誘導する方式、③2013年に県議会議員選挙に導入された女男ペアでの立候補を義務づける方式である。

　◆**パリテによる女性の政治参画の効果**　当初政党助成金減額と引き換えに男性を擁立する大政党のふるまいで下院女性議員率は芳しくなかったが、150％の減額率は厳しく、女性候補者率50％の政党が増え、2022年12月現在、下院女性議員率は37.3％である。地方議会・欧州議会は数のパリテをほぼ達成している。他方、権力の分有というパリテの目的に照らしてみると、男女の序列化現象、すなわち、定数1のリーダーは男性が占める割合が高く、執行部に女性が半数加わっていても、担当する政策分野に性別役割分担が見られる状況がある。（糠塚康江）

▶**参考文献**

糠塚康江（2005）『パリテの論理─男女共同参画の技法』信山社
糠塚康江（2021）「女性議員比率をめぐる『なぜ』と『いかに』─ジェンダー平等の視点から考える」『法学館憲法研究所報』24

コラム⑪　女性国際戦犯法廷

◆「女性国際戦犯法廷」開催の背景　「日本軍性奴隷制を裁く女性国際戦犯法廷」（以下、女性法廷）とは2000年12月に東京で開かれた、日本軍「慰安婦」制度の責任者を裁くための民衆法廷である。

　その背景には1990年代を前後した、東西冷戦の終結、アジア各国における民主化など世界情勢の変化があり、韓国の金学順が最初に「慰安婦」被害を告発したのも韓国の民主化に励まされたためである。以後、北朝鮮、中国、台湾、フィリピン、インドネシア、シンガポール、マレーシア、東チモールなどアジア全域とオランダの「慰安婦」被害者の告発が続き、1993年の国連世界人権会議（ウィーン）で「慰安婦」問題が取り上げられるに至った。

　同じ頃、国連が設置した旧ユーゴスラビア国際戦犯法廷（1993）、続いてルワンダ国際戦犯法廷（1994）では、武力紛争下の性暴力を史上初めて「人道に対する罪」と規定した。

　国連人権委員会マクドゥーガル報告書（1998）は両戦犯法廷を対象にしたものだが、その付属文書で、クマラスワミ報告（1996）に続いて「慰安婦」問題を取り上げ、「慰安婦」制度は女性の人権を侵害する戦争犯罪、性奴隷制度であるとし、責任者処罰と被害者への国家補償を日本政府に勧告した。

　1998年にはジェノサイド、戦争犯罪、「人道に対する犯罪」の被疑者を裁く常設国際刑事裁判所の設立が決定され（ローマ会議）、不処罰を許さないための重要な一歩が踏み出された。

　一方、女性たちによる第4回国連世界女性会議（1995, 北京）、「戦争と女性への暴力」国際会議（1997, 東京）などを経て、ジェンダー正義実現のために責任者処罰が必須との認識が定着していった。

　この流れを承けて1998年に「戦争と女性への暴力」日本ネットワーク（VAWW-NET Japan）が結成され、代表の松井やよりが同年の第5回「慰安婦」問題アジア連帯会議（ソウル）で女性法廷を提案、被害各国からの支持で女性法廷を開く体制が準備された。

◆女性法廷の権威と成果　女性法廷の国際実行委員会共同代表には尹貞玉（ユンジョンオク）（韓国）とインダイ・サホール（フィリピン）、松井やより（日本）が就き、日本の人権七団体、被害地域（南北コリア、中国、台湾、フィリピン、インドネシア、マレーシアなど）の諸組織および国際諮問委員会で国際実行委員会が構成された。法廷の首席判事には旧ユーゴ国際戦犯法廷前所長、主席検事には旧ユーゴ、ルワンダ国際戦犯法廷法律顧問を、10カ国から検事団を迎えた。12月7日から開かれた法廷へは、海外からは9カ国からの被害者64名を含め390人、公聴会も含めると延総数で6,000人が参加した。

　日本軍関連の公文書などと被害者や加害兵士の証言を当時の国際法によって審理した結果、強かんと軍「慰安婦」制度を「人道に対する罪」と認定し、昭和天皇と政府の最高責任者9人を有罪とする最終判決文がオランダ・ハーグで出された（2001）。これは女性に対する軍事的性暴力に「人道に対する罪」が適用されたアジア初の画期的な判決となった。

　戦時性暴力の未処罰が続く今日にあって、法廷の4日目には国際公聴会「現代の紛争下の女性への暴力」を開き、現代の国際法におけるジェンダー正義の欠落を明らかにした。

◆女性法廷の歴史的意義と課題　女性法廷は判決を国際社会や各国政府に受け入れるように要求する道義的権威を持つ（女性法廷憲章前文）が、民衆法廷であるために法的実行力はない。民衆法廷というアイディアは、ベトナムにおけるアメリカの戦争犯罪を裁いたラッセル法廷によっている。しかし同法廷ですら戦時性暴力は問題にされなかったので、女性法廷によって従来の国際人道法におけるジェンダー正義の不在を批判し、国際人道法の未来が展望されたと言える。女性法廷で出された日本政府への勧告、すなわち被害女性への国家的謝罪・補償・真相究明・教科書への記述など課題が残されているが、2005年に開設された「女たちの戦争と平和資料館」（wam 東京・早稲田）は、女性法廷を改ざんしたNHK報道に対する法廷闘争や、「従軍慰安婦」から「慰安婦」に用語を変えた閣議答弁書決定にも批判するなど、課題の継承と女性法廷を正しく伝えるための活動を展開している。（宋連玉）

▶参考文献
VAWW-NET JAPAN 編（2002）『女性国際戦犯法廷の全記録（I・Ⅱ）』緑風出版

女性法廷開廷のようす©韓元常（ハンウォンサン）

企業役員の性別クオータ制
——フランスの事例

◆クオータ制の導入 女性の経済的エンパワーメントのために、経済分野でもあらゆるレベルの意思決定機関でのジェンダーバランスが必要である。2002年初め、上場企業の取締役に占める女性比率が6％だったノルウェーで、2003年会社法の改正により、2004年に国営企業等、2006年に上場企業を対象に、取締役会の40％性別クオータ制が導入された。2007年中に40％に達しない場合は、最終的に会社解散の制裁を科すことになっていたが、期限内に達成された。2006年、フランスではこの動きに同調して、取締役会・監査役会への性別クオータ制導入が試みられたが、憲法院によって違憲判断を下された。そこでこれを可能にすべく、2008年の憲法改正で、「職業的および社会的要職」を対象とするパリテが追加された。

◆コペ・ジンメルマン法 追加された憲法規定を具体化した法律が、2011年のコペ・ジンメルマン法である。この法律は、取締役会・監査役会にパリテを導入する商法典等改正法案として上程されたが、40％性別クオータ制（2017年1月1日以降）に修正された。修正の理由は、手立てとしてのパリテ＝男女同数は、男性の欠員を男性で、女性の欠員を女性で埋めることを意味し、役員候補者個人の能力よりも性を機械的に優先させ、機会の平等に反することにある。適用対象は上場企業もしくは従業員500人（2020年から250人）以上で売上高または総資産5000万ユーロ以上の企業で、男女各々の比率40％に達しない役員の任命は無効、達するまで役員への報酬の一部の支払いが停止される。

◆法律の成果 コペ・ジンメルマン法制定10年を振り返った2021年の女男平等高等評議会（HCE）の報告書によれば、2018年調べの大企業の女性役員率は45％で、EUトップであった。他方、情報公開が不十分で監視が及ばない企業では、法定クオータ制は遵守されていない。株価指数上位120に入らない企業の女性役員率は34.1％、従業員500人以上で売上高5000万ユーロ以上の企業でも、非上場のそれは23.8％、従業員250人以下の企業については調査すら存在しない。取締役会会長はほとんど男性で、クオータ制の対象外の執行委員会や経営委員会の女性率は2020年で19％にとどまっていた。この最高経営者層に女性を参画させる2021年のリクサン法は、従業員1000人以上の企業の執行委員会の女性メンバー比率を段階的に引き上げ、2029年3月1日以降40％とする。未達成時は、当該企業の給与総額1％のペナルティを科す。性差別主義と闘い、女性が企業内ヒエラルキーの段階を上がるための環境整備を通じて、実質的な職業上の平等、男女賃金格差改善等のドミノ効果が期待されている。

◆性別クオータ制の正当化 企業などの経営意思決定機関における男女共同参画を促進する取締役会・監査役会への性別クオータ制導入は「ガラス天井」を破壊するが、その恩恵はエリート女性だけが受けるという批判がある。HCEは、クオータ制の重要性は、数値の強制ではなく、数値目標実現過程における組織構造の問い直し、イノベーションに道を開くことにあると言う。取締役会の多様性と企業業績の間に関連性があるという研究成果も多数ある。EUでは2012年以来女性役員クオータ制導入指令案が検討されており、法定クオータ制の導入に踏み切る加盟国が増えている。もっともEUを離脱したイギリスは、法定クオータ制を導入することなく、行動デザインの原則を活かした企業の自主的取り組みによって、女性役員率37.8％（2021年OECD調べ9位）を達成している。（糠塚康江）

主要上場企業女性役員比率の推移

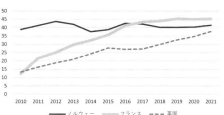

▶参考文献

糠塚康江（2011）「フランスにおける職業分野の男女平等政策——2008年7月憲法改正による「パリテ拡大」の意義」『企業と法創造』7（5）

イリス・ボネット（池村千秋訳）（2018）『Work Design——行動経済学でジェンダー格差を克服する』NTT出版

第 4 章

環境・災害・疫病

1）概論

環境・災害・疫病

📖 Ⅲ-3-4-①　🔍【読】世9-5, 世15-10, 日10-6, 日10-8, 日10-10, 日10-16

◆**頻発する異常気象**　本章で扱う環境、災害、疫病というテーマは、私たちに人間の営みと自然との関係を問いかける。気候変動（地球温暖化）はその典型例である。

例えば南太平洋の島嶼国家ツバルは、国土の大半が海抜1～2mしかない珊瑚礁の島々から成り、海面上昇によって国全体が水没の危機にある。温暖化で海水の温度が上がると水の体積が増え、海面を押し上げるからだ。一方、ツバル諸島の岩礁や環礁の面積は、海流で運ばれる砂の堆積により、1世紀前に比べて32ha（東京ドーム6.8個分）拡大しており、人口増加の影響も指摘される。

2019年7月、深刻な雨不足が長期化したオーストラリア南東部、ニューサウスウェールズ州では大規模な森林火災が発生し、半年余りも燃え続けた。ヨーロッパでも、2003年夏の熱波による死者は7万人を超え、それ以降も広い地域で記録的な猛暑や干ばつ、大洪水で被害が続いている。偏西風の蛇行でアフリカ北部から北上した熱波が直接原因とされるが、世界気象機関（WMO）は、この蛇行は「人間の諸活動による北極の急激な温暖化によるもの」と分析した。北極の温暖化の影響は北半球各地に及び、日本の酷暑や頻発する集中豪雨との関連も問われている。

気候変動と人間の諸活動との関係は一様ではない。その関係性を考える議論で近年注目されるのが、「人新世（Anthropocene）」という概念である。

◆**「人新世」という概念**　人新世とは、地球の誕生以来、46億年に及ぶ自然環境の変化を地層の特徴で区分する地質年代の一つである。近代以降、戦争や森林伐採などが環境に強いた負荷は大きく、「完新世」（約1万年前から現在まで）という捉え方はもはや適切ではない、「人類が地球上の生態系に甚大な影響を与える」次の段階に突入しているとして、2000年、オゾンホールの研究でノーベル化学賞を受賞したパウル・クルッツェン博士が提唱した。「人新世」が時代区分として「国際地質科学連合」で正式に承認されるためには、完新世と人新世との明確な境界線を地層に見出し、それを定義する必要がある。現在、根拠となる地層（国際標準模式地）候補として、カナダ南部のクロフォード湖などで湖底堆積物調査が進行中である。

その一方で、「人新世」という言葉とその概念は、SDGsとの関連から地質学以外

の専門家や政策立案者の間でもすでに共有され、気候変動や生物多様性、土壌・水質汚染といった環境問題への対策を模索するキーワードとなっている。

人新世の起点には諸説あるが、その一つが産業革命である。18世紀後半のイギリスに始まり、19世紀のうちに欧米諸国や明治日本へと広がり、石炭や石油をエネルギーとして工業化・都市化を引き起こしながら、大量生産・消費の20世紀をもたらした。とくに1950年代は、グローバルな資本主義経済の拡大と相まって化石燃料から排出されるCO_2量が激増し、空気中の温室効果ガスの濃度上昇で気候変動が加速化されたとして、人新世の起点として有力視されている。

興味深いのは、産業革命以後、完新世と人新世の境界線と想定される時代が、資源と労働力を求める資本主義と植民地主義のタイアップによって、西欧の「近代家族」概念が世界各地に浸透していく時代でもあったことだ。19世紀後半以降、西欧諸国が自分たちの需要に合わせて経済のモノカルチャー化を進めたアジアやアフリカの植民地では、家庭や労働の場に西欧のジェンダー規範が持ち込まれ、産業構造のなかでジェンダー分業を際立たせた。植民地時代の性別役割分担が独立後の国家形成過程にも巧妙に組み込まれ、女性の従属と管理が正当化されたことについては、この3巻本シリーズの随所に指摘がある。

◆メンフィスの衛生ストライキ　人新世の起点（の有力候補）である1950年代、米ソ冷戦対立が科学研究に大きな影響を与えていた。核兵器開発競争と直結する物理学のみならず、放射能汚染問題を通じた生態系の研究は環境問題への関心を高めた。海洋生物学を学んだレイチェル・カーソンの『沈黙の春』（1962年）は好例である。

同書が読まれた1960年代のアメリカは黒人公民権運動の時代としても知られ、その担い手たちは貧困・人口密集地域となっている黒人居住地区での公衆衛生や公害問題とも関わった。大きな契機となったのは1968年2月、テネシー州メンフィス市内でゴミ回収作業中、2人の黒人清掃員が水圧式のゴミ回収車後部の圧搾装置に巻き込まれて死亡した事故である。2人が臨時職員であったという理由から、市当局が遺族に送ったのは、見舞金ではなく、遺体修復費の請求書であった。これに1300人を超える臨時雇いの黒人労働者が激怒し、労働条件の改善と黒人居住区の衛生環境整備を求めてストライキに突入した。この「サニタリー・ストライキ」を支持する演説を行った公民権運動のリーダー、マーティン・ルーサー・キングは、演説の翌日、1968年4月4日、白人至上主義者の凶弾に倒れた。

メンフィスはキング牧師暗殺の地として知られるが、彼の最期の演説が黒人清掃員ストライキを支持するものであったことは、ワシントン大行進時の「I have a dream」演説（1963年8月）ほど記憶されてはいないだろう。清掃員らが掲げた「I Am a Man」というスローガンが、黒人コミュニティにおける父権性（Man＝男性）を強化した側面もほとんど議論されてこなかった。デモ行進の資金を集め、参加者に食事を提供し、ときに行進を共にした黒人清掃員の妻や娘たちの存在に目が向けられるようになるのは、この出来事から半世紀も後のことである。

◆気候正義とジェンダー　「人新世」という概念は、「気候変動に関する政府間パネル（IPCC）」の報告書（2021年8月）が「地球温暖化は人間の活動によることに疑問の余地はない」と断定したことで、より説得力を持って受けとめられるようになった。同報告書によれば、人間の活動によるCO_2排出量の約56％は陸と海に吸収され、とくに海については水温上昇とともに、海洋の酸性化の影響が危惧されている。

　問題は、豪雨や洪水、干ばつや山火事などの被害が平等に負担されるわけではないことだ。そもそも、産業革命以降、化石燃料で環境に大きな負荷をかけてきたのは欧米先進国や富裕層であり、そのしわ寄せを途上国や経済的弱者が被るのは不公平である。それを是正し、気候変動に対する責任を適切に果たそうとする考え方が「気候正義」だ。とりわけ女性農業従事者の多い途上国での社会的・経済的ジェンダー不平等——政策決定過程における女性の不在、教育のジェンダー格差、それを問題視してこなかった従来の家父長的な価値観などは、開発援助を再考するポイントともなっている。

　インフラ整備が不十分な発展途上国では、多くの場合、水汲みや薪集めが女性や少女の仕事とされる。異常気象で水不足や洪水が増えれば、水や森林資源へのアクセスが難しくなり、長距離を移動せねばならなくなって、事故や性暴力の危険性が増す。水質の悪化で不衛生な状態に晒されるのも、まずは女性や子どもたちだろう。母子感染を含め、感染症の罹患率は上がり、避難所での性暴力被害など、女性たちが直面する危機は数知れない。

◆闘う女たち　日常が壊れたとき、そこに露わになるのは、日頃隠蔽されてきた抑圧のかたちと構造である。ゆえに、何よりも日常から考え、変えていく必要がある。ケニアの環境活動家ワンガリ・マータイ（1940-2011、2004年ノーベル平和賞受賞）は、来日（2005年）で出会った「Mottainai」という日本語を生活実践することを呼びかけた。日々の節約のみならず、女性は、農作業や水資源管理、持続可能な農業技術の導入などを通じて、気候変動への対応を推進する主体である。

　その一方で、災害や自然破壊で貧困化が進めば、性的搾取を目的とする人身売買の国際ネットワークに女性や少女がからめとられる可能性も高くなる。政治的・経済的・社会的に脆弱な立場にある女性を救うのは、彼女たち自身が知ること、知識

や情報を身につけること以外にない。だからこそ、パキスタンのマラーラ・ユースフザイ（2014年ノーベル平和賞受賞）は「少女に教育を！」を繰り返したのであった。

◆**コロナ禍に見るべきもの**　人類と感染症の歴史は長い。流行には貿易ルートの成立とその拡大をはじめ、人の移動が関わっている。2020年代に新型コロナウィルス感染症をパンデミックにしたのも、経済のグローバル化にほかならない。

コロナ禍の比較的早い段階で、感染による死亡者には高齢者や既往症のある人が多いことは明らかにされていた。それ以外では、医療や看護・介護の現場、バスや鉄道などの公共交通機関で働くエッセンシャル・ワーカーの占める割合が高かった。この労働の構図自体に、各国・各地域の人の移動とその歴史が関わっている。

例えばイギリスでは、黒人系（とくにカリブ系）やアジア系（とくにパキスタン・バングラデシュ系）の死亡者数が、それ以外の民族集団、とりわけ白人系と比べて高かった。第二次世界大戦後の経済復興のため、カリブ海域の旧植民地から移民労働者を積極的に受け入れてきたイギリスの過去が想起される。

1948年6月、ロンドンに到着した移民船の名にちなみ、「ウィンドラッシュ世代」（1948年～1970年代初頭までの移民）と総称される彼ら・彼女らは、もっぱら都市に居住し、同じ1948年に設立された国民保健制度（NHS）の女性看護師（訓練生を含む）として、公共交通機関の場合には、男性は運転手、女性は駅員や車掌として雇用されることが多かった。この雇用状況が世代を超えて継承されてきたことを、エスニシティ別に公表された新型コロナ感染者・死亡者が暴いたわけだ。ロックダウンが始まった2020年3月下旬、ロンドンのヴィクトリア駅でコロナ感染を自称する男に唾を吐きかけられた女性駅員、黒人系（アフリカ系）のベリー・ムジンガは、その後まもなくコロナ感染で死亡した。その2か月後、ジョージ・フロイドの死で「ブラック・ライヴズ・マター」の抗議活動がイギリス国内に拡大した時、「制度的レイシズム」の犠牲者として彼女の名が何度も叫ばれた。呼吸器疾患があったムジンガの死と事件との因果関係はいまだ決着を見ておらず、正義を求める声は今も続く。

新型コロナウィルス以外の感染症についても、「彼/彼女がそこにいる」理由を問い直すジェンダー史の視点が求められている。（井野瀬久美惠）

▶**参考文献**
クリストフ・ボヌイユ、ジャン＝バティスト・フレソズ（野坂しおり訳）（2018）『人新世とは何か─〈地球と人類の時代〉の思想史』青土社
黒﨑真（2018）『マーティン・ルーサー・キング─非暴力の闘士』岩波新書
田中雅一・中谷文美編（2005）『ジェンダーで学ぶ文化人類学』世界思想社
井野瀬久美惠編（2010）『イギリス文化史』昭和堂

2）環境破壊

①地球の危機とオルタナティブな開発

📖 Ⅲ－4－1－コラム⑭

◆**成長の限界と資源分配の公正**　環境問題とはなんだろうか？　1972年にはロー
マ・クラブと名付けられた著名な学者たちのグループが人類の危機について議論し、
「成長の限界」という概念を提示した。ストックホルム大学レジリエンス・センター
が2009年に発表した指標では、生物の遺伝的多様性、環境中への窒素、リンの放出
がもっとも危険な状態にあり、気候変動や土地利用の問題がそれに次ぐ危険度と評
価されている。相対的にリスクは低いが今後深刻化するかも知れない問題としては
淡水利用の問題、海洋酸性化などが挙げられる。また、生物多様性は遺伝的に多様
であるだけでなく、生態系の保全やその中でなりたつ人間の生活全般に対する寄与
の多様性も見る必要がある。危険性の予測が難しいと思われている環境問題として、
大気中のエアロゾル問題などが挙げられる。同指標では挙げられていないが、注目
される汚染は他にもあるだろう。例えば近年注目されているのは環境中のマイクロ
プラスチックの問題などである。我々は、これら多様な環境問題をどのように考え
ていくべきであろうか？

　これらの環境問題を一言で言えば、科学の進歩と経済の発展によって、人口が増
え、生産活動も活発になり、地球上に存在する資源では不十分になった（成長の限界
を迎えた）、ということである。しかし、資源利用の恩恵も環境問題からくるリスク
も、公平には分配されてこなかった。インドやアフリカなど、所謂「第三世界」の
国々はこれまで化石燃料をほとんど使ってこなかったのに、気候変動のリスクは大
きい。この上、化石燃料の利用を制限することはどの程度妥当だろうか。未来世代
は資源の利用法に口を出せないが、負の影響は現役世代より大きく降りかかる。ま
た、同世代であっても貧困層やマイノリティ、農民、女性といったカテゴリーの人々
は、都市にすむマジョリティ中産階級の男性よりも、大きなリスクを被る可能性が
高い。こういった議論は「気候正義」の問題としてまとめられる。ここではとくに
「第三世界の女性」に着目して、この問題を解決する糸口について論じていく。

◆**環境か、開発か**　科学技術の発展と、自由経済のグローバル化は先進国の都市住
民にはいいことだらけに思われるだろう。我々はスマホをタップするだけで世界中

の音楽や映画を見ることができるし、デジタル製品は海を超えて家までキチンと届けられる。そういった現代社会のシステムを維持するためには、グローバルな輸送や経済取引のためのシステムが、電力や海運など、巨大なエネルギーを費やして維持されることが必要である。ところが、今現在でも、インドやアフリカの田舎の方に行けば、インターネットどころか電気もないところもめずらしくない。そういった地域では病院も数ヶ村に一つであり、先進国ではごく普通の抗生物質（抗菌剤）さえあれば命を落とさずに済むありふれた感染症で命を落とす子どもも少なくない。そういった地域の生活は、農業をはじめとした一次産業に依存しているため、気候変動による洪水や旱魃の影響に直接的に晒されるのである。

　第三世界の農村においてもリスクを緩和し、先進国の都市並みの安全と安心を確保するには、開発は欠かせない、というのがこれまでの理解であった。世界中の農村部まで電気や水道を引き、高速道路を通し、病院を配置する。そのためには化石燃料や鉱物などの天然資源を大量に投下するしかない。一方で環境問題は、それがもはや不可能であることも示している。野山をコンクリートで固めれば生態系は破壊され、動植物は姿を消すだろう。また、大量のエネルギー消費は、気候変動を破局的な地点まで押し進める。したがって、地球全体を犠牲にしたくなければ農村の生活の向上はある程度諦めるしかない。

　しかし、環境との調和を図りつつ、生活の質を向上させる「オルタナティヴな開発」という提案も生まれつつあり、その中で女性の果たす役割は大変に重要であると考えられるようになってきている。

　◆農村の女性の目から―インドを事例に　ここでは、2003年に筆者が訪れた、インドのテランガーナ州で活動する開発NGO、デカン・デヴェロップメント・ソサイエティ（以下DDS）の事例を紹介しよう。DDSは、被差別カースト（ダリト）の人たちが暮らす貧しい農村で活動しているNGOである。1983年に活動を開始したDDSの特徴は、農村の女性たちが会議を持ち、村のことを決めるように支援していることである。この会議は、例えば「種子バンク」を管理している。そこでは60種類以上の種が共同で管理され、村人だけではなく、近隣の人々も種を借りることができる。

　インドなどの政府や、世界銀行などの国際機関が農業を支援するときは、コーヒーやサトウキビのようなプランテーション作物か、国際市場が発達した麦やトウモロコシなど、換金作物を奨励しがちである。これらの作物を輸出することによって、経済を豊かにするという目的があるからである。しかし、DDSでは敢えて、値段がつきにくいヒエ・アワなどの雑穀類を奨励している。雑穀類は単体で栄養価が高く、

市場で値はつかないものの、それを食べていればある程度健康は維持できるからである。とくにソルガム（モロコシ）は旱魃など気候の変動にも強く、飢えを回避するのに最適であることから貧者の穀物とも呼ばれる。これらを家族が最低限暮らしていける程度作った上で、余裕があれば果樹などの換金性の高い作物を植えるのがDDSの方針である。

　現在、インドでも農民が植える種の多くは企業が開発し、市場で購入するものである。したがって農民は毎年種を購入する必要があるが、現金収入に乏しい彼らは農地を担保に借金をして代金に充てる。そのため、一度不作などがおこると途端に農地を手放さざるを得ないことになる。そうしたことを避けるためにも共有の種子を毎年使い、肥料なども購入せずに有機農法で育てるという手法は、経済的なメリットが大きいのである。

　DDSのようなオルタナティヴな開発を進めるNGOが多くの場合、女性を中心に会議を組織するのには理由がある。男性が育てる作物を決めると、換金性とリスクが高い作物を選びがちであり、一方で女性に決めさせると、家族、とくに子どもたちが1年食べていけるものを最低限作れる、リスクの少ない（その代わり収入にはなりにくい）作物を選びがちだからである。

　◆環境と多様性を守るためのフェミニズム　初期のエコ・フェミニズムの議論では、女性は生まれながらに環境と調和的であると論じられてきた。それに対して、換金作物の奨励が農村を荒廃させているというグローバル経済の現実を見据えた議論では、グローバルな資本主義の中で、経済競争を強いられ、リスクを取る方向に誘導される家父長と、決定権を奪われて無給の労働者として扱われる主婦、という役割が強いられるという構造を告発する。都市部においても「専業主婦」という現象は比較的新しいものだが、農村でも同様に、資本主義に適した形で男女の役割が分化するということが見られるということになる。つまり、何を生産するかを決める資本主義的な主体としての男性／家父長と、それを支える「家庭」の中で支払われない仕事を担う女性／主婦という役割分担である。これは自然なものでも古くからのものでもなく、農村社会を資本主義に組み込む過程で生まれてきた役割分担にすぎない。このことを「主婦化」の問題として強く告発してきたのが、マリア・ミースを筆頭とするビーレフェルト学派である。

　マルクスは土地などの生産手段が少数の資本家に所有され、多数の労働者は賃労働に従事するようになることが資本主義の誕生であり、この生産手段の独占が進む状況を「本源的蓄積」と呼んだ。マルクスは「本源的蓄積」は一定の期間で終わっ

左はインドのDDS、右はケニアのグリーンベルト運動の活動の様子。どちらもNGOの指導により、女性を中心とした村の合議で種子を管理し、伝統的な品種を中心として多様な品種を混ぜて植える農業が行われている。写真は春日撮影

て、資本主義がやってくると考えたが、ビーレフェルト学派は、「主婦化」によって女性は無賃の労働者として、団結権なども奪われた形で資本主義に組み込まれるのであり、これは女性を延々と生産手段に変え続ける「継続的な本源的蓄積」であると主張する。

　であれば、自然との関係の中で、何を生産するかを決定する主体であることとそのための知識を取り戻すことは、「女性の解放」の一つのあり方と呼べるだろう。DDSのように、経済を豊かにするのではなく、女性たちが伝統的で地域の環境に即した生産の仕方を取り戻すことを支援することで、大量消費社会を目指すのではない、オルタナティヴな開発を目指そうとする団体は増えてきている。2004年にノーベル平和賞を受賞したケニアのワンガリ・マータイ（1940-2011年）のグリーンベルト運動もそうしたNGOの一つである。こうした運動の中では、グローバル資本主義の「主婦化」の流れから解放されることと、環境と調和的なオルタナティヴな開発を目指すことは、同じコインの両面のように関連しているのである。（春日匠）

▶参考文献

ヴァンダナ・シヴァ（浜谷喜美子訳）（1997）『緑の革命とその暴力』日本経済評論社

マリア・ミース、C・V・ヴェールホフ、V・B＝トムゼン（古田睦美・善本裕子訳）（1996）『世界システムと女性』藤原書店

J. フォーリー（2010）「地球の現在を診断する」『日経サイエンス』7月号

問い　環境問題の解決に関して、先端技術を中心とした手法と、環境に調和的な知識と技術を利用する場合とでは、人々の生活、とりわけ女性のキャリアのありかたはどのように変わってくるだろうか。

2）環境破壊

②開発主義による環境破壊
―森林破壊と先住民

Ⅱ－4－3－④　【読】世3－5, 世11－5, 世11－6, 日7－19

　　◆ブラジルの先住民運動と女性　2022年7月5日、ブラジル連邦議会は4月19日の「インディオの日（Dia do Índio）」の名称を「先住諸民族の日（Dia dos Povos Indígenas）」に変更する法案を可決し、同月8日公布された。「連邦議会」としたのは、もともとの法案は下院での審議を経て5月4日に上院で可決されたものの、大統領が拒否権を発動したため、成立させるには上下両院合同の審議と評決が必要となったからである。この法案の提出者は、1823年の憲法制定会議から数えれば約200年にもおよぶブラジルの議会政治の中で、2018年に選出された最初の先住民女性の下院議員、ジョエニア・ワピシャーナ（ジョエニア・バチスタ・デ・カルヴァリョ）であった。ブラジルの連邦議会にはじめて選出された先住民議員は、1983年から1987年まで下院議員を務めた、マトグロッソ州のシャヴァンテ族出身のマリオ・ジュルーナ（リオデジャネイロ州選出）であったが、ジョエニアは先住民議員としても二番目の下院議員である。

　ジョエニア議員は、1974年、北部ロライマ州の州都ボアヴィスタに近いワピシャーナ族の集落で生まれた。地元の連邦大学を卒業し、1997年、先住民女性としてはじめて弁護士資格を取得し、先住民の権利擁護のための弁護活動を行うとともに、20年以上、州の先住民審議会の委員を務めてきた。その間、2011年には米国アリゾナ州立大学で法学修士号を取得している。2019年からの任期中、共同提出を含め36本の法案を提出しており、上記のものはそのうちの一つである。ブラジルの「インディオの日」は、1940年にメキシコで開催された米州インディヘニスタ会議の開会日に因んで、1943年、ヴァルガス政権のもとで設けられた記念日で、そもそもその会議は先住民不在の先住民政策関係者の会議で、多様な先住諸民族を「インディオ」と一括し、その区分を当事者に強要するものとして、近年、先住民運動から批判を浴びていた。後述する「国立インディオ基金」（FUNAI）などに見られるように、他のラテンアメリカ諸国に比べて、ブラジルでは「インディオ」は比較的中立的な表現として使われてきた。この記念日の名称変更が、先住民女性議員から提起されたことは、ブラジルにおける先住民運動の現状を象徴する出来事として注目に値する。

　　◆ブラジルの軍事政権とアマゾン開発　アマゾン地域には植民地時代から、薬種

やスパイスを求めるポルトガル人が侵入しており、ブラジル独立後の19世紀半ば以降、蒸気船の導入とともに開発が進んだ。それに伴い、外部から持ち込まれた天然痘などの伝染病によって、先住民の生命と社会は深刻な影響を被っていたが、1970年代以降は開発の規模もその破壊的影響も桁違いのものとなった。1964年にクーデタで政権を握った軍部は、経済開発と安全保障の観点から国土の統合に乗り出す❶。「土地なき人を人なき土地へ」、「手放さないために統合する」という二つのスローガンの下、1970年９月に着工されたアマゾン横断道路（トランスアマゾニカ）をはじめとする大規模な道路建設を梃子として、北東部の旱魃罹災民をアマゾン開発に動員する一方、先住民を「平定」して領土の実効支配を実現しようとしたのである。1970年に策定された国家統

合計画では、アマゾンにおける道路建設、農牧業振興、鉱山開発、水力発電用ダム建設などが盛り込まれた。開発対象とされた地域には手付かずの熱帯雨林が広がり、「文明世界」とはほとんど、あるいは全く接触したことがない先住民の生存を脅かすこととなる。

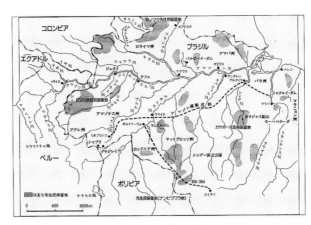

図1　法定アマゾンの領域
（出典：清水透他編（1999）『ラテンアメリカ（「南」から見た世界 05）』大月書店）

◆**逆さ吊りの先住民女性**　道路建設によって、開発業者の熱帯雨林地帯への侵入が容易になり、先住民との衝突が頻発するようになった。1963年10月に起きた「南緯11度線の虐殺」は、マトグロッソ州の先住民が住む熱帯雨林への侵入を試みたゴム採取業者が、プロの殺し屋を雇い、シンタラルガ族の村を襲撃させた事件である。住民は機関銃で撃たれ、生き延びた人々も森の中に逃げ去ったが、殺し屋たちは取り残された母子を見つけると、子どもは即座に射殺し、母親は木の枝に逆さ吊りにして、股から真っ二つに切り裂いた。逆さ吊りにされた女性の写真が残されている。その後も、一帯のシンタラルガ族を排除するため、ヒ素入り食糧の配布や飛行機による先住民の住居へのダイナマイト投下などが行われ、約3500人が犠牲となったとされる。

こうした不法行為が横行した背景には、1910年に設立されて以来、ブラジル政府

の先住民政策を担っていたインディオ保護局（SPI）の腐敗も関係していた。農牧業の奥地への拡大とともに増大した入植者と先住民の紛争では、インディオ保護局の現地係官が入植者から賄賂を受け取り、不法行為を黙認した。また、杜撰で不用意な接触から、係官が先住民へ病気を感染させる場合も少なくなかった。すでに軍政下にあった1967年、ブラジル政府はインディオ保護局の実態調査（「フィゲイレード報告」）を行い、これを廃止して国立インディオ基金（FUNAI）を設立した。しかし、国立インディオ基金も内務省の管轄下に置かれ、軍人が長官を務めるなど、軍政時代には先住民の権利擁護より、先住民の「平定」に関与することが少なくなかった。

◆**アマゾン開発と「民族絶滅」（エスノサイド）**　1985年、ブラジルで民政移管が実現した。2012年、「国家真実委員会」（CNV）が設置され、21年間に及んだ軍政時代を中心に国家による人権侵害の調査が実施された。その過程で、火災によって消失されたと思われていた「フィゲイレード調査」の記録が、ほぼ完全な形でリオデジャネイロで発見され、最終報告書（2014年）に盛り込まれた。報告書は、1970年代、ブラジル政府自体が先住民に対する人権侵害の当事者になり、民族絶滅（エスノサイド）に匹敵する事態を招いたと指摘している。議会を閉鎖し、大統領大権を認めた1968年12月の軍政令第5号を境に、アマゾン開発❷が国家主導で強権的に進められるようになり、1973年に制定された「先住民憲章」は、その第20条で、国家安全保障や開発の必要から先住民の強制移動を認めていた。アマゾン横断道路の場合、29の先住民族の保留地を横切ることになり、うち11は未接触、9は不定期の接触しかない部族であったが、建設ルート上の先住民は強制的に立ち退きを迫られた。

　1980年代、アマゾン西部では、「ポロ・ノロエステ（北西統合）計画」の一環としてクイアバーとポルトヴェリョを結ぶ道路が建設された。プロジェクトへの融資に先立ち、世界銀行が社会影響アセスメント調査を行なった結果、1930年代にレヴィ＝ストロースが調査したことでも有名なナンビクワラ族などの先住民に甚大な影響が及ぶことが判明したものの、融資は認められ、開発が進められた。これに対し、調査に携わった米国の人類学者デイヴィッド・プライスは、ブラジル政府と世界銀行の開発優先の姿勢を厳しく批判した。20世紀初頭に5000人から1万人程度と推定されるナンビクワラ族の人口は、21世紀初頭には1100〜1300人へと減少した。

◆**アマゾン開発と日本**　アマゾンの開発は日本も無縁ではない。アマゾン東部で1980年代半ばに始まった「大カラジャス計画」❸では、ブラジル政府の依頼で、国際協力事業団（現在の国際協力機構 JICA）がマスタープランを策定し、日本輸出入銀行（現在の国際協力銀行 JBIC）などの官民の銀行団から5億ドルの資金提供が行われた。

大カラジャス計画は、1967年に発見されたカラジャス鉄鉱山を中心とする総合開発計画で、総面積は100万km²（日本の国土面積の約2.6倍）にも及ぶ。世界最大の埋蔵量を誇る良質の鉄鉱石のほか、ボーキサイト、マンガン、銅、金など地下資源が豊かで、製鉄やアルミ精錬、紙・パルプ製造などの工業開発、トゥクルイダムなどの水力発電所や鉱石を大西洋岸の積出港まで運ぶ約900kmの鉄道の建設、沿線での農畜産業開発などが含まれていた。とりわけ鉄道と

図2　カラジャス鉄鉱山の開発には日本の政府や銀行が深く関与し、鉄鉱石は日本にも輸出された。
（出典：鷲見一夫（1989）『ODA援助の現実』岩波新書）

トゥクルイダム建設の影響は深刻で、多くの先住民は立ち退きを迫られた。例えば、シング一川とアラグアイ川に挟まれた地域に住んでいたパラカナン族は、トゥクルイダムの建設によって1971年から1977年の間に5回も強制移住を経験し、約6割にあたる119人を風邪やマラリア、性病などの感染症で失った。

　この計画は、当初、環境や先住民への影響は考慮されておらず、国際的な非難を浴びた。国際NGOからの批判や経済開発協力機構（OECD）の環境アセスメント導入の勧告を受け、日本政府が開発と環境の両立をうたった「ODA大綱」を閣議決定するのは1992年のことである。

　◆**ゴールドラッシュの社会的影響**　大カラジャス計画の地域内にあるセラペラーダ

で、1980年代初めに金採掘の一大ブームが起きると、全国から一攫千金をねらう人々が押しかけた。これに触発され、1990年代初めには、アマゾン全域で金の採掘場（ガリンポ）は800カ所、採掘人（ガリンペイロ）は60万人に上ったと言う。採掘人は先住民の土地に不法侵入を繰り返し、伝染病を蔓延させた。さらに、金を分離するために用いられた水銀は、環境汚染と川から食料を得ていた住民に深刻な健康被害を引き起こした。

　最北部ロライマ州では北辺道路の建設とともに1970年代から金鉱開発への関心が高まったが、ここには北隣のベネズエラ領内にまたがるヤノマミ族の生活圏が広がっていた。1980年代末から1990年代初めにかけて金採掘のブームが起きると、採掘人が殺到して感染症をもたらすとともに、ヤノマミ族との対立が激化する。1993年には、「アシム村の虐殺」が起き、逮捕された採掘人には、先住民コミュニティの全滅を企てたとして、1956年制定のジェノサイド禁止法が初めて適用された。

　1980年代半ばの民主化以降も、アマゾンを中心とするブラジルの環境破壊は続いている。1992年にはリオデジャネイロに国連環境開発会議（地球サミット）を招致したものの、その後の農畜産品の輸出ブームや金の違法採掘によって、毎年広大な森林破壊や環境汚染、先住民居留区への不法侵入が続いている。

　近年では新型コロナウィルスも先住民に襲いかかった。ブラジルで最初の新型コロナウィルス感染者がサンパウロで確認されたのは2020年2月末であったが、ほぼ1ヶ月後の4月1日、アマゾン奥地で先住民女性の感染が判明した。数ヶ月のうちに先住民の間でも感染が急拡大し、2021年9月の時点でブラジル全国の先住民の感染者は先住民人口全体の約1割にあたる6万人に迫り、死者は1200人を超え、約300の部族のうち163部族に及んだ。その大きな原因として指摘されたのも、先住民の土地での違法な金採掘や森林破壊を伴う農牧業開発である。アマゾン開発に積極的な姿勢をとってきたボルソナーロ大統領（任期、2016年〜2021年）の姿勢が大きく影響しているとされる。

　◆先住民女性の声を届ける　2022年6月初め、国連主催の最初の環境会議から50年を迎え、ストックホルムで「ストックホルム＋50」が開催された。ブラジルではアマゾン地域の環境や開発をめぐる課題解決のため、2019年、企業や銀行、研究者、環境活動家、さらには軍を含む多様な主体からなる「アマゾンのための協調」(Uma Concertação pela Amazônia)が結成されており、この会議に参加している。その代表の1人、サメラ・サテレー・マウェーという、大学で生物学を学ぶ25歳の先住民女性が、ブラジル紙『フォリャ・デ・サンパウロ』（2022年6月5日号）とのインタビューの中で、「これまで多くの人々が私たちのために、自分の考えを述べてきました。しかし、私たち抜きでは私たちのためにはならない」と語り、先住民自身が語る必要性を訴えるとともに、スマートフォンとインターネットが重要な武器

となっていることを指摘している。新しい社会運動の可能性として示唆的である。

　2022年10月に実施された連邦議会選挙では、冒頭に紹介したジョエニア・ワピシャーナは得票数を伸ばしたものの、選挙制度の関係で所属政党が最低得票要件を満たせなかったために議席を得られなかったが、ブラジル先住諸民族連合（APIB）会長のソニア・グアジャジャーラはじめ4人の先住民女性が下院議員に当選した（うち一人はボルソナーロ派）。グアジャジャーラは2023年1月に発足したルーラ新政権で新設の先住民省の初代大臣に就任する一方、国立インディオ基金（FUNAI）は先住民省に移管されることになり、ワピシャーナが次期総裁に就任することになった。なお、2023年1月2日、政府は国立インディオ基金の「インディオ（Índio）」を「先住諸民族（Povos Indígenas）」に取り替え、「国立先住諸民族基金（Fundação Nacional dos Povos Indígenas）」に名称変更することを発表した。（鈴木茂）

---

❶ 天然資源の豊かなアマゾン地域は、ブラジルの政治経済の中心地である南東部から遠い一方、19世紀以来、アマゾン川を国際河川として開放させようとする欧米列強の圧力にさらされてきた。1959年のキューバ革命後には、共産主義の侵入にもさらされるようになった。軍事政権が、道路網を張りめぐらし、先住民を同化・統合しようとしたのは、国家安全保障を全ての開発の前提とする考え方に基づいていた。

❷ アマゾン開発のために、1950年代には「法定アマゾン」と呼ばれる広域地域が設定された。これはブラジル全土の約60％を占めており、1960年の新首都ブラジリア遷都に合わせてベレン−ブラジリア国道（010号線）が開通している。国家統合計画では、これと交差するトランスアマゾニカ、中央部のクイアバー−サンタレン国道（163号線）、西部のクイアバーからポルトヴェリョ、マナウスを経てボアヴィスタを結ぶ国道（364号線、174号線）という2本の縦貫国道、北部国境地帯を横断する北辺道路（210号線）といった幹線道路が建設された。1970年の国家統合計画では、これらの道路を梃子として、カラジャス鉄鉱山を中心とする大カラジャス計画、入植による農業開発を中心とするポロ・ノロエステ（北西統合）計画、安全保障も加えたカリャ・ノルテ（北部国境）計画を核として開発が進められた。

❸ 大カラジャス計画では、アマゾン横断道路やカラジャス鉄道の建設によって、各地で先住民部族の生活圏が分断された。先住民部族は小グループに分かれて離散し、グループ間の連絡も途絶えていった。また、石炭資源の乏しいブラジルでは製鉄に木炭が利用されたため、計画には大規模な森林伐採が組み込まれていたこと、トゥクルイダム建設によって広大な森林が水没したことも、先住民の排除につながった。さらに、入植者や開発企業が土地を取得するには、国立インディオ基金が発行する先住民の「不在証明」が必要であったが、こうした証明書が乱発され、入植者の合法的な土地購入を助けた。この開発地域からは、鉄鉱石やアルミナ、紙・パルプなどが日本にも輸出されている。

▶参考文献

デイヴィッド・プライス（斉藤正美訳）（1991）『ブルドーザーが来る前に―世界銀行とナンビクワラ・インディオ』三一書房／西沢利栄・小池陽一（1992）『アマゾン―生態と開発』岩波新書／西沢利栄（2005）『アマゾンで地球環境を考える』岩波ジュニア新書／丸山浩明（2023）『アマゾン五〇〇年―植民と開発をめぐる相剋』岩波新書

　　問い　①先住民の「同化」政策と「排除」との関係は、ジェンダーの観点からどのように考えられるだろうか？

　　　　　②ジェンダー視点に立ったアマゾンの環境保全のために、日本に住む私たちには何ができるのだろうか？

コラム⑬　災害とジェンダー
——ハイチ地震に見る脆弱性

◆2010年のハイチ大地震　2010 年 1 月 12日、ハイチ共和国で発生したマグニチュード7.0の大地震は、総人口の 4 分の 1 が集中する首都ポルトープランスを直撃し、壊滅的な被害をもたらした。水道や電気などライフラインの破壊に加え、大統領府や議事堂が倒壊したことで、首都機能は完全に麻痺した。死者数は22万を超えたとも31万以上とも発表されたが、政府内部の情報混乱、震災後の集団埋葬などで、正確な把握は今なお難しい。国際赤十字によれば、ハイチ総人口の約 3 分の 1 に当たる300万人が被災した。

災害発生後、いつ終わるとも知れぬ避難所において、情報の欠如や錯綜、インフラの破壊、医療体制の不備といったしわ寄せの多くは女性と子どもに向かう。首都に500カ所以上設置された避難所でも、ジェンダーに基づく暴力（GBV）が強く懸念された。調査を行ったヒューマンライツ・ウォッチは、報告書「忘れられて——震災後のハイチの医療と治安、女性と少女の実態」（2011年、全78頁）のなかで、食べ物を求めて女性が自らの性を売る、妊婦たちは助産婦の介助なく泥だらけの床の上で出産する、地元警察はレイプ犯を逮捕しない／する気がない、などの実態を具体的に暴露している。震災後のレイプ被害者の急増は、復興が女性や少女の安心安全、ニーズや権利につながっていない傍証であり、その大きな理由は、復興支援活動を監視、報告する効果的メカニズムの欠如にあると、報告書は強調する。

◆埋め込まれた脆弱性と女性　ハリケーンの来襲を含め、ハイチの震災復興を遅らせているのは、歴史的、構造的に埋め込まれてきた政治、経済、社会の脆弱性である。それは、ハイチがあるイスパニョーラ島の東 3 分の 2 を占める隣国、ドミニカ共和国と著しい対照を成す。そこにはハイチの歴史が深く関係している。

ハイチは、1804年、フランス革命中におこった黒人奴隷の反乱から独立を果たした、世界初の黒人共和国である。だが、独立承認と引き換えにフランスへの巨額の賠償金を抱えて経済は低迷し、第一次世界大戦中の米軍占領（1915-34）以降、アメリカへの依存度を強めた。1957年から30年近く続いたデュヴァリエ父子による独裁政権下では、経済政策の失敗で、首都への人口流出と密集化を加速させた。失業率 7 割の首都に職を求めて流入した人々の大半は水道設備もない丘の中腹で暮らし、森林を伐採して家庭燃料としてきた。かくして森林破壊は急速に進み、鉄砲水や土砂崩れの要因ともなった。

地理的、歴史的に創られたハイチの脆弱性は、家父長的価値観に基づくセクシズムと重なって、独裁政権崩壊後も女性の政治的自由、経済進出を阻害した。1990年代以降、ハイチでは環境改善のための国際支援プログラムが数多く実行され、多額の資金が投入されたが、成果はほとんどあがらなかった。地元住民、とりわけ女性の参加を引き込めなかったからである。

一方で、レイプや人身売買、子どもとその母親を標的とした身代金目的の誘拐が日常化していた。そこにおこった大地震——それは文字通り、人災であった。

◆不法滞在・不法移民の中の女性と子ども　復興半ばの2018年 8 月、マグニチュード7.2の地震が再びハイチ南西部を襲った。2000人を超える死者、家屋や学校、医療施設の倒壊により、被災者は80万人を超えた。二つの震災以後、判断力を欠いた政府によって復興資金が先進国の業者に還元される事態がおこり、現地では被災地に向かう復興関連車両への武装攻撃や略奪行為が絶えず、その結果、ハイチからアメリカへの不法滞在・移民が急増した。アメリカ国土安全保障省によれば、2021年 9 月までにテキサス州のメキシコ国境付近で 1 万4000人余りのハイチ人が拘束され、半数以上がハイチに強制送還されたと言う。ユニセフ（国連児童基金）によると、送還された 3 分の 2 が女性と子どもであった。二度の震災ですべてを失った彼女らは、カンテと呼ばれる簡易船で海を渡り、わずかな希望をアメリカにつなごうとしたのだろう。

不法滞在の女性や子どもは人身売買や性的搾取に晒されるリスクが高く、文字通り、脆弱な存在である。だが、ハイチに戻された彼女らを待っていたのも、同じ運命でしかなかっただろう。どこまでも続く悪循環を断つにはどうすればいいのか。女性のエンパワーメントにその脆弱性克服の鍵があることは間違いなさそうだ。（井野瀬久美惠）

▶参考文献

ポール・ファーマー（岩田健太郎訳）（2014）『復興するハイチ——震災から、そして貧困から、医師たちの闘いの記録 2010-11』みすず書房

ジャレド・ダイアモンド（楡井浩一訳）（2005）『文明崩壊（上・下）』草思社

浜忠雄（2023）『ハイチ革命の世界史』岩波新書

コラム⑭　廃棄物の越境移動

◆リサイクルの先に　使い古しの家電や PC を回収業者に出すと、それがどこでどうリサイクルされているか、ご存じだろうか。個々の部品がすべて細かく分別されて、燃やすべきものは燃やし、再回収・再利用すべきものはそうする―先進国でこれが徹底していれば、廃棄物の越境移動はおこらない。

廃プラスチックでみると、2017年末の中国の輸入禁止措置以降、日本は、マレーシア・タイ・ベトナムを主な輸出先としてきたが、こうした国々でも、段階的な輸入規制が始まった。また、有害廃棄物越境移動を禁じているバーゼル条約でも、2021年から改正付属書が発効し、「リサイクルに適さない廃プラスチック」を輸出する際は事前に相手国に通告して、同意を得ることが必要になった。日本のプラゴミはいよいよ行き場を失いそうだ。

でも、廃棄物の越境移動は続いている。なぜか。

中古品または金属スクラップとみなされれば、廃棄物はバーゼル条約で規制されない。そうした「中古」が、輸入された国で「中古」として使用されるのではなく、その中の「有価物」だけを取り出すために、壊され、燃やされ、溶かされ…そして不要物が無造作に捨てられる（あるいは法整備が整わない別の国に輸出される）。

電子廃棄物（バッテリーや電子回路を搭載している製品のごみ）の統計によると、世界全体の発生量は2019年では5,360万トンで、5年間で21％増加。そのうち回収とリサイクルの対象となったのは17.4％（残りは記録がなく、おそらく不適切なルートで処分）。非正規に処分されている廃棄物には、水銀が推計50トン含まれ、また臭素系難燃剤を含むプラスチックは約71,000トンにも達していた（Global E-waste Monitor 2020）。

◆危険物の手作業処理　社会経済的、文化的、生理的な要因のため、女性は化学物質や廃棄物による汚染の有害な影響を受けやすい。

インドネシアでの調査によると、多くの国で、家庭ゴミを居住地周辺で野外焼却を含む処分にあたるのは主として女性であり、その慣習が越境移動してきた廃棄物処分の労働にも反映される。しかし例えば電子廃棄物は、部品の分解、洗浄、選別など、本来は、危険な溶剤の処理を含む管理された工程（例えば保護具を付けるなど）が求められる専門職だ。が、実際は、解体、野焼き、金・銅などを回収するための酸浸出などが手作業で（汚染や曝露への規制もないなかで）、一般の女性や子どもによって担われることが多い（手が小さくて器用、という物理的な理由もある）。中国、インド、パキスタン、マレーシア、タイ、フィリピン、ベトナム、ガーナ、ナイジェリアなどではリサイクル業者として雇用されている人も多い。彼らが多種類の有害物質に慢性的にさらされているだろうことは容易に想像できる。

◆女性への健康リスク　そうした作業での曝露で、自身の健康、妊娠・出産、そして化学物質の胎児への移行を通じて（発達障害などをもたらす可能性もあるため）子育てでも、さまざまなリスクを気づかぬまま負うこととなる。女性を所得、教育、技能・知識の低いレベルにとめ置く状況があれば、廃棄物処理労働はさらに彼女らを不利に追い込むことになる。

電子廃棄物処理場に近い家庭から収集された米とほこりのサンプルには、最大許容濃度のほぼ2倍の鉛、カドミウム、および銅が含まれていた、電子廃棄物場の母親の母乳にはダイオキシンなどの濃度が高いといった報告も後を絶たない。「子どもを含む1500万人の人々が環境を汚染する廃棄物で生計を立てる以外に選択肢がほとんどない」と New Internationalist 誌は指摘している。

先進国の「ごみ」が、途上国では経済的には「有価物」として流通し、回収業者を通じて小規模の（法令がないか、あっても違法に営業できる）リサイクル業者に至っている、という現状がある限り、劣悪な条件での労働は途上国からはなくならず、環境汚染ととりわけ女性への健康被害は拡大するだろう。（上田昌文）

▶参考文献

Laure Poinsot (directing) (2017) What Has Gender Got to Do with Chemicals
https://youtu.be/CeYj50Hlb8Q
Kelsi Farrington (2018) "Dirty Work: a Photo Essay," New Internationalist, 516
https://newint.org/features/2018/11/01/living-from-waste

2）環境破壊

③女性は公害をどう経験し何を問うたか

🔍【読】日10−8

　　◆**公害・環境汚染と女性の心身**　環境汚染の影響は、未知の身体経験として現れる。近現代日本が引き起こした公害では、事件化以前の兆候として、死産、流産等が増加した例が複数ある。熊本水俣病事件❶では、有機水銀が妊娠中の女性の胎盤を通過して胎児に影響を与えた（胎児性水俣病）。患者らは1962年まで脳性小児まひと診断されていたが、母親らの経験と証言が医学的発見の重要なヒントとなった。一方、1965年に第二の水俣病が起きた新潟県では、行政が胎児性水俣病の「危険性を回避する」道を選択し、毛髪水銀値等を指標に妊娠・授乳規制や中絶指導を行った。実際に人工妊娠中絶や不妊手術を受けざるを得なかった女性たちは深い悔恨を抱えた。被害解明の努力が、他方で、障害を否定する優生思想につながり、女性の身体への介入を推進した事実は重い（野澤 2020）。環境汚染による被害の度合いや現れ方は、生物学的性差のみで規定されるわけではないが、例えば農村部の経産婦に多い「業病」と長く誤解され、病因解明が遅れた富山イタイイタイ病など、性差別の存在によって心身の被害が増幅する局面があることは見過ごせない。

　　◆**ジェンダー規範からの自由？**　1950-70年代にかけて日本各地に生起した多様な公害・開発反対運動においては、女性も多く行動したことが知られる。なかでも、北九州市で公害実態を調査し、環境改善の一役を担った地域婦人会のように「母親」の立場からの運動は強いと形容され、臼杵市ではセメント工場反対のための漁村女性の体を張った行動が「かあちゃんパワー」と持ち上げられた。けれども、女性たちの抵抗は、彼女らのジェンダー規範からの自由を意味しない。集会などが持たれる際、食事の支度や雑用を負担するのは女性が多かった。母親（「嫁」）が運動のために家を空け、人前で目立てば、家庭や地域コミュニティからの無理解や冷遇とぶつかった。1人1人の内面に精神的自立に向けた葛藤があったと推測される。

　　◆**あたりまえのことをあたりまえに**　火力発電所の増設に疑問を持ち、1970年に愛知県で「渥美の公害勉強会」を始めた北山郁子（1926-）は、「運動のなかの女」と「女としての運動」の両方の問題を思考し、記録している。北山は1949年、産婦人科医として、同じ医師の夫とともに渥美町に移り住んだ。「先生の奥さん」としてしか

扱われない中、懸命に家事、育児をしながら、一人前に仕事をしたいという気持ちを抑えかね、自分が「からっぽのように」なっていた時期があった。しかし、沼津市の西岡昭夫（1927-2015年）による住民学習会を軸にした石油コンビナート建設反対闘争を知ったのを機に、四日市市や尾鷲市へ足を運び、スライド映写や座談会などを通じて、夢中で地域の人々とのコミュニケーションに身を投じていった。公害という悪とのたたかい、といった命題ではなく、1人の人間として「あたりまえのことをあたりまえに言いたい」という願いが北山を動かしていた（北山 1985）。

◆**叫びが揺さぶるもの**　公害をめぐる運動は、女性たちが、ふだんは内に秘めている思いを社会に対して表現する機会にもなった。水俣市出月の浜元フミヨ（1930-2002年）❷は、加害企業チッソの株主総会で、社長らの面前に両親の位牌を突きつけ「親がほしいっ」「わかるか、おるがこころ」と叫び、また東京本社では「人間は、なんのため生まれてきたち思うか！」と声を張った。それは一時の激情ではなく、企業幹部らに直に会える数少ない機会に向けて予め「狂うてきようと」思い定めての行動だった。だが幹部らは、自社の存続を第一の関心事とするふるまいに終始し、被害者らと正面から相対することはなかった。これは過去から現在にいたるあらゆる公害事件に共通の構図として残る。浜元が、社長の「二号」でもよい、水俣病のせいで愛も恋も知らぬまま四十路を越した自分の一生の面倒をみよ、と迫った言葉は、組織人が身につけた他者への無感覚を揺さぶろうとする身を賭した挑戦であり、人間と人間の対等な関係を強く求めるものだったと言えよう。（友澤悠季）

---

❶ チッソ株式会社（現 JNC 株式会社）が水俣湾へ排出した工場排水中の有機水銀化合物が、食物連鎖を通じて生物の中枢神経を侵し、多数の死者・患者を出した事件。病気発生を保健所が把握したのは1956年だが、チッソは操業を続け、65年には新潟県阿賀野川流域でも発生した（昭和電工株式会社鹿瀬工場による新潟水俣病事件）。有機水銀中毒症の発生は、他にもカナダの先住民居留区など複数の地域で確認されている。現在でも、多種多様な慢性症状に悩まされる人は万単位と推定されるが、なんら金銭的手当てもなく、心身の不調に耐えながら人生を送っている人々の存在を永野（2018）は伝える。

❷ 熊本水俣病第一次訴訟原告の一人。水俣病がまだ伝染病と誤解されていた1956年に父、母、弟が発症、父は入院2週間で死去。自身も水俣病の症状を抱えつつ、退院した母（1959年に死去）の介護と、祖母と弟妹二人の生活を一手に引き受けたため、自身の縁談は断らざるを得なかった（石牟礼編 1974：石牟礼編 2005）。

▶**参考文献**
永野三智（2018）『みな、やっとの思いで坂をのぼる─水俣病患者相談のいま』ころから／石牟礼道子編（1974）『天の病む─実録水俣病闘争』葦書房／北山郁子（1985）『女医の診察室から─渥美半島に生きて』労働教育センター

写真：1970年11月28日、大阪で開かれたチッソ株主総会での浜元フミヨと江頭豊社長。（撮影：河野裕昭）

2）環境破壊

④バングラデシュの飲料水ヒ素汚染

◆井戸の普及とヒ素公害　バングラデシュ農村部の飲用水源である井戸のヒ素汚染が問題となって久しい。地下30-50mから揚水する手押しポンプ式管井戸が普及する前、ガンジスデルタでは池や川の水などの表層水が利用され、身近な水辺に水を汲みに行く役割は女性が担っていたとされる。しかし、1971年の独立戦争後、コレラや水系感染症の原因とされた表層水利用に代わり、井戸が国際機関、政府、NGOによって推奨されるようになる。当初は「鉄の味がする」と好まれなかったと聞くが、80年代に入り掘削費が低下すると普及は加速。90年代終わりには97%の人が「改良された水源」にアクセスできるようになった。筆者はこの頃に農村部で「早く井戸を掘らないと息子の嫁が見つからない」と適齢期の息子を持つ母親が話していたのを記憶している。井戸は衛生的で便利な生活を営む家庭のステータス・シンボルとなっていた。

　ところが、1993年に井戸の水から初めて飲用基準を超えたヒ素が発見され、その後の全国調査で3500万人がヒ素に曝露していることが明らかになった。発がん物質であるヒ素を長期間摂取すると、皮膚、呼吸器、消化器、循環器など全身に症状が現れ、死に至ることがある。バングラデシュ政府が把握する患者数は約6万人だが、慢性的なヒ素摂取に関連した死は毎年4.3万人とする報告もある。ヒ素問題の原因は工業用水など人為的なものではなく、地層に含まれる自然由来のヒ素の存在に気づかずに飲用したことにある。井戸は感染症予防に貢献したが、ヒ素公害という別の問題を招いた。

　◆性差で見るヒ素の健康被害　ヒ素による健康への影響を男女別で見る場合、水利用習慣に着目する必要がある。女性にとって不利に働いたのは、社会規範パルダ（カーテンの意）を守り、外出をあまりしない女性にとって、身近な井戸が唯一の水源になった点である。その井戸が高濃度のヒ素を含んだ場合、慢性ヒ素中毒症を発症するリスクは高い。逆に女性に有利に働いたのは、女性は男性と違って井戸から汲んだ水をその場所で飲むことはなく、汲み置いた水を飲む習慣を持つことだった。ヒ素は鉄と共沈する性質があり、上澄みを飲めばヒ素摂取量を減らすことができる。この習慣が女性の健康被害を軽減したと言われた。他、結婚による水源変化など、さまざまな要因が絡み合うため、ヒ素による健康リスクそのもので見た場合、女性

に偏るとは言えない。ただし、罹患した場合の負荷は、女性、殊に周辺化された地域に住む貧困家庭の女性に、より大きく出たことは間違いない。女性は単独での外出が困難で、金銭労働に従事していないことから正規の医師による診断や適切な治療を受ける機会を逃しやすい。慢性ヒ素中毒症が世に知られる以前は奇病として差別的に扱われ、離婚の原因や結婚の障壁になるなど社会的不利益は大きかった。

◆**ヒ素対策の開始と教訓**　全国規模のヒ素対策が開始されたのは1998年である。水道普及率が低い農村部では、コミュニティ単位で糞便汚染もヒ素などの化学物質の汚染もない小規模給水施設（代替水源）を確保することが求められるようになった。代替水源としては、池などの表層水を浄化した水、雨水、ヒ素汚染リスクが低いと言われる深井戸（100-300m）、ヒ素を除去した井戸水の4種類がある。政府機関やNGOの支援を受けたとしても、代替水源を安全かつ持続的に利用することのハードルは、村で暮らす人たちにとって高かった。2000年以降、急ピッチで代替水源建設が進んだが、さまざまな要因から不使用になる水源があった。その一つがパルダの習慣である。井戸の普及により水汲み労働から解放されていた多くの女性たちは、再び共同水源までの水汲みの役割を担うことになったためである。男性や外部者が代替水源の設置場所として公共性の高い往来や市場を選定しても、人目につく場所が水汲みを担う女性にとって行きやすい場所とは限らず、利用されなくなるケースがあった。代替水源の利用を持続可能なものにするためには、計画段階からの女性の意思決定への参加が重要であることを教えられた。

◆**ヒ素問題克服のカギを握る女性**　バングラデシュ政府や国際援助機関はヒ素汚染率が高い地域を優先に水供給を進め、2016年までに約100万基の代替水源を設置した。家庭用フィルターも種類・価格帯ともに幅広く入手可能となり、ヒ素のリスクを避ける意識は確実に広がってはいる。

しかし、2019年の政府調査によれば、1割程度の世帯が基準値を超えたヒ素を含む水を利用している。持続可能な開発目標SDGsの指標である「安全に管理された水」つまり「糞便汚染もヒ素汚染もない水を敷地内でいつでも得られる」世帯は4割に止まる。敷地内に水がない世帯は全体の2割を占め、このうち9割が「水汲みは女性が担当」と回答した。

ヒ素問題克服と公平な水アクセス達成のカギは、女性が主体的に公的支援や民間が提供する製品やサービスを選択・活用できる環境づくりにある。（石山民子）

▶**参考文献**

松村直樹（2017）「バングラデシュの砒素汚染——岐路に立つ古く新しい課題」大橋正明・村山真弓・日下部尚徳・安達淳哉編『バングラデシュを知るための66章』明石書店
谷正和（2005）『村の暮らしと砒素汚染——バングラデシュの農村から』九州大学出版会

3）核とジェンダー

①3.11が明らかにしたこと
―震災・原発事故とジェンダー

Ⅲ-4-3-②　🔍【読】日9-7, 日10-10, 日10-16

◆災害の規模・被害とジェンダー　2011年3月11日に発生したマグニチュード9.0の東北地方太平洋沖地震とそのあとに襲来した津波により、東北地方を中心に北海道から神奈川県に至る太平洋沿岸部及び関東地方の内陸部に及ぶ広い範囲にわたって甚大な被害が発生した。さらに福島第一原子力発電所の事故は、放射性物質の拡散による将来にわたる損害を与えている。2021年3月現在、死者15900人、行方不明2525人。死者の90％が津波によるものだ。内閣府男女共同参画局が2012年にまとめた結果によれば、もっとも被害の大きかった岩手、宮城、福島3県の死者の60％以上が60歳以上であり、女性が男性よりも約1000人多い。さらに、女性の犠牲者の4分の1が80歳以上であり、高齢女性の被害が大きかった。また、復興庁によれば2021年3月の時点における震災関連死者は3774人。半数以上の2319人が福島県の報告によるもので、原発事故の避難区域がほとんどを占めている。事故直後の混乱の中での病院の機能停止や避難所への度重なる移動のストレスの影響が顕著だ。この中には、家族を失いそれまでのコミュニティと切り離され健康を損ねたり、自ら命を絶ったりした例も含まれる。また、岩手、宮城、福島の3県の被災者のうち誰にも看取られずに亡くなる「孤独死」は2011年から2020年までの10年間で614人となった。仮設住宅での生活から災害公営住宅（復興住宅）へと移転が進むにつれて、増加している。このうち性別を公表している自治体の集計では、男性の方が女性の2.5倍である。高齢者の割合が高いが、65歳未満も3割強となっている。

◆被災後の社会とジェンダー　災害時の避難所における女性の生活環境が問題になったのは1995年に発生した阪神・淡路大震災以後である。東日本大震災においても避難所の運営がほぼ男性によって占められており、プライヴァシーの確保の困難や女性からの要望が無視されるといった問題が生じた。さらに、災害時のストレスによるDVの増加や、プライヴァシーが確保されていない環境での性暴力の実際の被害や不安感などの問題は、十分考慮されたとは言えなかった。2013年には東日本大震災女性支援ネットワークが「災害・復興時における女性と子どもへの暴力」に関する調査を実施しており、後継の組織である減災と男女共同参画研修推進センターのサイトから入手できる。

　この問題の解消には、各自治体の防災会議の女性メンバーの増加が必要である。しかし、2020年度に行われた東日本大震災の主な被災自治体42市町村での調査でも、全体に占める女性委員の割合は8.5％、女性の委員のいない自治体が12に上る。一方、岩手県釜石市のように、2010年度には女性委員がゼロだったが、2020年には全体の3分の1以上を女性が占めているという自治体もある。2015年に仙台で開催された国連防災世界会議で採択された防災指針で、女性は「防災や復興の主体」と位置付けられており、今後いっそう女性のリーダーが活躍できる環境を整えていくことが求められている。

　◆女性による反核運動と原子力「平和利用」への期待　日本での原子力開発は当初から政策主導で実施された。1954年3月に可決した年度予算に原子力予算が盛り込まれたのだ。一方、同年3月1日に実施されたアメリカ合衆国によるビキニ環礁における水爆実験は、立入禁止区域外で操業していた日本のマグロ漁船第五福竜丸に重い原爆症による犠牲者を生んだ。この事件の衝撃による反核運動は、東京の主婦グループによる原水爆禁止を求める署名運動をきっかけに、全国に広がっていく。8月には原水爆禁止国民大会が開催され、9月には原水爆禁止日本協議会が結成される。国際的に見ても、一般市民による反核運動の嚆矢と見ることができる。しかし、その一方で、当時はまだ原子力発電の持つ放射線被曝の可能性は想定されていなかった。翌年の第一回世界母親大会は平塚らいてうらによる「原水爆禁止」のアピールをテーマとした大会だったが、そこでは同時に「原子力の平和利用」が主張された。この時代、日本の女性運動も女性の家事労働の負担軽減につながる電力供給源としての原発に希望を持っていた。当時はまだ家庭用家電として国産の電気洗濯機や冷蔵庫が高価であり、一般家庭に普及する以前の状況だった。

　◆反原発運動のたかまり　日本の商用原子力発電所の営業運転開始は1966年、日本原子力発電の東海原子力発電所による。それ以前から反原発運動は地域住民運動として散発的に展開しており、1964年には中部電力の三重県芦浜原子力発電所立地計画が、地元の漁業者や住民の猛烈な反対運動の結果、撤回されている（その20年後に原発誘致問題が再浮上する）。1970年頃から、各地の反原発運動がさらに活発になる。そこには1960年代後半に深刻化していた公害問題に対する環境意識の高まりとの連続性を見ることができる。1970年には新潟県柏崎刈羽原発誘致に対して、地域の女性たちが激しい反対闘争を行なった。1974年に原子力船「むつ」の放射能漏れ事故が報道されると、消費者団体や労働組合が反原発運動に参加していく。

　しかし、反原発闘争の広がりは既存の団体に所属していなかった個人によるところが大きい。女性であるがゆえに抑圧されてきた各個人にとっては、自己主張の契機だったと言えるだろう。これは1970年を境に浮上してきた日本におけるフェミニズム

運動と、反原発運動が思想的に根底でつながっていることを意味する。1978年には大阪で「女の視点で」原発を考えることを目指した「何が何でも原発に反対する女のグループ」が発足する。翌1979年に発生したスリーマイル島原発事故以降、各地で住民運動がさかんになる。この時点で、原発の新たな誘致は困難になった。その一方で、1985年に青森県は核燃料サイクル基地の受け入れを表明するなど、核関連施設の特定地域（ほかに新潟県、福井県、福島県など）への集中が見られるようになる。その結果、原発の存在は都市住民の視野からは遠ざかるものとなった。その反面、1986年のチェルノブイリ原発事故は、食品の放射能汚染を通して、核の問題が地球規模の汚染を引き起こすことを全国の消費者に突きつけた。放射線の被害が大きいとされる幼い子どもを持つ母親たちはとくに強い懸念を示した。1980年代後半以降、それまで政治的な活動とは無縁だった人々、とくに主婦を中心としたニューウェーブと呼ばれる反対運動が加速する。運動は各地の核関連施設の事故や検査のたびに勢いを増した。

　2000年代に入ると、原発新設の動きにブレーキがかかる。各地の地道な反対運動の結果、芦浜、石川県珠州、新潟県巻町などでの計画が中止に追い込まれた。背景として1990年代の電力需要の低迷も指摘できる。しかし、すでに運転を開始している原子力関連施設は、訴訟を含めた反対運動によっても運用中止には至らなかった。2000年代には相次ぐ事故・災害による運転停止の結果、54基ある原発の稼働率は60％台にまで下がっていたが、それでも、2010年の国内の発電電力量（約1.8億kWh）に占める原子力発電の割合は、30.8％だった。一方、1980年代から提唱されていた再生可能エネルギー開発は停滞を続けていた。

　◆福島第一原子力発電所の事故と避難生活　2011年3月11日に発生した東北地方太平洋沖地震とその後の津波により、福島第一原子力発電所は全電源喪失に至った。大量の放射性物質が飛散したことにより、避難した住民は16万人以上に上った。事故直後に正確な情報が伝えられなかったため、当初避難指示の出ていなかった場所（風下の地域など）で被曝した住民も少なくない。放射性物質による汚染は風下の東京都内にまで及んだ。東京都は乳児に水道水を飲ませないように呼びかけ、ペットボトルの水を配布した。原子力災害対策本部の指示により、葉物野菜や原乳の出荷制限が行われた。主として市民による自主的な計測の結果、福島県の外でも放射線量の高い「ホットスポット」が多数見つかった。

　この状況で、とくに乳幼児を抱えた家庭では、避難指示区域外であっても、より安全と思われる地域へと「自主避難」した例が少なくない。「自主」的に避難したとされるため、定期的な補償はなく、夫だけを自宅に残し母子で避難した家族の中には

経済的に困窮する例も報告されている。避難しなかった家庭でも、子どもの外遊びを制限し、食材に気を使うなどの負担の多くは母親にのしかかった。消費者の食品に対する不安は大きく、国は2012年、食品中の放射性セシウムの基準を大幅に厳格化した。

◆脱原子力発電に向けて　2012年から2015年まで約3年間、再検査などにより国内の原発はほぼ操業停止となった。2013年、原発廃止を訴える活動は脱原発を求める約838万筆の署名を衆参両院に提出したが、当時の安倍内閣は受け取りを拒否した。2015年に鹿児島県川内原発が再稼働し、2021年7月現在10基が稼働中(うち1基は停止中)である。しかし、2019年度の発電量に占める原子力発電(9基)の割合は6.2%であり、原発に依存しなくても生活に支障をきたさないことが示されたと言える。廃炉や事故対策を含めた見直しでコスト面でも安価とは認められなくなり、日本原子力文化財団による2020年度世論調査でも原発の比率を「増やす」「現状維持」を支持する割合は、男性14.9%、女性は5.6%だった。

◆エネルギー分野における女性研究者・エンジニア　2019年の男女共同参画学協会連絡会による調査では、日本原子力学会の会員約6500名に占める女性の割合は4.6%である。原子力学会の研究者は医療分野など多岐にわたるが、エネルギー分野に限れば原子力発電に関わる女性技術者はきわめて少ない。2011年3月11日に福島第一原子力発電所の構内でエンジニアとして勤務していた女性は1名のみだった。原子力損害賠償・廃炉等支援機構では2019年に女子中高生を対象とした女性研究者との国際的な交流会 Joshikai in Fukushima を開催するなど、廃炉研究も含めた原子力領域の女性研究者・エンジニアの育成を目指している。

　一方、日本エネルギー研究所は2017年の報告で、国際的に見た場合、再生可能エネルギー分野においては従来のエネルギー分野に比べて女性の管理職・技術職の比率が高いことを示している。環境エネルギー政策研究所は、2020年の全発電電力量における自然エネルギーの割合は20.8%と推計しており、今後は再生可能エネルギーの比率のさらなる向上が、ますます課題になっていくだろう。(戸田山みどり)

▶参考文献

青木美希(2021)『いないことにされる私たち─福島第一原発事故10年目の「言ってはいけない真実」』朝日新聞出版社

加納実紀代(2013)『ヒロシマとフクシマのあいだ─ジェンダーの視点から』インパクト出版会

西尾漠(2019)『反原発運動四十五年史』緑風出版

> **問い**　①女性が防災や復興の面で指導力を発揮することによってどのような効果が期待されるか、考えてみよう。
> ②日本で再生可能エネルギーの比率が低迷しているのはなぜだろうか？　ジェンダーの観点から考えてみよう。

3）核とジェンダー

②核の表象・核の現実

📖 Ⅲ−3−3−①, Ⅲ−4−3−①　🔍【読】日10−10

◆**広島・長崎への原爆投下ときのこ雲の表象**　米国による広島・長崎への原爆投下後、米政府・軍は破壊力を示すきのこ雲や廃墟の写真・映像は積極的に公表するが、人への影響を示す写真・映像は公表しなかった。1946年ビキニ環礁での戦後初の原爆実験も、原爆の威力を示すため、世界中からジャーナリストや要人を招待して実施された。ビキニ環礁の住民は退去させられた。実験は3回計画されたが、2回目の実験の放射能汚染が顕著であったため、3回目はキャンセルされた。

　その一方で「核の表象」と「女性の表象」とは融合されていった。女性用のツーピース型の水着には、ビキニ環礁での実験が与えた衝撃から「ビキニ」と名付けられた。また現在も米ラスベガスにある原爆実験博物館などでは、きのこ雲をまとった「ミス　アトミックボム」のマグネットが販売されているが、それは1957年の核実験シリーズ・プラムボム作戦のころのコンテストで選ばれた女性の写真をもとに作られたものである。

　「ビキニ」は水着の意味として世界中に共有され、「きのこ雲」はその下でおこった惨状が隠されることによって「パワー」を示す表象としてよく使用された。その一方、核による汚染問題・被ばくしたひとの存在は世界中には共有されなかった。

◆**「生き残りはあなたの仕事」―核戦争に動員される家庭**　1950年に米国で民間防衛用に配布されたパンフレットは、広島で半分近く亡くなったことよりも、生き残ったことを強調し、放射線の影響を軽視した説明をしていた。1954年3月1日のビキニ水爆実験の放射性降下物による第五福竜丸の被災が報じられたが、1955年2月にようやく米原子力委員会は放射性降下物の影響について発表した。1955年5月にネヴァダ核実験場で民間人や報道陣を招いて、民間防衛目的の核実験を実施した。そして「生き残りはあなたの仕事」と、今度は放射性降下物に対応した家庭用核シェルターを市民自ら購入するよう促すプロパガンダが実施され、一般家庭が核戦争への準備のために動員された。

◆**原発からの避難**　2011年3月11日の東日本大震災による東京電力福島原発事故後、政府は、国際放射線防護委員会（ICRP）2007年勧告の緊急時の基準に基づいて、

一般人の被ばく線量の上限を年間20mSvに引き上げた。1990年のICRP勧告に基づいて日本の法令に反映されている一般公衆年間1mSvから、その20倍に引き上げられたのである。被ばくからの避難を求めて多くの被災者が福島原発からより遠隔地域へと避難した。その多くが被曝の影響がより強い子どもとその母親である。

　原発事故がおこった際、行政によって作られた「避難地域」以外の避難者は「自主避難者」と呼ばれ、基本的に補償はない。それまでも政治的・経済的・社会的に脆弱な立場にある女性や子どもが、充分な補償も受けられないまま、より困難な状況に置かれている。国策によって作られた原発事故による被災、その後の行政による無支援、そして健康被害の可能性と３重の核被災者と言える。

　◆核兵器禁止条約　2017年７月７日、国連で核兵器禁止条約が成立した。同条約の成立に至るまで、広島・長崎の被爆者や核実験被災者が国際会議にて訴え、多くの非核保有国である122か国が賛成して成立した。2021年１月に発効し、2022年６月には核兵器禁止条約第一回締約国会議がウィーンで開催された。

　核兵器禁止条約の前文では、「女性や女児（women and girls）に不均衡に有害な影響を与えることを認識して」と、放射線の影響が女性や女児に強いことが記された。同条約の第６条（被害者支援と環境改善）では、「締結各国は、その管轄下もしくは管理下の地域で核兵器の使用もしくは実験によって影響をうけた個人に対して、適用可能な国際人道法・人権法にのっとり、社会的・経済的状況を考慮して、年齢や性に配慮した、医療、リハビリ、および心理的な支援を含む援助を適切に提供する」と謳われているように、核被災者の人権を守り、年齢や性に配慮し、救済することが述べられている。そして第８条は、同条約の義務を執行しやすくするよう、ほかの締結国と協力すること、また援助を求め受ける権利が謳われている。

　これまで核兵器は国連安全保障理事会主導の「強者の論理」で国際会議の場で議論されることが多かったが、核兵器禁止条約においては、被害者救済と女性や子どもたちへの影響を重視した視点で、核廃絶について議論する場となった。また核兵器の使用はもちろんのこと、核による威嚇も禁じている。核によって支配されるのではなく、核からの解放を求める条約とも言える。原発については肯定的な文言の含まれる条約であるが、核被災者の視点に立つ環境・人権を守るために他の国際条約と共に活用していくことが重要である。（高橋博子）

▶参考文献

高橋博子（2012）『新訂増補版　封印されたヒロシマ・ナガサキ―米核実験と民間防衛計画』凱風社
宮本ゆき（2020）『なぜ原爆が悪ではないのか―アメリカの核意識』岩波書店
森松明希子（2020）『災害からの命の守り方―私が避難できたわけ』文芸社

4）疫病

①ペスト流行

◆**パンデミックとジェンダー**　体質や生活習慣といった個人の特性に左右されることなく、近くで生きるほぼすべての者が同じ病気にかかる現象は、古代から「流行病（エピデミック）」として医者たちによって特別な注意を向けられてきた。交易や戦争など、地域間の交流が広がることに伴い、そのような「一つの病気が同時に多くの人間を襲う」現象もまた、既存の境界線を越えて拡大することになった。現代の医学で確認されている種々の「病原体」のうち、とくに対象を選ばず感染しやすく、また急速に増殖して激しい病状をもたらす性質を持つものは、結果として広大な範囲での「死の病」の蔓延を生み出し、やがて「世界的流行病（パンデミック）」として人類を襲うようになったのである。

「個人的特性に関わらず同じ病気にかかる」という点に注目すると、「流行病」には性差が与える影響など存在しないと思えるかもしれない。しかし2020年以来の新型コロナ・パンデミックの体験を通じても、「同じ病気」が必ずしも「同一の病み方」をすべての人間に与えるわけではないことは明らかである。本項では、「同じ病気」が性差によって「異なる経験」となる場面を探ってみよう。

◆**〈女性版「死の舞踏」〉のまなざし**　ホイジンガ『中世の秋』（1919年）❶には、15世紀に出版された女性版の『死の舞踏』の紹介がある。カトリック教会の分裂とイングランド対フランスの百年戦争、そしてペストの大流行によって荒廃を極めた14世紀に人々が味わった苦しみは、15世紀のヨーロッパ各地の文芸・習俗に「死の舞踏＝ダンス・マカーブル」という特異な主題の流行を生んだ。

死を象徴する骸骨が、僧侶や王侯貴族、職人、農民という多種多様な人物像の手をひき、踊りながら、列をなして生の終末へと進んでいく。フランスで最初に出版された『死の舞踏』でも、そのような姿の男性たちが描かれている。続いて刊行された女性版の『死の舞踏』

図1　女性版『死の舞踏』（1491）

では、「多様な人物像」に「恋人、花嫁、新妻、身重」の姿も含まれていた（図1）。これは、男性と比べて描き分けられる社会的地位・職種・職階が限られており、モチーフの乏しさを補うためだろうと、ホイジンガは推察している。

◆**「黒死病」がヨーロッパ世界に与えた衝撃**　1347年、イタリア半島の南端に接するシチリア島に到着したガレー船の一団が、ヨーロッパ世界に未知の激烈な感染症・ペストを持ちこんだ。おそらく1330年代から、繁栄を誇ったモンゴル帝国で感染が拡大しつつあったペストは、当時の交易ルートに沿ってアジア周辺地域に広がった後、東西勢力の交差地点だったクリミア半島で、モンゴルと権益を巡って衝突していたジェノヴァ人たちに伝染した。血を吐きながら人々が死んでいく黒海沿岸の街を逃げ出したジェノヴァの船団は、すでにペスト菌に感染した人間のほか、この菌の元来の宿主であり運び手でもあるネズミを運んだ。これらの生物たちによって運ばれた病原体は、またたく間にフランス、神聖ローマ帝国、イングランド、および北欧や北アフリカにまで拡散した。そうしてこの病原体が引き起こす病気は、数世紀のちには、ヨーロッパ全土で「黒死病」❷と呼ばれるものになった。

◆**人口激減と社会構造の動揺**　「黒死病」は、文字通り「対象を選ばず」という印象を強く与える。ペストの大規模流行は何度もヨーロッパの各地を襲い、1350年から1450年の1世紀で、ヨーロッパの人口は半減したと推計されている（中国大陸に関しても同様の推計が存在する）。

　ペストの影響がなければ死に至る程に健康を損なう確率は低い若年層の男女が突然かつ多数失われたことは、同時代の社会に精神的・経済的ともに前代未聞の打撃を与えた。最初のペストの猛威が終息した際には、生き残った人々の間での出産数の増加により、いったん人口の回復が見られたものの、そこに再び伝染病が蔓延し、せっかく育った若者たちが死に倒れることが続いた。繰り返す「黒死病」の波は、人々を疲弊させ、既存の社会的インフラストラクチャーの機能を困難にする。働き手がいないため農産物の生産も交易も停滞し、物価は上昇する。

　労働力の不足と物品の全般的な価格上昇は、長期的にはヨーロッパ世界に社会構造の転換という重大な帰結をもたらす力を持った。土地を支配し、小作人を働かせて収穫・収入を維持しながら、豪奢な物品を購買して生活を営んでいた支配層の基盤が崩れるからである。一方で、不足している労働力を売ることができる、ペストの災いを生き延びた庶民たちには、自らの労働環境改善のための「交渉の機会」が与えられた。労働者としての環境改善・機会の拡大の恩恵にあずかったのは、働き手として従来もっとも求められていた壮健な男性だけではない。男性の不在を補う

必要から厳しい肉体労働にも女性の力が求められるようになると、女性の雇用の場が拡大すると同時に、織物業など以前から女性が中心だった職種においても、働き手を引き留めるための待遇改善が必須になったのである。

◆「死は平等に訪れる」　「対象を選ばず」来襲するペストの猛威は、確かに旧来の「個人的特性」を超えて、すべての人々の生活に影響を及ぼすものだった。そこでは、15世紀の『死の舞踏』に描きこまれていた「多彩な人物像」それぞれの社会的立場もまた、変容したことは間違いない。そもそも聖職者も王侯貴族も、農民も、職人も、ひとたび「黒死病」がその肉体にとりつけば、同じように病み、体は損壊され、最後は骸骨だけの屍となるのだと、人々は繰り返し痛感せざるを得なかったのである。信仰深い「善人」でなく不信心者が生き残ることもめずらしくない。「身分」とは何なのか、「宗教」とは、「権威」とは。これまで当然のように人間を区別してきた分類の体系が、根底から問い直される契機を、ペストの体験はヨーロッパ世界に与えたと言えるだろう。

◆骨が語る性差　ただ「対象を選ばず」ペスト菌が人間に感染するとしても、その結果としての死が、完全に無条件にすべての人間を襲ったとまでは断言できない。死の場面に刻まれた、「違い」の痕跡をたどった研究も存在している。

デ・ウィットらの考古学的研究は、中世の死者の骨から、黒死病が人々の身体にどのように影響を残したのかを探っている。この研究では、12世紀以前、初めてペストを体験した14世紀、そして「黒死病」が繰り返された後の16世紀という三つの時期に分けて、ロンドンに埋葬された遺骨が分析された。この分析から、ペスト到来の後の時期では、全体的に庶民の栄養状態が改善され、寿命が延びたことが明らかになった。ただし、それらの変化に並行して男性では全般的に身長が伸びたことが確認された一方で、女性の骨に関するデータは、むしろペスト到来以降、当時の女性たちの身長が低くなったことを示したのである。

◆死の背後にある「差異」　骨が与える情報だけでは、なぜ中世を生きていた女性たちがペスト以前の時代より小さくなったのかを説明することはできない。デ・ウィットらは仮説として、栄養状態の向上が女性の初潮を早め、彼女たちの身長の成長を止めた可能性に言及している。あるいは彼女たちは、ペスト流行後の人口回復のために、重要な出産の担い手となったかもしれない。しかし、この「より小柄になった女性たち」の生の様子を復元するには、史料も情報も不足している。

通常の時期に比べて、ペストが蔓延した期間の死亡率の上昇が、しばしば男性よりも女性において顕著だったことは、各地の教会に残された記録資料の分析によっ

て確かめられている。ペスト菌の感染や発症に対する身体的性差の直接的な影響は、現在のところ認められていない。女性の方が家事にたずさわる割合が高い社会では、ネズミなどの感染源となる動物に触れる可能性が高かったり、あるいは病人の看護を通じて罹患しやすかったりしたと推察する研究者もいるが、これらの説を実証する史料があるわけではない。「一つの病気が同時に」人々を襲ったとき、より高い確率で死ぬこととなった身体は、それまでどのような生を生きていたのだろうか。死者たちは、社会の中で自らが引き受けていたかもしれない「差異」を、自らの声で私たちに語ることはもはやできない。

◆**パンデミックが浮き彫りにするもの**　歴史学者のメイトは、「黒死病」による人口減が女性・男性の性差による就労条件の違いや、結果としての経済力に変化を与えたことを認めつつも、そこで伸長したとされる女性の経済活動への参加が、ヨーロッパ世界における性差による法的権利の制限や、家父長制度を中心とした社会的・経済的地位の体系を本質的に変えることはなかったと指摘した。既存の身分階層が動揺し、「死の前で平等な人間」への意識が高まったかたわらで、ジェンダーに基づく差異は、明確に注目され、記録に残る形で論じられることにはならなかった。「同じ病気」に関わる経験でありながら、その「語り」が圧倒的に欠けているものがある。パンデミックは、社会において認識されず、注意や気遣いから漏れ落ちるものの存在を、ときに「死」を通じて浮き彫りにするのだと言わねばならない。（田中祐理子）

---

❶ オランダの歴史学者ヨハン・ホイジンガによる中世ヨーロッパ文化史研究の名著。14-15世紀のフランスとネーデルランドにおける文化・思考の成熟を描いた。

❷ 14世紀にヨーロッパを襲った未知の流行病はラテン語で「疫病」一般を意味する「ペスティス」等の呼称で呼ばれた。「黒い病」は古来「死の病」の意で広く用いられていたが、18世紀頃までにペストを指す語として定着した。

▶**参考文献**
ジョン・ケリー（野中邦子訳）（2020）『黒死病　ペストの中世史』中公文庫
Sharon N. DeWitte, and Gail Hughes-Morey (2012) "Stature and Frailty during the Black Death: The Effect of Stature on Risks of Epidemic Mortality in London, A.D. 1348-1350." *Journal of Archaeological Science*, 39
Mavis E. Mate (1998) *Daughters, Wives and Widows after the Black Death: Women in Sussex, 1350-1535*, Boydell

問い　①『死の舞踏』に描かれた女性像から、中世フランスにおける女性たちのどのような社会的位置づけが考えられるか？
②新型コロナ・パンデミックに関わる私たちの身近な体験のなかに、ジェンダーがもたらした差異や社会的問題を見つけられるだろうか？

4）疫病

②公衆衛生と感染症

📖 Ⅰ−4−3−①、Ⅲ−4−4−①、Ⅲ−4−4−③

◆**歴史のなかの感染症**　歴史的な感染症としてすぐに名前が浮かぶのはペスト、天然痘、コレラといった世界的な広がりをもって感染拡大がおこったパンデミックと呼ばれるもの、あるいは今日 3 大感染症といわれるエイズ、結核、マラリアといった病気かもしれない。しかし激甚災害のような過去の感染症については、性差やジェンダー差について考察を可能にするような資料は乏しく、本稿では女性の妊娠や出産に関係する感染症を中心に取り上げる。公衆衛生面では先に挙げたペストはネズミの駆除、コレラは清潔な飲料水と衛生的な下水管理が感染防止の要である。結核とマラリアは再興感染症とも呼ばれ、長い歴史を有する感染症である。結核のような呼吸器系に関わる感染では環境の空気の清浄さが求められ、マラリアのように蚊によって媒介される感染は媒介害虫の防除が求められる。

◆**イングランドの公衆衛生**　人口が疎らであれば感染症は大きな脅威とはならない。人口が密集すること、すなわち都市化が進むと感染は一挙に拡大する。そして人口が稠密になるとさまざまな衛生問題が露呈し公衆衛生が問題になる。ヴィクトリア時代の衛生改革は都市化と深く結びつき、公衆衛生という用語は1830-40年代に生まれたものである。1851年国勢調査で初めて都市人口が農村人口を上回り50％を超えた（1901年には78％）。都会の貧民居住区を指すスラムという用語が現れたのもこの頃である。1854年にロンドンは 3 度目のコレラの流行に見舞われ、女性たちの間でも公衆衛生に対する関心が高まり、1857年にロンドンを拠点に「衛生知識普及のための全国婦人協会」（LSA：Ladies Sanitary Association 女性衛生協会として知られる）が設立された。中心的役割を果たしたのは、詩人のイザベラ・クレイグ＝ノックスと、後に女医として活躍するエリザベス・ギャレット＝アンダーソンで、彼女たちはともに第一波フェミニズム運動のリーダーとなった。LSA の運動の主眼は家庭における衛生意識の向上や家族の健康であり、男性主導で進められる社会インフラ整備（例えば下水道網の建設など）による公衆衛生事業の内実を高めるものであったと言えよう。

◆**産褥熱**　これは妊娠女性特有の病気で、出産後に産道の創傷から細菌感染して発熱し、消毒の概念の無かった時代には敗血症をおこして死に至る恐ろしい感染症であっ

た。第一波フェミニズム運動の思想的基盤となった『女性の権利の擁護』（1792年）の著者メアリ・ウルストンクラフトは、次女の出産後間もなく産褥熱で命を落とした。18世紀後半から19世紀半ば過ぎまで、彼女と同じ運命を辿った女性は少なくなかった。なぜ18世紀なのかと言えば、1730年代以降には出産介助の仕事に男性医師や男産婆が介入し始め、検死解剖にも従事する男性医師は病気を媒介することも少なくなかったからである。熟練の手技を売りにする産婆と違って、鉗子など道具に頼りがちな男産婆の助産は危険でもあった❶。産褥熱の原因も感染の仕組みも不明な中、防止の手立ては長らく突き止められなかった。また出産が自宅や小さな産院ではなく混み合う大規模病院で行われるようになったことも産褥熱の感染拡大の機会を増やした。大規模病院の衛生状態は劣悪であることも少なくなかったからである。当時産科医として名声を馳せたエディンバラ大学のジェイムズ・Y・シンプソンによれば、1840年前後のイングランドとウェールズで毎年3000人もの女性が産褥熱で落命していたと言う。産褥熱に関してはハンガリーの産科医イグナーツ・P・ゼンメルワイスが医師の手指の徹底洗浄を提唱することによって、根本的な原因は不明ながらも、19世紀後半から徐々に対策が取られるようになった。他方で、産婆の衰退は産褥熱感染防止以外にも避妊や中絶に関する伝統的な知識の途絶を意味し、女性の健康管理に大きな痛手となった。

◆**結核**　結核は産業革命と共に顕在化した感染症である。18世紀後半の都会の工場では蒸気機関の導入により生産性が向上して、大規模な紡績工場が各地に建設され近隣の農村から多くの女工を集めた。換気の悪い紡績工場はもちろん、蒸気機関の燃料にする石炭採掘場は粉塵が充満するさらに劣悪な環境で、呼吸器系の感染症には最悪であった。狭い坑道での採掘労働は体の小さい女性と子どもが頼りで、彼らの健康が犠牲にされた。さらに工場からの煤煙で都市の空気は淀み結核が蔓延し、1800年頃のロンドンにおける人口10万人当たりの結核による年間死亡者は約900人とも言われる❷。感染症一般を見たときには男性の方が高い罹患率と死亡率を示すが、女性の方が上回る場合、近年では過剰女性死亡率（EFM：Excess Female Mortality）❸と名付けてその原因を明らかにする研究が進められてい

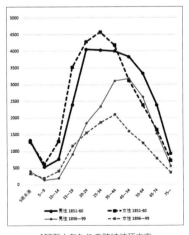

100万人あたりの肺結核死亡率
出典：S. Guha（1994）"The Importance of Social Intervention in England's Mortality Decline." *Social History of Medicine*, 7, p. 102, Table 6より作成。

る。19世紀のイングランドとウェールズを見たとき、EFM が引き起こされる二つの顕著な死因は、結核と出産とされる。出産に伴うリスクは産褥熱に限らず妊娠中毒症や分娩時の出血その他数多くある。また幾度も繰り返される妊娠出産が母体の消耗を引き起こし、結核の罹患率を高めた。図は1851-60年および1896-99年における男性と女性の肺結核による平均年間死亡率（100万人当たり）を示している。19世紀半ばで肺結核のEFM は年齢層35〜44歳まで続き、世紀末になると 5 歳未満では男児の死亡率が上であるが、5 〜19歳でEFM となっている。男女とも19世紀後半で大幅な死亡率の低下がみられる。男性の死亡率低下が鈍いのは喫煙の習慣と無関係ではない。結核に限らず死亡率の低下の原因に関しては、T・マキューンによる栄養摂取改善説で長く説明されてきたが、1980年代後半からヴィクトリア時代における衛生施策の評価が高まっている。国の立法措置による公衆衛生状態改善に向けた介入に対する再評価である❹

　◆**梅毒**　感染症の取り扱いで大きなジェンダー差があったのは梅毒である。梅毒は性的接触によって人から人へ感染する。長くアメリカ大陸起源説が有力であったが、21世紀になってコロンブス以前の遺骨から梅毒の可能性が示唆され、議論は紛糾している。16〜17世紀にはかなり急性の致死的な病であったが、病態は多少変化し長い病歴を示す病となった。1853年に始まったクリミア戦争を契機に性病の蔓延に気づくことになったイギリス政府は、1864年に伝染病法（CD法）を 3 年間の期限付きでイングランドとアイルランドの11の陸軍駐屯都市と軍港都市に適用した。同法は1866年と69年に拡大・修正が行われたが、家庭に性病を持ち込み、感染を広げる男性の買春に対する公的規制はなく、もっぱら売春婦のみが取り締まりの対象となった。こうしたダブルスタンダードに対する女性側の反発は大きく、1869年ジョセフィン・バトラーは F・ナイチンゲールの支援を受けて「伝染病法の廃止を求める婦人全国協会（LNA）」を結成した。LNA は政府を動かし、1871年に立てられた王立委員会は、おおむね CD 法の継続を支持したが女性側に課された強制的定期身体検査については廃止を主張した。政府はこれに難色を示し激しい攻防が繰り広げられたが、1869年の CD 法は1886年の立法によって正式廃止となり、感染症対策における男女の平等を求める闘いにひとまず幕が降ろされた。しかし梅毒は母子感染というもう一つの厄介な感染ルートを持ち、新生児の先天性梅毒は21世紀になっても報告が絶えない。

　◆**母子感染とフェミニズム運動**　20世紀以降に大きな問題となった母子感染の脅威について触れておきたい。風疹とジカ熱である。前者は飛沫や接触による風疹ウイルス感染によって発症し、後者はネッタイシマカによって媒介され、性行為によっても感染する。両者とも発熱、発疹を伴うが症状はそれほど重くなく致死性も低い。先に第一波フェ

ミニズム運動の始まりについて触れたが、風疹の世界的な流行と第二波フェミニズム運動の高まりは深く関わっている。1940〜41年におけるオーストラリアでの風疹流行に際し、眼科医Ｎ・Ｍ・グレッグは風疹の母子感染の結果として胎児に白内障や難聴を引き起こす先天性風疹症候群（CRS）の存在を明らかにした。風疹は1960年代前半にヨーロッパで感染爆発がおこり、1965年には全米で猛威を振るい、結果として全米各地で約２万人のCRS児が誕生した。女性たちはリプロダクティヴ・ライツを求め闘い、人工妊娠中絶に関する議論が白熱し、1973年米国連邦最高裁は中絶を合法とする判決を下した。ジカ熱の胎児への影響はさらに深刻なもので、2015〜16年にブラジルで生まれた先天性ジカウイルス症候群（CZS）の3000人もの子どもの多くは小頭症児である。風疹は今日ワクチンで予防可能であるが、ジカ熱に確実な予防法はない。蚊を撲滅するには衛生的な環境が必要であるが、ブラジルをはじめ中南米各国での実現は容易ではない。（小川眞里子）

---

❶ ゼンメルワイスによるウィーン総合病院の第一産科と第二産科の比較（感染防止対策以前）

	第一産科			第二産科		
	出産数	死亡数	死亡率	出産数	死亡数	死亡率
1841〜1846年	20,042	1,989	9.92	17,791	691	3.38

　男性産科医による第一産科は医学生の産科実習や検死解剖も行う。助産婦養成の第二産科は産婆のみによる運営。６年間の二つの産科の死亡率の差は歴然である。Ignaz Semmelweis, trans. by K. C. Carter (1983) *The Etiology, Concept, and Prophylaxis of Childbed Fever*, The University of Wisconsin Press, p.64.

❷ ロンドンに戸籍本庁が設立されるのは1838年のことであり、それ以前に十分信頼できるデータは乏しく、19世紀初めの頃における結核のリスク要因とジェンダーとの関係を定量化することは困難である。

❸ 過剰女性死亡率の概念は以下の論文が初出と考えられる。Sheila R. Johansson (1991) "Welfare, Mortality, and Gender," *Continuity and Change*, 6 (2)

❹ 1802年の工場法の段階では徒弟一般の労働時間に対する規程であったが、1844年の工場法以降は女児や女性の労働時間の規制や夜業の禁止などが盛り込まれて、健康への配慮が見られた。また1863年のアルカリ工場規制法は世界最初の大気汚染規正法と呼ばれ、公衆衛生の観点から病気の予防に大きな意義を有した。マキューン批判としては S. Szreter (2005) *Health and Wealth*, University of Rochester Press

▶参考文献
小川眞里子（2021）「感染症の科学と倫理」日本科学協会編『科学と倫理』中央公論新社
金慧昇（2020）「広がるネットワーク、広がるイデオロギー──19世紀半ば「女性衛生協会」の活動について」『女性とジェンダーの歴史』7
J. R. ウォーコウィッツ（永富友海訳）（2009）『売春とヴィクトリア朝社会──女性、階級、国家』上智大学出版

> **問い**　①性役割分担意識の観点から「女性衛生協会」の具体的活動を再評価してみよう。
> 　②ワクチンによる対処ができない先天性ジカウイルス症候群（CZS）児の誕生を生命倫理の問題として考えてみよう。

Ⅲ-4-1

4) 疫病

③マラリアをめぐる治療と予防の狭間

◆原因の解明と対策の歴史　マラリアは結核、エイズとともに世界三大感染症の一つであり、ひととの関係は古く長い。農耕の開始・普及とともに感染範囲を広げたマラリアは、ツタンカーメンやアレクサンダー大王の死因として有力視されており、レリーフに描かれたクレオパトラの蚊帳には感染防止機能が指摘される。間欠的な発熱という特徴的な症状は、古代中国・殷王朝の青銅碑文にも見られる。

　長らく空気感染する病気と考えられており、例えば「医学の父」、ギリシアのヒポクラテスは、「μίασμα（ミアズマ）」（ギリシア語で不純物や汚染を意味し、「瘴気」と訳される）と呼んだ。「マラリア」という名称は、イタリア語で「悪い空気」を意味する"mal aria"に由来し、湿地に溜まる澱んだ空気が原因とされた。マラリアが、川岸や水たまり、小さな窪みに溜まった雨水でも育つハマダラカ（メス）が媒介する寄生虫、マラリア原虫による病だと判明するのは19世紀末のことである。

　一方、南米原産のキナノキの樹皮の効能（解熱・鎮痛）は、16世紀前半に中南米を探検したイエズス会宣教師によってヨーロッパに伝えられ、1820年、樹皮から有効成分キニーネが抽出された。19世紀後半、アフリカやアジアへの植民地拡大と並行して、ヨーロッパ諸国ではキニーネの人工合成が試行錯誤され、1944年には初の合成キニーネ（クロロキン）が創られた。同時期、抗マラリア治療薬の開発とともに注目を集めたのは、マラリアを媒介するハマダラカ退治の殺虫剤DDTであった。

◆DDTとレイチェル・カーソン　DDTと聞くと、アジア太平洋戦争終結直後の日本で、チフス感染を媒介するシラミやダニの駆除のため、進駐軍が子どもたちの頭に大量散布する映像が浮かんでくる。アメリカは第二次世界大戦末期、マラリア罹患者が激増したイタリア、サルディーニャ島で大規模なDDT噴霧実験を行っており、その成功で世界保健機関（WHO、1948年設立）のお墨付きも得た。DDTは「安価で即効性があり、人体に無害」と喧伝されて、農薬としても大量散布された。

　これに強い疑念を表明したのが、海洋生物学者レイチェル・カーソンの『沈黙の春』（1962年）である。DDTのような殺虫剤で、蚊のみならず、鳥や魚、無害な昆虫までが姿を消したという「明日のための寓話」に始まる同書は、土壌に残留した

DDTが生態系を破壊すると告発した。時代は冷戦体制のもと、キューバ危機で東西両陣営の緊張が一気に高まった時期である。米ソ対立のなかで進められる核兵器の脅威を意識して、カーソンは、原爆の「死の灰」を空中散布されるDDTと重ねた。「大地への無差別空爆」というカーソンの弾劾は一大論争を呼び、彼女には「ヒステリックな独身女（スピンスター）」との罵声すら浴びせられた。

　アメリカ政府の使用禁止（1972年）でDDT規制が世界各地に広がる一方、マラリアも再流行した。蚊が耐性を得ることを危惧してDDTの農薬使用禁止を主張したカーソンに対する誤解や批判は、その後もくすぶり続けた。

　◆地域性とジェンダー格差　21世紀の現在、マラリアは予防も治療もできる病気となっている。にもかかわらず、WHOの報告では、毎年2〜5億人の罹患（2021年は2億4700万人）が推定され、多いときには100万人余りが亡くなっている（2021年は約62万人）。その9割以上がサハラ以南のアフリカ諸国でおこっており、この地域性が、幅広い注目を集めにくい一因ともなっている。言い換えれば、マラリアは、エイズや新型コロナなどの感染症以上に、その発生には貧困、脆弱な医療体制、劣悪な衛生環境が絡んでおり、そこに社会的・文化的なジェンダー格差がつきまとう。

　WHOによれば、マラリアの罹患率は女性（15歳以上）が同年齢の男性の倍以上であり、死者の約8割を占める5歳未満の子どもにおいても、女児の罹患率は男児よりも高い。妊婦の場合には重症化しやすく、合併症のリスクも高くなる。それも至極当然のこと。マラリアを媒介するハマダラカの発生は、子どもや女性の仕事とされる水汲みや家事の現場で多いからだ。さらに、サハラ以南のアフリカ社会では、そもそも女性の労働負荷が高く、そこに家庭内の育児や介護といったケア労働が加われば、感染機会はさらに増加する。根強い家父長制のもとでは女性が治療に踏み込む意志決定権は持ちづらく、しかも、発熱などの自覚症状があっても、女性自身が早期発見・治療の重要さを知らない場合が少なくない。家庭内暴力、慢性的な栄養不足による免疫低下も、女性の罹患率の高さと関わっている。

　それゆえに、マラリア撲滅には、女性たちがこの感染症の知識や情報を持つことが何よりも求められる。女子教育の確保はもちろん、予防のための啓蒙活動にもジェンダー視点が不可欠である。抗マラリア薬については、男性目線でなされてきた従来の治験を見直す性差医療が展開中である。（井野瀬久美惠）

▶参考文献

ソニア・シャー（夏野徹也訳）（2015）『人類五〇万年の闘い──マラリア全史』太田出版
橋本雅一（1992）『世界史の中のマラリア──微生物学者の視点から』藤原書店
フランク・M・スノーデン（桃井緑美子・塩原通緒訳）（2021）『疫病の世界史（上・下）』明石書店

4）疫病

④牛疫と社会経済環境（南部アフリカ）

📖 Ⅲ－2－2－①

◆アフリカ大陸への牛疫の到来　19世紀末、アフリカ大陸はそれまでに存在しなかった動物の伝染病に襲われた。偶蹄類の動物が罹る「牛疫」である。それはとりわけ牛に関して強い感染性を持つ。大陸北東部に始まった流行は1896年には南部アフリカ一帯に到達し、翌年にかけて爆発的に拡大する。当時はウィルスというもの自体が発見される前夜であり、この伝染病にも決定的な予防法や治療法が存在しなかった。地域によっては、家畜の9割が失われるほどの損失が生じ、時期を前後する旱魃などの自然災害とも重なり、深刻な飢餓を発生させた。

◆植民地政策の展開と牛疫　南部アフリカには、牛や山羊の牧畜を行う牧畜民と農耕を行いつつ牛の牧畜も行う農牧民とが暮らしていた。17世紀後半からは、入植してきたヨーロッパ人たちがアフリカ人を使役して多数の牛を飼う大規模農場を経営するようになる。1880年代以降、植民地征服が進み、鉱山開発を中心に工業化が始まるが、農業部門も依然、重要な産業だった。前代未聞の疫病が地域全体に拡がると、アフリカ人たちはそれを「白人の陰謀によってもたらされた」と捉え、他方男の入植者たちは「無知なアフリカ人が疫病を拡げている」と捉え、そうでなくとも植民地政策の展開によって深まっていた両者の対立は、いっそう先鋭化した。

　とりわけ、植民地政府が主導した対策、すなわち、家畜の移動の禁止や強制的な（開発途上の）ワクチンの接種、そして何よりも、感染の発生した家畜集団の全頭殺処分が、アフリカ人からの強い反発を招いた。ローデシアの場合のように、その反発がこの時期の反植民地蜂起のきっかけとなった例もある。

◆牛を中心とした南部アフリカ社会　南部アフリカでは、牛は、食糧（乳、肉）や労役（牛車（オックスワゴン）、犂引き）という経済生活上の意味を持つにとどまらなかった。牧畜民はもとより、農牧民にとっても、アフリカの他の地域と同じく、土地が私有財産ではないこの社会においては、牛は唯一最大の財産であり、個人の手腕によって増やすこともできる富の源泉だった。所有する牛の多寡はその人の経済的な地位を示す指標であり、最大の所有者たる王や首長は、牛を人々に分配する役割も持った。牛は成年式や葬式などの儀礼の際に屠られ先祖への捧げものとされ、

人々の精神生活においても中心的な位置を占めた。

　牛はまた、代表的な婚資でもあった。婚姻に際して、花婿が花嫁の父（や親族）に牛を贈るのである。それは、労働力であり子を産むべき女性を娶ることに対する対価であるとともに、牛の交換によって親族間の関係を安定させるものだった。さまざまな機会に牛の授受が行われる中で、女性が牛を持つことも決してめずらしくはなかった。

　◆**牛疫の社会経済的影響**　疫病そのものによるのであれ殺処分によるのであれ、牛の数が壊滅的に減少し、分配すべき牛を持たなくなった王や首長は、権威を維持することができなくなった。牛車が使えなくなり地域間の物流が止まったことも、王や首長の立場の弱体化に拍車をかけた。人々は生き残る牛に対する略奪襲撃を独断で行うようになり、集団内外の政治的秩序の崩壊に歯止めがかからなくなった。

　植民地政府はこの時期、現金による課税を導入していたから、人々は食糧を確保して生き延びるためばかりでなく、税を納めるためにも、賃労働に従事せざるを得なくなる。男たちは鉄道建設現場や鉱山での出稼ぎ労働へと向かった。婚資を支払うことも、その重要な目的の一つである。

　一方、農村においては、当座の食糧の確保のために、穀物栽培の拡大が試みられた。牛のいなくなった放牧地を農地とするにはまず耕すことから始めなくてはならないが、牛に引かせる犂を使うことはできず、古い農具である鍬が見直されることになる。鍬は、ヨーロッパ人植民者の到来で犂が普及する以前に使われていたものであり、主として女性たちが使うものであった（それゆえ、婚資として鍬が贈られる集団もあった）。男たちが都市や鉱山への出稼ぎに出ていくようになったことと相まって、農耕をもっぱら女性が担うことになる。従来、畑は女、放牧は男、というゆるやかな性別分業の上に全体としての農牧生活が営まれていたが、牛疫の流行が去り牛が回復されてからも、農村に残って農牧を営むことはもはや男の仕事ではなくなった。都市に出て現金を得る男と、自給的な生産を担う女との間には、家庭内での発言権にも大きな差異が生まれた。それはまた、出稼ぎに行く若年層の男たちと高齢者との世代間の力関係の逆転をももたらした。牛疫の流行が去り、牛の数が回復してきたとき、多数の牛を集めることができたのは、かつての王や首長ではなく、植民地政府の意を受けて首長の座につく者たちだった。

　牛疫は、すでに始まっていた植民地体制下での社会経済的な変化を一気に推し進め、ジェンダー関係を変容させる起爆剤となったのである。（永原陽子）

▶**参考文献**

永原陽子（2015）「南部アフリカ植民地の戦争と災害──リンダーペスト・旱魃・飢餓」史学会編『災害・環境から戦争を読む』山川出版社

スペイン風邪

◆**スペイン風邪とは**　国名が冠されているが、この病気の発祥国はスペインではなく、有力なのは米国説である。始まりが第一次世界大戦中の1918年であったため、戦略上の理由から参戦国では情報統制が敷かれていた。そのため、中立の立場をとっていたスペインから感染情報の多くがもたらされ発祥地と誤解された。また、「風邪」は呼吸器系炎患疾患の総称であり、特定のウイルスによる感染症であるインフルエンザと混同することは望ましくない。日本では歴史的に根付いた名称「スペイン風邪」であるが、欧文の文献では近年「スペイン」を含まぬ1918 Influenza、1918 Pandemicなどが使われる。本コラムでは1918 Fluと表記する。

◆**1918 Fluの規模**　1918 Fluの感染者数は世界で約1億人以上（一説には5億人）、死者は5000万人程と見積もられている。当時の推定人口が現在の4分の1以下（約19億人）であったことを勘案すると、それらがいかに凄まじい数値であるかが納得できよう。感染は世界規模（パンデミック）で、地域によって時期的なずれはあるが、1918年の春から夏にかけて米国とヨーロッパで第一波。同年初秋から休戦協定を挟んで第二波で、これがもっとも猖獗を極めた。1919年始めに第三波とされるが、終息は1920年までずれ込んだ。これほどのパンデミックであったにもかかわらず、「忘れられた」と形容されるのは、時期が第一次世界大戦と重なったことが、参戦国の場合の理由になろう。はじめにアメリカの状況、ついで日本の状況について述べる。

◆**1918 Fluの死者の分布**　多くの感染症で男女の死亡者数を比較すると、一般には男性の死亡率が高い。これは男性が女性に比べ外で働き感染リスクが高いという理由が示される。一般論としてインフルエンザと肺炎の死亡リスクが高いのは乳幼児と高齢者とされてきた。それらについては1918 Fluでも同じであるが、問題は働き盛りの異常な死亡率である。

図1の1917年のU字型グラフが一般型を示している。人口10万人当たりの死者者数で見ると10歳前後でほとんど死者ゼロとなりグラフは底を這っ

て40歳以上から緩やかに増大して65歳辺りで500人に達する。女性（破線）は男性（実線）よりわずかに下回る形を示している。ところが1918 Fluでは、死者は顕著に若年成人層（20-40歳）で明確な山を成している。そして男女の死亡者数にも大きな開きが読み取れる。図1は米国の統計であるが、W字型をなすのはロンドンやパリでも1918 Fluに特徴的な年齢の偏りとして注目された。要するに社会の重要な働き手が、戦争のみならず1918 Fluによっても大量に失われ、彼らに替わって女性が働かざるを得なかったのである。とりわけ戦場に兵士を送るために大西洋を横断しなければならなかった米国は、輸送船という究極の三密状態を兵士に強いることになり、船内であるいは上陸間もなく戦わずして命を落とす兵士は少なくなかった。

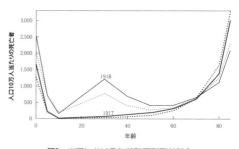

図1　米国における年齢階層別死者割合
A. Noymer and M. Garenne (2000) "The 1918 Influenza Epidemic's Effects on Sex Differentials in Mortality in the United States," *Population and Development Review*, 26 (3) 565-581より。

◆**1918 Flu時代とジェンダー**　ジェンダーに関連して言えば、1918Fluは米国の女性参政権運動の真っ只中での災禍であった。大戦による死傷者をはるかに上回る世界的な大惨事であったにもかかわらず、1918 Fluは大戦中の出来事として埋没し、国家機密であったが故に公文書から抜け落ち、歴史研究者の眼にとまりにくかったに違いない。パンデミックと女性参政権運動の両方を前面に押し出した著作はほとんどなく、参政権運動の文脈で1918 Fluが登場するのは比較的最近のことである。米国の参戦は1917年4月からであるが、婦人参政権運動グループの中には明確に参戦に反対を唱えるものも少なくなかった。そうした中で全

米女性参政権協会（NAWSA）は参政権承認を条件に参戦に協力する作戦に出た。戦時も平時も問わず暴力に抗すべきとするフェミニズムの主張とは相容れず、国民国家への包摂の論理であった点は押さえておくべきであろう。その時点では1918 Fluは想定外のことで、インフルエンザの猛威によって米国内のいくつもの都市が、外からは想像もつかぬ戦場のような惨状を呈することになった。

◆パンデミック中での女性の活躍　女性たちはマスク作りに駆り出され、男性に替わってあらゆる仕事に就いた。とくに医療分野では有効なワクチンも治療薬もない状況で、頼りは看護であり、看護婦として女性の働きに特別な賞賛が寄せられた。具体例を挙げよう。カリフォルニア大学バークレー校の1918年秋学期は戦争局の管轄の下、男女の学生に戦時科目が課されていた。しかし間もなく凄まじいインフルエンザの流行が始まり、学長ホイーラーは学生教職員全員にマスク着用を命じた。女子学生はマスク作りに動員され、一月足らずの内に2万5000枚ものマスクが縫われ配布された。女子学生部長L. W. ステビンスの指揮の下、看護活動での女性の積極的な働きは婦人参政権論者にとって、性別を理由に投票権の否定を禁じる合衆国憲法19条修正条項獲得に向けて楔として役立つことになった。

図2　1918 Flu患者の救護に当たる看護婦
（撮影地はミズーリ州セントルイス）
C. C. Blackburn et al. (2018) "How the 1918 Flu Pandemic Helped Advance Women's Rights," *The Conversation*, March 2.

◆アメリカ大統領の国会演説　1918 Fluの致死的な第二波の中、大統領ウィルソンは9月30日上院での演説で「この戦争で私たちは女性を仲間としてきた。彼女たちを苦難や犠牲を分かち合う仲間とするばかりで、特権や権利を共に享受する仲間とは認めないのだろうか」と述べ、参政権を女性にも拡大する19条修正の提案を行った。この前日にNAWSA会長C・C・キャットは、大統領に提案を促す手紙を送っていた。彼の演説が、女性の銃後の活躍のみならず、パンデミックにおける女性の奮闘に対する心からの称賛に由来することは言うまでもない。1918 Flu第三波の中、1919年5月、連邦上下両院で女性参政権を認める憲法19条修正条項は可決成立した。

◆日本のスペイン・インフルエンザ　日本での感染の波は欧米より遅れ、第一波が1918年初秋で、第二波は1年後の1919年初秋から始まった。欧米と同じく第一波の影響は小さく、第二波の感染が猖獗を極め、新聞紙面は死者の急増を報じている。第三波はさらに1年後の1920年初秋からとされる。こうした流行期間を通して死亡者数に男女差が無いことが速水によって示されている。第二波の最中の新聞の見出し「流感は男女共働き盛りが死ぬ、男は伝染の機会が多く、女は多く妊娠のため」は、感染に至る理由に男女差があること、死者の年齢傾向が欧米と同じく若年成人層であることを示している。日本では10〜30歳で女性の死亡率が男性を上回ったが、図1で見るように米国ではその年代の女性の死亡率が男性を上回ることはなかった。日本で1918Fluが忘れ去られたのは、流行終息後におこった1923年の関東大震災との関係が考えられる。建物が倒壊し、焼け野原と化してしまう災禍の体験は、人命を奪うだけのウイルスを大きく上回ったことだろう。COVID-19においても、過去のパンデミックの経験は十分に検討した上で現代に活かされなくてはならない。（小川眞里子）

▶参考文献
速水融（2006）『日本を襲ったスペイン・インフルエンザ―人類とウイルスの第一次世界戦争』藤原書店
A. W. クロスビー（西村秀一訳）（2004）『史上最悪のインフルエンザ―忘れられたパンデミック』みすず書房
A. S. Link (ed.) (1985) *The Papers of Woodrow Wilson*, vol. 51, Princeton University Press
E. Silvers (2020) "How Women Led the Battle against the 1918 Flu," *California Magazine*, Fall, Cal Alumni Association

コラム⑯

近現代日本のハンセン病

◆ハンセン病患者の性差　ハンセン病は、抗酸菌の一種であるらい菌によっておこる慢性感染症である。らい菌の感染力そのものは、しばしば強調されるほどに弱くはなく、21世紀になっても世界での年間新患数は20万人を超える。発症要因は年齢や遺伝的素因、社会経済状態、地理、環境、民族などに左右されるが、患者の性別は世界的に男性 2 に対して女性 1 の割合である。この比率は流行状況等に左右され変動するが、男女間での活動範囲・人との接触機会・衣服等の差異、診断者に男性が多いことによる女性患者の低検出傾向などに規定されていると考えられている（大谷監修2007）。

◆救済事業とジェンダー　日本では明治以降に欧米のキリスト教宣教師たちがハンセン病者救済事業を開始したが、そこには女性宣教師が多く含まれていた。中には群馬県の草津温泉で事業を展開した M・H・コンウォール・リーのように、行き場を失い困難な状況に陥った女性の救済を優先した例もある。ただし、その救済事業の保護下にある患者は男女別のホームで生活し、原則として結婚は許されなかった（廣川 2011）。

◆ハンセン病療養所の自治とジェンダー　1907年法律第11号「癩予防ニ関スル件」の下で、経済的に困窮した患者を収容するためのハンセン病療養所が国内 5 カ所に設置された。1931年法律第58号「癩予防法」では「病毒伝播ノ虞」の有無により入所が判断されることとなり、各地の療養所の収容者数は増大していった。戦後には治療薬が登場したが、1953年法律第214号「らい予防法」でも患者の収容方針は継続された（1996年廃止）。多数の患者が共同生活を送る上では自治や相互扶助が不可欠な活動として戦前期から模索された。しかし自治会の要職を占めたのは男性入所者であった。戦後に全国の入所者自治会を横断的に組織した患者運動においても男性中心の構造は継続した。その中での運動方針やハンセン病の歴史像は、基本的に男性患者の立場で形成されたといえよう。2001年に原告が勝訴したハンセン病国賠訴訟は、女性入所者が自らの経験を語る場を獲得する機会でもあった（蘭 2017）。

◆ハンセン病療養所での婚姻　女性患者は療養所自治の中では発言権が限られ、自治会の実力者や年長者が独身男女の結婚を斡旋する慣習が戦後まであったと言う。所内結婚を管理運営側の患者統制の一手段とみなし、結婚斡旋の慣習はその下で女性を男性の所有物であるかのように扱ったものであるとして、女性患者の「被害経験」と位置づける見方もある。しかし男女比の不均衡ゆえに、配偶者選択の主導権は主に女性にあったとも言われる。ハンセン病療養所におけるジェンダーのありようは、「被害」の枠組みでのみ理解できるものではないだろう。（元）患者の生活経験に即した、ジェンダー射程からのハンセン病史の再構築が研究の課題である。（廣川和花）

長島愛生園の入所者年齢構成（1936年末時点）

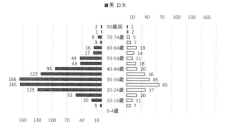

1212名　平均年齢男性33.3歳・女性35.0歳（不明 6 を除く）
長島愛生園年報より作成

（出典：松岡弘之(2020)『ハンセン病療養所と自治の歴史』みすず書房）

▶参考文献

青山陽子（2014）『病いの共同体―ハンセン病療養所における患者文化の生成と変容』新曜社

大谷藤郎監修（2007）『総説現代ハンセン病医学』東海大学出版会

廣川和花（2011）『近代日本のハンセン病問題と地域社会』大阪大学出版会

蘭由岐子（2017）『「病いの経験」を聞き取る―ハンセン病者のライフヒストリー（新版）』生活書院

第5章

科学とジェンダー

1）概論

科学とジェンダー

📖 Ⅱ－4－1　🔍【読】世1－7, 世9－7, 世11－11, 世15－10

　◆**ハーバード大学学長解任事件**　アメリカの名門ハーバード大学の教授会（人文学部・大学院）は2005年3月、ローレンス・サマーズ学長の不信任案を賛成多数で可決した。教授会に学長の罷免権限はないものの、1636年の創立以来、教授会による学長不信任案可決は初めてのこととあって、学内外に大きな波紋を呼んだ。

　話はその2ケ月前に遡る。クリントン政権下で財務長官を務めたサマーズ学長は、全米経済研究所が後援する会議で「数学・科学分野のトップレベルの研究者は皆男性である」と発言し、その理由を「女性は生まれつき数学や科学に対する適性を欠いている」と語った。この女性差別発言は会議参加者によってすぐに大学内外に伝わり、学術誌を含むメディアを賑わせた。地元紙『ボストン・グローブ』は、サマーズ学長就任後、女性の終身（任期なし）求人ポストが激減したとも報じた。

　科学、とりわけ17世紀以降の欧米で発展した近代科学が、男性中心で女性に対する偏見に満ちていたことはよく知られる。国民国家化の過程で制度整備が進んだ各国のアカデミーの多くは20世紀になるまで女性会員を認めず、「女性は男性より知的に劣る」として、性差に「科学的な」お墨付きを与えてきた。科学はけっしてジェンダー平等ではない——それは、1980年代以降のフェミニズム視点に立つ科学史研究が明らかにしてきたことである。それでも、21世紀の今なお、科学・学術の長が、本質的な知的能力の差は性差によると公の場で発言したことに驚きを隠せない。

　不信任案に抵抗したサマーズ学長だが、世論の圧力に屈する形で翌年辞任した。後任には歴史学者のドリュー・ファウストが選出され、ハーバード大学初の女性学長となったが、それで問題が片づいたわけではない。科学においてこれまで何が議論され、何は議論されていないのか。「科学とジェンダー」をめぐる過去・現在・未来を改めて問う必要があるようだ。

　◆**暴かれる科学と社会の「共犯関係」**　「科学とジェンダー」という本章のテーマは近年強い関心を集めており、アカデミア内外で、科学の（広くは近代以前の哲学に及ぶ）女性偏見を暴く啓蒙書や専門書が数多く公刊されている。その先駆者の一人、ロンダ・シービンガーは、歴史のなかに埋もれた女性科学者の発掘に留まらず、なぜ

彼女たちが埋もれていたのか、科学研究の成り立ちや展開にもメスを入れ、女性たちの科学研究の成果が父や兄弟、夫ら男性に奪い取られてきた実態や、それを黙認、容認していた社会状況を明らかにした。例えば、19世紀初頭の解剖学テクストにある女性の骨格図には、当時の社会が理想とした女性像——豊かな乳房と大きな骨盤——が反映されており、「科学の客観性」に疑問を抱かせる。科学には、家父長的で男性中心の社会・文化的価値観と響き合いながら、「女性の居場所は家庭」というジェンダー役割分担を正当化する「共犯者」の一面があったのだ。

　この科学の裂け目から見えてくるのは、ジェンダーとセクシュアリティに関する男性科学者のナイーヴなこだわりである。例えば、「分類学の父」と言われるカール・フォン・リンネは、受粉の様子を、「花びらは婚礼の床。花婿と花嫁はそこでいとも厳粛に婚礼を執り行う。床が準備されたら、花婿はかわいい花嫁を抱き、贈り物［花粉］をささげる」（『自然の体系』第2版、1737年）と記す。彼が乳房を意味するラテン語（mamma）にちなみ、ひとを含む哺乳類を「ママリア（mammalia）」と命名した背景には、乳母制度への批判、母乳による育児奨励などの意図が読み取れる。

　啓蒙主義とともに拓かれてくる未知の世界は、男性研究者の露骨な好奇心の的となった。南アフリカの先住民であるコイ人（コイサン、コイコイとも呼ばれる）の女性の豊かな臀部や性器（小陰唇）はその好例である。19世紀初めの英仏で見世物にされた「ホッテントット・ヴィーナス」ことサラ・バールトマンを公開解剖したのは、博物学者で比較解剖学の創始者として知られるジョルジュ・キュヴィエであった。

　◆**ダーウィンの性淘汰説**　19世紀後半、自然淘汰を通じたダーウィンの進化論は世界各地へと広がり、世界観や人間観をがらりと変えた。『種の起源』（1859年）で展開した動物の進化をひとに応用した『人間の由来』（または『人間の進化と性淘汰』、1871年）では、進化のプロセスで性淘汰（性選択）が果たした役割が強調されている。性淘汰とは、生存競争と関わる自然淘汰とは別に、繁殖に有利に働く形質に着目し、雄は雌に言い寄り、他の雄との競争に勝つための（クジャクの羽のような）「武器」をそれぞれに進化させてきたとする理論である。これをひとに当てはめれば、男性は、女性をめぐる競争の過程で身体的、そして知的・精神的に試練にさらされたがゆえに優れた形質を発展させた、ゆえに進化の担い手は男性、ということになる。

　だが、性淘汰にはもう一つ重要な側面がある。言い寄る雄たちのメッセージを正しく受け取り、優劣を適切に判断する雌の能力と主体性である。ダーウィンがこの側面への思考を止めてしまったのは、彼がヴィクトリア時代の価値観、女性の能力や主体性に否定的なジェンダー観に縛られていたからだろう。科学者が雌の選択能

力と性淘汰の双方向性に注目するのは、『人間の由来』公刊から100年余りが過ぎた1975年を待たねばならなかった（アモツ・ザハヴィのハンディキャップ理論）。

　進化論における性差に対して、アメリカのフェミニスト、キャロライン・ケナードはダーウィンへの手紙（1881年12月）で、「女性の置かれた環境を男性と同じにし、同じだけの機会を与えてから、女性の知的劣性を判断するように」と記して怒りを露わにした。だが当時、性差が文化的に創られると考えた科学者は稀有だった。

　その一方で、ダーウィンの進化論は、「アダムのあばら骨から生まれた」とする聖書の物語から女性を解放したとは言えるかもしれない。「イヴ」たちのなかに、「科学には科学で」と考える女性が出てきたのである。アントワネット・ブラウン・ブラックウェルは、『自然界における両性』（1875年）で、男女平等の視点からダーウィンの進化論やスペンサーの社会進化論に斬り込んだ。イライザ・バート・ギャンブルは、『女性の進化——男性よりも劣るという定説の調査』（1894年）のなかで、「男女平等は生物学的な自然の権利」だと主張した。とはいえ、それらの（当時としての）「科学性」には疑義もあり、科学のあり方や科学界に影響を与えることはなかった。

　◆霊長類研究における雄と雌　科学に女性の目が入ると何が変わるのか。われわれ（現生）人類が属する霊長類研究は、それを端的に教えてくれる。

　この領域が学問として体系化されていく1960年代、チンパンジー研究のジェーン・グドール、オランウータン研究のビルーテ・ガルディカス、マウンテンゴリラ研究のダイアン・フォシーという3人の女性先駆者がいた。霊長類のフィールドワークを重視する古人類学者ルイス・リーキーとの師弟関係から、「リーキーズ・エンジェル」とも呼ばれた。彼女たちも、研究の中心は雄の行動にあった。子孫を残す競争で攻撃的にも狡猾にもなる雄とは対照的に、雌は人間同様、「受け身で消極的で、肉体的に強力な雄に従う存在」とみなされ、観察対象とはならなかったのだ。

　これに疑義を覚えたのが、インド北西部に生息するラングールというサル（オナガザル科）の群れに見られた奇怪な現象、雄の「子殺し」に注目したサラ・ハーディであった。彼女は、それまでは雄ザルの狂気、あるいは偶発的事故とされてきた「子殺し」が、集団外の雄ザルが（自分以外と交尾して母となった）雌ザルの関心を自分に向けるための繁殖戦略であることを明らかにした。加えて彼女は、雌のラングールが「子殺し」する雄を集団で反撃するだけでなく、できるだけ多くの雄と交尾することで自分の子どもが殺される確率を低下させようとする雌ザルの思惑を見出した。つまり、母ザルに目を向ければ、雌は受け身どころか、明確な意志を持った存在であることは明らかだった。母ザルが死んだ子ザルを抱えて離さない事例は、多くの

霊長類で報告されている。

　ここから浮かぶのは、子どもから目を離さない他の霊長類に比べて、人間の世界で育児放棄などの虐待が深刻化しているのはなぜなのかという疑問である。霊長類の子育てはひとへの進化とどうつながっているのだろうか。

　今はっきりと言えるのは、「雌を無視した科学研究は不完全」ということである。

　◆アグノトロジー（無知学）　啓蒙とは蒙（暗闇）を啓くことを意味する言葉である。欧米諸国で展開した近代科学は、神への理解ではなく、人間や人間を取り巻く自然への関心と考察を深めた。合理的で批判的な精神でそれまでの因習や迷信を打破し、既存の権威を疑い抗って、新たな秩序を築こうとしたヨーロッパの18世紀は、「啓蒙の世紀」とも呼ばれる。大洋の彼方、未知の世界にくり出した人々は、出会った土地の自然や人々を「知ること」を目指し、知識量を増大させてきた。その中核を「男性中心／優位の科学」が担ったことは、すでに述べたとおりである。

　近年、先述したシービンガーが編者の一人を務めた『アグノトロジー』（2008年）をはじめ、「知ること」ではなく、「知らないこと／知らないでいること」が歴史のなかでどのように創られてきたかを考察する研究が注目を集めている。カリブ海域に自生し、妊娠した（させられた）女性奴隷が中絶に使った植物、オウコチョウの薬効がヨーロッパ諸国には伝えられなかった（＝男性医師が治験対象にしなかった）ことは、よく引かれる事例である。原爆後障害や放射線の危険性、公害への対応、食と健康や人間の身体をめぐる知識、資源の限界を無視した経済成長、情報セキュリティ関係など、アグノトロジーが網羅する範囲は実に広い。

　科学が無知をどのように創り出すのか。その意図を歴史的な文脈で捉えようとするアグノトロジーは、ナオミ・クラインが提唱した「ショック・ドクトリン（災害便乗型資本主義）」にも似て、出来事や現象を別の視点で見ることを促す。ジェンダーは「もう一つの見方」を提示するとともに、別のカテゴリーと交差しながら、無知や無関心を創り出す科学の政治性を暴くキーワードでもある。（井野瀬久美惠）

▶参考文献

ロンダ・シービンガー（小川眞里子他訳）（1992／改訂新版2022）『科学史から消された女性たち―アカデミー下の知と創造性』工作舎

アンジェラ・サイニー（東郷えりか訳）（2019）『科学の女性差別とたたかう―脳科学から人類の進化史まで』作品社

「特集　無知学／アグノトロジーとは何か――科学・権力・社会」『現代思想』2023年6月号

アモツ・ザハヴィ，アヴィシャグ・ザハヴィ（大貫昌子訳）（2001）『生物進化とハンディキャップ原理―性選択と利他行動の謎を解く』白揚社

2) ジェンダー秩序と研究・教育

①学問とジェンダー秩序

📖 II-4-3-②, III-5-2-②, III-5-2-⑥　🔍【読】世6-8, 世6-9, 世11-3, 世11-8, 日7-16, 日7-17, 日7-18, 日8-4, 日10-14

　現代の高等教育・研究における学問のあり方は、西洋世界の学問伝統にそのあり方を大きく規定されている。なぜなら、東アジア、中近東など非西洋諸国においても、近代化の過程で西洋から諸学門を輸入し、大学等の高等教育機関を設立していった経緯を有するからである。この項目では、そのような諸学がそもそもの形成過程において、各時代のジェンダー的秩序といかなる関わりを有してきたのかを概観する。また、それらの諸学のために作られた諸制度が、ジェンダー秩序の再生産にいかなる役割を果たしてきたのかについても可能な限り触れる。

　◆古典古代世界における学問の序列化とジェンダー秩序　西洋の学問伝統に影響を与えた古代ギリシア・ローマ世界の諸学は基本的に奴隷ではない自由人男性の手により作られた。女性は政治的権利を持たず、かつ知的営為全般からほとんど排除されていたからである。学問や芸術と関わったとして記録される女性は少なく、詩人のサッフォーや、アレクサンドリアのヒュパティアなどが有名である。

　古代世界における学問観の序列にジェンダー秩序の片鱗を読み込むことも可能である。プラトンは詩学（文学および歌唱と結びつく）を低く評価する一方で、数学や政治学を為政者に必要な学問とみなしていた。詩の言語は歌唱や芸術の女神（ムーサ）に連なるものであるが、哲学の言語は真理を語るものであり、その語り手は暗黙のうちに自由人男性が想定されていた。また、アリストテレスによれば哲学はもっとも自由な学問であった。それはそれ自身以外の対象や目的を持たない学知である。この特徴は自由人男性の理想とも重なりを見せる。彼らは基本的に軍事と政治を担い他者に命じる立場にあり、労働やケアはその仕事ではなかった。また、アリストテレスは哲学が普遍を扱うため、個別的対象を扱う歴史学よりも重要だとの視点を示した。この種の序列意識は、後の西洋世界における人文系学問軽視の思想的系譜に材料を与えるものとなった。

　ただし、哲学者の間では、女性の知性に関する意見は一致していなかった。プラトンは女性が全体的に男性に劣るとはみなしたものの、『国家』において女性の中にもさまざまな適性の者がいると述べて教育効果を否定しなかった。対して、アリス

トテレスやガレノスなど医療方面に影響を与えた論者は、女性の知性が男性より劣るとする言説を残して後世に影響を与えた。彼らの学説によると、女性とは体内に熱が足りないため知性が不活発であり、性器も中に引っ込んでしまった男性の一種であった。子宮は精巣に、膣は逆転した陰茎に対応するとされたのである。

◆**制度化・専門化と女性の排除(12-17世紀)**　中世から初期近代までの西洋では大学や各種の学術交流組織が発展し、後の学問分類に大きな影響を与えた。この時期の一般的な傾向としては、権威を得るような制度化と専門化が起きると女性が排除されるという現象がみられる。

中世ヨーロッパでは宗教組織が学問・研究の場となり、修道院は女性に比較的多くの機会を与えていた。詩人で教師でもあったポワチエの尼僧院長聖ラデグンディスのような学識ある人物の名が残されている。だが、12世紀になり発展した大学はごく一部の例外を除き男子のみを受け入れた。また、大学の設立にあたっては女子修道院の敷地や財源がしばしば犠牲になった。

大学のカリキュラムはアリストテレスの学問分類に影響を受けていた。教養教育にあたる下級学部❶で自由学芸七科（文法、論理学、修辞学、算術、天文学、幾何学、音楽）が、専門教育にあたる上級学部では法学、医学、神学の三学部が弁護士、医師、聖職者を育てた。下級学部は地位が低く、上級学部の中では神学部がもっとも高い位置付けを得ており権威を持った。

ごく少数ながら女性が大学で学んだり教えたりすることはあったが、彼女たちの参入の難易度は学部の地位と無関係ではなかった。ボローニャ大学では1296年にベティシア・ゴザディーニが女性で初めて学位を取り、法学の講義を行った。法学、医学、および下級学部が扱う哲学（および数学）でこのような例があるが、父親が同業者、あるいは大学関係者であった場合が多い。しかし、パドヴァ大学で1678年に女性として世界で初めて哲学の博士号を得たエレナ・コルナロ・ピスコピアは神学の学位を取得することが叶わなかった。

16世紀以降は大学の外に各種の私的な学術交流組織がアカデミーとして誕生し、とくにイタリアから盛んとなった。これらの組織は大学で扱わない俗語による文芸や自然科学諸分野を幅広く扱い、女性が参加する場合もあった。会合はしばしば食事や音楽を含む社交的なものであった。ただし、17世紀に入り各国の王権がアカデミーを制度化し始めると、饗応的な社交文化とアカデミーの分離が始まり、女性は原則参加できなくなっていく。

◆**近代と補完原理の言説(18-19世紀)**　啓蒙時代と呼ばれる18世紀には西欧諸

国を中心に女子の教育についての議論が盛んになる。その中で男女は互いにない能力を埋め合う相補的な存在として描かれ、結果として後世におけるジェンダー化された学問観の素地ができていった。

　ジャン・ジャック・ルソーは『エミール』（1762年）において、抽象的、理論的な真理の探究など、原理や一般化を扱う諸分野は女性の領分にはないと断言しており、この観点から数学や精密科学をとくに男性向きのものとみなした。また、男性は野外での活動が多いので自然認識にも向いているが、女性は人類一般よりも夫や子どもなど身近な個別的存在を理解することに適性を持つとの観点も示している。当時の一般的な通念を反映したこの学問観に従えば、女性に残されるのは、家庭的領域か抽象度の低い実用的領域、あるいは趣味的な領域に限られる。

　イギリスのエリザベス・シュウェル『教育の諸原理』（1865年）は、女性が一般教養を男性よりも必要とすると論じた。その一方で、女性が専門性を持ち、社会の中で主張したり、教え導いたりすることを不適切とみなした。ただし、その「一般教養」は人文社会系のみに特化したものではなく、広く浅く学ぶことが奨励された。女性は結婚し、家庭の中で夫のよき話し相手となり、専門知識を持つ夫を理解した上で引き立て役となるべき存在とみなされたからである。

　18世紀後半から19世紀初頭にかけて浸透した「天才」にまつわる言説も女性と男性の知性を差異化する役割を果たした。カントやルソー、コールリッジなどは天賦の超越的な才能、神の贈与といった天才概念を謳い、その典型像はモーツァルトのように女性的な繊細さをも有した男性とされた。対して、女性は勤勉ではあるが平凡な精神の持ち主とみなされた。

　このように、諸学問の要素として抽象・具体、一般・個別、教養・専門、野外活動・家庭内活動、主導的・補助的、天才・平凡といった各種の二項対立的概念が想定された上で、女性は基本的に後者に当てはまるものとされた。そして、実務的専門性を持つ諸分野（例えば法学や発展しつつあった工学など）や、実務的ではないが「天才」が問題となる芸術や数学、精密科学（主に物理や化学）、哲学などの諸研究領域が主に男性的なものとして想定される傾向が強まった。

　◆女性と高等教育（19世紀後半-21世紀）　大学の近代化と共に、経済学、人類学、社会学など社会科学とよばれる諸学の発展があった。また、文献学、修辞学、歴史学、哲学などの近代的な人文科学（人文学）も発展した。技術者養成が工学部として大学の一部になるのも19世紀末である。大半の地域で大学は男性のための場所であったが、例外措置として入学を認められる女性も現れた。また、英国や米国を

中心に女子大学が設立された。家政学のように女性の関わりの多い学際的分野も現れた。

第二次世界大戦後には共学が一般化する。だが、1950-60年代時点では、少数派である女子学生における分野ごとの進学先の偏りは意外にも少なかった。その後、世界的にも女子学生が増加する分野とそうでない分野とに分かれていった。人文社会科学では文学や社会学に女子学生が多くなり、法学や経済学は伸び悩んだあと増加した。自然科学・数学専攻、そして工学における女子学生進学率の伸び悩みは一層顕著であった。同時期の背景として、理工系諸分野が国家の経済成長に不可欠な分野として語られるようになったことや、男性エリートの教養として人文学的教養よりも経済学が重視されるようになった傾向などを指摘できるが、明確な関連性はわかっていない。

21世紀に入り、両ジェンダーの進学傾向の由来をジェンダーステレオタイプに求める研究が進展した。それは主に職業に関連するものと、知性に関連するものがある。伝統的に男性が多い職業と関わる「実学」的諸分野を、女性は回避する傾向を見せる。また、女性は数学や哲学など「天賦の才」を意識させる分野にも少ない。それらの領域を女性性と遠いものとして捉える傾向が先進諸国にも根強く残り、女子学生はそうした諸分野に「自信のなさ」を感じやすい。対して、歴史学や文学のように1970年代以降、方法論においてジェンダー視点を取り入れる「ジェンダー主流化」が起きた領域や、生命、家族やケアなど、伝統的に女性の職業となりやすかった対象を扱う分野には女子学生の進学が多い。後者は社会科学であれば社会学や教育学など、理工系であれば看護学、助産学などがあげられる。また、生命科学や薬学もその類と考えることが可能である。近年では人文社会・理工の枠に囚われない学際的な諸分野も増えている。また、男性の多い諸分野でもジェンダー主流化の試みが始まっている。（隠岐さや香）

▶参考文献

ロンダ・シービンガー（小川眞里子他訳）（改訂新版2022）『科学史から消された女性たち—アカデミー下の知と創造性』工作舎
隠岐さや香（2018）『文系と理系はなぜ分かれたか』星海社新書
横山広美（2022）『なぜ理系に女性が少ないのか』幻冬舎新書

2）ジェンダー秩序と研究・教育

②女性は科学に向かない？

Ⅰ－コラム⑦、Ⅲ－5－1、Ⅲ－5－2－①、Ⅲ－5－2－④　【読】世1-7, 世9-7, 日7-17

◆科学にも多様性が必要だ　科学は、長らく男性の領分とされてきた。ロンダ・シービンガー（1992）によれば、近代科学は初めから、女性をその営みから排斥していた。17世紀のヨーロッパで設立された科学アカデミーの多くが、慣習として女性を正規の会員として認めなかったことは象徴的だ。例えば、1660年に設立されたイギリスの科学アカデミーである王立協会が、2人の女性を初の正規会員として認めたのは、1945年のことだった。それから半世紀以上が過ぎた2019年の報告によれば、世界の研究者に占める女性の割合は30％に満たない。中でも日本では16.2％と、世界平均の半分程度の割合となっている❶。しかし、かのマリー・キュリーが、2度目のノーベル賞を受賞した後ですらフランスの科学アカデミーの会員として認められなかった時代とは異なり、今日では、女性研究者を積極的に増やすための取り組みがさまざまに行われている。それは、ジェンダー平等を実現すべきだという理念的な関心のためだけではない。フェミニスト科学論と呼ばれる分野の研究者等の仕事を通して、科学の担い手が一方の性に偏ることは、科学の認識と関心を偏らせるということが認知されるに至ったためだ。科学における性の働きに着目したこの領域の研究は、科学に多様な人が参画することの科学にとっての必要性を明らかにし、科学の実践を変容してきた。

◆科学からの女性の撤退　近代科学の萌芽以降、科学への女性の参入を阻む理由として頻繁に登場したのが、「女性は知的営みに向かない」という主張だった。それらは、女性は男性よりも生物学的に知的能力が劣るという言い方や、知的営みは女性の生殖能力に悪影響を及ぼすという言い方などで主張されたけれど、要するにどれもが、女性は生まれながらに知的営みには向かない、という考えを正当化しようとした。

シービンガーによれば、そのような主張は、学術の中心が貴族の主催するサロンにあった「アマチュアの科学」の時代には、説得力を持たなかった。なぜならサロンの中心では、潤沢な財力と優れた知性を持ち合わせる女性たちが活躍していたからだ。状況が変わったのは、17世紀以降、学術の中心が科学アカデミーに籍を置く専門家集団へと移行してからだ。科学は男性の人的ネットワークによる営みとなった。

この近代科学の勃興期に作られた状況は、大学が科学の制度化された実践場としての地位を確立する中で強化された。多くの国で女性が長らく男性と同じ大学への入学を許されなかったためだ。またたとえ許されても男性と同等には扱われなかった❷。英国や米国では、19世紀から20世紀にかけて、女性が男性と同等の高等教育受けることを批判する言説が流布した。高等教育を受けることは、女性の健康に悪影響を及ぼし妊娠率を下げるし、大学の教育のレベルも低下させる、というのがその主な主張だった。

17世紀に活躍したフランスの戯曲家モリエールが、女性を中心とした学術サロンの流行を背景として書いた『女学者』(1672年) の挿絵。

◆**フェミニスト科学論からの批判**　このような厳しい条件下にあっても、科学を志す女性がいなくなることはなかった。この事実がそのまま、科学という営みにある純粋な魅力の証と言えるかもしれない。まただからこそ、女性がその性別のために能力を発揮する機会を与えられず、この魅力的営みから遠ざけられてきたことの不当さが浮き彫りになるとも言える。20世紀後半になると、「ウーマン・リブ」運動を経たフェミニズムが、科学の実践における不平等にも目を向けるようになった。

　「科学」はあるコミュニティーによって縁取られた一連の実践とその本体となる知識に私たちが与えた名前である。(ケラー 1996, 35頁) ❸

フェミニスト科学論は、科学を縁取るコミュニティの主な成員が男性であることによって生じる認識論的な問題を指摘し、女性が参画することの科学にとっての必要性を示し、科学の実践を変容させてきた。フェミニスト科学論にとって、科学に参画する女性の少なさは、女性の権利に関わる問題であるだけでなく、科学は世界をどのように表せるのかという問題、つまり認識に関わる問題である。

科学の実践における性別の偏りには2種類ある。一つは科学の観察対象の偏りだ。例えば医科学の領域は、主に定型発達の成人男性の身体を観察対象としてきた。そのために現在でも男性と比べて女性の身体に関するデータが不足している。このことが長く見過ごされてきた理由は、男性の観察者が、自分と同じ属性の身体を標準とみなすことに疑問を抱きにくいためだ。「科学に性別がないとは思えない」とヴァージニア・ウルフは『三ギニー』の中で書いたが、医科学の実践には、たしかにそのことが長らく表れていた❹。

　二つ目の偏りは、科学で使われる言葉の問題である。科学に用いられる言葉に、社会で共有されるジェンダー規範が内包されていることを最初に指摘したのは、ケラーである。彼女は、科学的言語と日常言語との境目は明確ではなく、「もっとも純粋な技術的な言説においてさえ、結局はメタファーや曖昧さや意味の不安定さに依存している」（前掲書、40頁）と主張した。科学で使われる言葉と、私たちが日常で用いる言葉は連続している。そのために、科学は社会で共有される規範から自由ではない。例えば1980年代後半に米国の大学でよく用いられていた生物学の教科書では、女性の生殖器は男性の生殖器の発達に関わる要素の欠如により形成される、と説明されていた。フェミニスト科学論の研究者であるスターリングは、この説明が科学的根拠に基づくものではなく、女性性を男性性の欠如として理解する社会の規範を反映していることを明らかにした。

　フェミニスト科学論は、男性優位の社会のなかの科学の実践が、そこで用いられる言葉にジェンダー規範に基づく偏りをもたらし、それが科学の認識と関心に偏りを導いていることを示した。そして科学の正当な発展のためには、これを改める必要があると主張した。

　◆**科学には女性の参加が必要だ**　女性の科学者を増やすことは、そのために必要な手段である。しかし数の平等を達成する前に、科学の認識論的な偏りを是正する方法も、提唱されてきた。その代表が、サンドラ・ハーディング等の発展させた「フェミニスト・スタンドポイント・セオリー」である。この立場の論者達は、科学が「女性の視座」を基点とすることで、社会的に優位な属性である男性の視座に偏らない「広い客観性」を獲得することができると主張した。この提案は、さらに近年シービンガーを中心として実践されてきた「ジェンダード・イノベーション」❺の流れに接続されている。これは、社会のなかで営まれる科学がジェンダー規範を内包せざるを得ないことを認め、この不可避の状況への対策として、研究開発のデザインをジェンダーに焦点を当てて批判的に分析することで、「より良い」科学を導くことを目指すプロジェクトだ。「ジェンダード・イノベーション」プロジェクトに影響を受けたサラ・リチャードソン（2018）は、このような「ジェンダー批判的視座」が、科学の研究デザインの初期設定にすでに組み込まれつつあることを指摘し、これを「ジェンダー批判的視座のノーマライゼーション」❻と呼ぶ。

　リチャードソンは、米国においてジェンダー批判的視座のノーマライゼーションを導いた主な要因は、女性の社会参加であると論じている。曰く、ジェンダーの平等が実現されつつある社会で子ども時代を過ごした研究者は、男女問わず、ごく当たり前の態度として科学に内包されたジェンダー規範に批判的視座を持つ。そうした社会では、科学により多くの女性が参加し得ることで、この批判的視座が科学の手法

の中により強固に埋め込まれ、科学は「より広い客観性」を獲得することができる。

　つまり、社会において科学を正当に発展させるためには、あらゆる社会活動への女性の参加が必要だということになるだろう。（渡部麻衣子）

---

❶ UNESCO (2019) Women in Science
http://uis.unesco.org/sites/default/files/documents/fs55-women-in-science-2019-en.pdf （2022年4月22日最終閲覧）

❷ 例えば1209年創立の英国のケンブリッジ大学が、女子カレッジを創設する形で女性に門戸を開いたのは1869年のことだが、学位の付与を認めたのは1948年のことだった。また、オックスフォード大学でも、1879年に二つの女子カレッジが創設されたが、学位を認めたのは1920年だった。米国では、19世紀後半にはいくつかの大学が女性に門戸を開いていたはいたもののその数は少なかった。（香川せつ子 (2012)「19世紀末イギリスの大学における女子学生の健康問題：「オックスブリッジ女子卒業生への健康統計調査」を中心にして」『西九州大学子ども学部紀要』3、橋本昭一 (1986)「ケンブリッジにおける女性の高等教育の展開とマーシャル」『関西大学経済論集』36）

❸ エヴリン・フォックス・ケラーは、女性であることと科学者であることの摩擦に悩んだ体験から、科学に組み込まれたジェンダー規範を明らかにするに至り、フェミニスト科学論と呼ばれる領域を創始した。

❹ 観察対象における性別の偏りが臨床上の問題となったことで、研究対象の性別の均質化がはかられるようになった。米国では1984年に、国立衛生研究所で女性の健康を研究する部局（Office of Research on Women's Health）が設置され、積極的に女性を対象とする研究が行われるようになった。その結果、例えば心不全の兆候や薬の効き方が、男女で異なっていることが今ではわかっている。

❺ https://genderedinnovations.stanford.edu （2024年2月8日最終閲覧）

❻「ジェンダー批判的視座のノーマライゼーション」は、性に関わる生物学的な研究にとくに有効な変化をもたらしている。性を生物学的に定義づけられた二つの分類とみなす視座は見直され、連続的な傾向として捉える視座に立つ言説が認められつつあるのだ。リチャードソンはこの傾向を支持し、性を二つの分類とみなす視座の固定化に貢献した「性染色体」という名称の変更を提案している。これは、生物学以外の領域にも生じている。例えばエンジニアの採用を支援するために開発されたAIプログラムが、自動的に女性の履歴書をはじいていたことが明らかとなった際、それが女性の能力の問題としてではなく、プログラミング側の問題として理解され、企業が当該プログラムの利用を打ち切った事例がある。（河鐘基 (2018)「アマゾンの人材採用AIが「女性を差別した」理由を考えてみる」『Forbes JAPAN』https://forbesjapan.com/articles/detail/23419（2022年4月22日最終閲覧））

▶参考文献

小川眞里子 (2001)『フェミニズムと科学／技術』岩波書店
エヴリン・フォックス・ケラー（広井良典訳）(1996)『生命とフェミニズム—言語・ジェンダー・科学』勁草書房
ロンダ・シービンガー（小川眞里子・藤岡伸子・家田貴子訳）(1992)『科学史から消された女性たち—アカデミー下の知と創造性』工作舎
サラ・リチャードソン（渡部麻衣子訳）(2018)『性そのもの—ヒトゲノムの中の男性と女性の探求』法政大学出版局

　　◢◣　**問い**　①なぜ日本には女性研究者が少ないのだろうか？原因と改善策をジェンダー視点から考えよう。

②科学に多様な人の参加が必要なのはなぜだろう？とくにジェンダーの視点からさまざまな理由を考えよう。

2) ジェンダー秩序と研究・教育

③マリー・キュリーとラジウム研究所

🔍【読】世1-7

◆**科学を超えた名声**　広く女性に対するエンパワーメントという観点では、マリー・キュリー（1867-1934年）を超える力を持った女性科学者はいないだろう。日本でも、次女による伝記『キュリー夫人』（1938年）はベストセラーとなり、多くの日本女性たちのロール・モデルとなった。ただ、この名声のせいで、間接的な影響力ばかりが目立ち、教師キュリーの直接のエンパワーメントという事実がかすむ問題が生じている。

◆**最先端の科学研究所の女性所長兼大学教授**　先の伝記では詳しくないが、実はキュリーは偉大な科学者であると同時に、優秀な指導者でもあった。夫であり共同研究者であったピエール（1859-1906年）の死後、1906年からその研究室を引き継いで、フランス初の女性大学教員として学生を指導したのみならず、1914年以降は、最先端の科学研究所であるラジウム研究所の長にもなり、世界中の研究者を指導した。つまりマリー・キュリーには女性も含む大勢の弟子がいたのである。

◆**放射能研究―マイノリティの科学**　ロシアなど三帝国に分割支配されていたポーランド出身のマリー・スクォドフスカが結婚して「キュリー夫人」となり、フランス国籍を得た1895年、彼女の目標は国家理学博士号の取得だった。ポーランド人かつ女性という二重のマイノリティ性により、フランスで生きるための確実な資格を欲していたマリーは、無意識にではあれ、マイノリティに有利な新しい分野――男性権威者がいない――、ウランからの謎の放射線の解明という問いに挑んだ。じつに「放射能」という言葉は、彼女の造語である。

　途中から夫も参加したこの研究で、夫妻は画期的な業績――二つの新放射性元素の発見――を挙げた。1903年にキュリー夫妻が第三回ノーベル物理学賞を受賞したとき、妻は36歳、女性初のノーベル賞である。

◆**男女が平等に入り混じる研究所で学ぶ女性たち**　マリー・キュリーが大学教員になり、さらにラジウム研究所所長になったとき、入所希望の手紙が世界中から届いた。とくに女性たちの手紙は熱烈だった。こうしてパリに、キュリーをトップに、あらゆる位階の女性研究者が働く科学研究所が運営されてゆく。ラジウム研の特徴は、「トップが女性」であるだけでなく、すべてのポストに男女が混在していること

だった。「男は指導者、女は助手」といった性別分業がないのである。ここは、男女の先輩に指導される男女の後輩が存在する稀有な研究所だった。割合でいくと、第一次世界大戦中などの特殊な時期を除き、女性研究者割合の平均は約3分の1である。だから女性たちはそこで女友達を作り、キャリアの上昇も望むことができた。

◆「女性初」の養成機関としてのラジウム研究所　キュリーの指導を受けた外国人女性の多くは、母国で女性初の大学教授や研究所の長になり、師の研究スタイルを継承した。ラジウムの半減期を突き止めた初期の女弟子、ノルウェー人のエレン・グレディッチ（1879-1968年）は、自身の女弟子をパリに送り込みさえした。フランス人では、最晩年の弟子マルグリット・ペレー（1909-1975年）が新放射性元素フランシウムを発見し、後にストラスブール原子力研究所所長となって多数の弟子を育て、国家から叙勲されている。

キュリーは、性や民族を問題にせず、研究だけに集中した指導を行い、女性や外国人を大いに勇気づけた。このことは男性所員に女性の能力を実感させることにもなった。例えば、非エリートの技官として入所したペレーの才能を見抜いたのは、むしろマリーの死後にラジウム研の所長になった男性、アンドレ・ドビエルヌ（1874-1949年）である。ラジウム研は「女性の才能を公平に評価できる」男性研究者養成機関でもあったのだ。

◆母と娘による長期の指導　ラジウム研にはもう1人、強力なロール・モデルがいた。長女のイレーヌ・ジョリオ=キュリー（1897-1956年）だ。天才科学者夫妻の娘として、「自然に」女性科学者になったイレーヌは、「女らしい」愛想も婉曲話法も無視して科学研究に没頭し、キュリー所長もこれを良しとした。しかもイレーヌは、同僚で夫のフレデリック（1900-1958年）と共に人工放射能を発見し、1935年のノーベル化学賞を受賞する。左翼だが、夫が属する共産党に入らず、「自分だけ」の政治的立場を維持した。この、あらゆる服従を嫌う女性が、妻であり、母であり、偉大な科学者で、ラジウム研の三代目所長（在1946-1956年）になったことは、父権社会には一つの脅威であり、女性たちには、マリー所長以上に「性の常識」を覆す力になったに違いない。

母娘の半世紀に及ぶ指導の継続は、多くの女性科学者に直接的なエンパワーメントをもたらし、次の世代に受け継がせた。フレデリックの弟子で物理学者の湯浅年子（1909-1980年）は、ドビエルヌ時代のラジウム研の女性たちの、肩ひじ張らない自然な研究態度に感動している。この自然さこそがキュリーの作り上げた伝統であり、ジェンダーの視点からの最大の成果であったと言えよう。（川島慶子）

▶参考文献
ウージェニィ・コットン（杉捷夫訳）（1964）『キュリー家の人々』岩波新書
川島慶子（2010／改訂版2016）『マリー・キュリーの挑戦─科学・ジェンダー・戦争』トランスビュー
川島慶子（2021）『拝啓キュリー先生─マリー・キュリーとラジウム研究所の女性たち』ドメス出版

2）ジェンダー秩序と研究・教育

④ジェンダード・イノベーション

📖 I-3-3-①, I-3-3-②, I-コラム㉒, I-コラム㉓, II-4-4-③, III-5-1　🔍 【読】世1-8, 世14-7, 世15-1, 世15-5, 世15-9, 日10-1, 日10-12, 日10-15

◆**理工系分野へのジェンダー分析の拡張**　人文系・社会科学系分野で使用されてきたセックス／ジェンダー分析（Ｓ／Ｇ分析）の手法を、科学・工学・医学・農学などの理系分野へ応用する試みは、2005年スタンフォード大学教授ロンダ・シービンガーによる「ジェンダード・イノベーション」（gendered innovations）という用語の創案とともに明確化された。ジェンダー視点から歴史を読み替える作業は、わが国でも10年以上の蓄積を見るまでに成長した。しかし理学工学系の諸分野にジェンダー視点を持ち込む仕事は、欧米に比べ大きな後れを取っていると言わざるを得ない。ある意味で理系分野は普遍的な価値中立分野とみなされがちで、それらにおける研究がセックスやジェンダーとも深く関わることは看過されてきたからである。以下では医学や工学分野におけるジェンダー分析の事例を紹介する。

◆**シートベルト問題**　3点固定式のシートベルトは1959年にボルボ社が開発したものであるが、長らくそれが男性身体を基準とするものであると認識されなかった。ところが半世紀余りの間に運転者は女性にも拡大し、妊婦の運転もめずらしくなく、欧米で毎年1300万人もの妊娠女性運転者はリスクを抱えたまま運転していた。追突や衝突時に下腹部を強く圧迫されて胎児に危害が及び、早産や死産となる事例も少なくなかった。男性身体をモデルに開発された技術は、利用者のセックスやジェンダーに配慮して変化すべきことがようやく求められるようになった。

◆**性差医学・性差医療**　男性身体モデルは医薬品開発でも一般的で、薬の治験は従来男性のみで行われ、その結果が女性にも拡大適用されてきた。睡眠導入剤ゾルピデム（米国商品名アンビエン、日本商品名マイスリー）は、従来の表示服用量では女性は眠気を翌朝まで持ち越し出勤時に居眠り運転で事故をおこすことが多発した。女性の身体は男性に比べ代謝が遅く眠気が抜けきらないことが判明して2013年女性の推奨服用量は男性の半分に変更された。男性身体モデルの陥穽が明らかになり、米国ではいくつかの処方薬が市場から取り下げられた。命に係わる重大事であり、治験が両性に対し公平に実施されなければ、経済的損失も莫大である。医療現場も先行する男性の診断に頼って性差に十分配慮しないと危険である。図は狭心症や心筋梗塞の原因となる冠動脈血管の狭窄の違いを示

したものである。若い女性の場合にはエストロゲンによる抗動脈硬化作用によって顕著な狭窄を生じないため、検査を行っても見過ごされ、深刻な事態とは受け止められな

若い女性の冠動脈血管造影画像（左）と典型的症例の画像（右）
（出典：Gendered Innovationsのウェブサイトから。https://genderedinnovations.stanford.edu/case-studies/heart.html#tabs-2)

いまま帰宅し、落命するケースもまれではなかった。男女の立場が逆転するのが骨粗鬆症の事例である。閉経後の女性には関心の高い病気であるが、男性では見過ごされがちで手遅れになりやすかった。病気の診断にも性差を正しく評価することが求められている。

◆**性役割分業の再生産**　注目を集めるAIとロボット工学もジェンダーと無縁ではない。とくにアルゴリズム・バイアスが問題である。機械学習の過程で忍び込むジェンダー・バイアスは将来世代へと引き継がれ、ロボットはジェンダー化される。受付や介護といった仕事を担当するのは女性ロボット、警備は男性ロボットとなると、IT文化でも今日の性役割分業が再生産されていく懸念が拭えない。

◆**助成機関や学術雑誌**　研究助成金提供機関、例えば欧州委員会のHorizon Europe 2021-2027、世界保健機関、米国の国立衛生研究所やビル＆メリンダ・ゲイツ財団などは応募者の申請研究内容にS／G分析を課している。また国際的な査読付き雑誌、例えば『ネイチャー』や『サイエンス』なども投稿論文にS／G分析の明記を求めている❶。研究者として業績を上げるには分析手法を学ぶ必要があるが、理工系分野で活動してきた研究者にはS／G分析が要求されても、そうした発想に容易には馴染めないだろう。大学の理工系カリキュラムにS／G分析の手法を学ぶ機会を導入されれば、自然にセックスやジェンダーを意識するようになって、将来の有効な研究につながっていくことが望まれる❷。先端研究に倫理的、法制度的、社会的課題について検討が求められると同様に、S／G分析を通して科学的成果による恩恵が公正に社会構成員に行き渡ることが望まれる。（小川眞里子）

---

❶ それらの機関や雑誌は Gendered Innovations ホームページ https://genderedinnovations.stanford.edu/ の Policy Recommendations で詳しく知ることができる。

❷ ベルリンのシャリテ医科大学では、すでに全講義の20%以上にセックスとジェンダーの視点を取り入れている。S. Ludwig et al. (2015) "A Successful Strategy to Integrate Sex and Gender Medicine into a Newly Developed Medical Curriculum," *Journal of Women's Health*, 24(12)

▶**参考文献**

小川眞里子（2020）「Gendered Innovations とは」『科学』8月号
ロンダ・シービンガー（小川眞里子訳）（2017）「自然科学、医学、工学におけるジェンダード・イノベーション」『学術の動向』11月号
ロンダ・シービンガー（小川眞里子訳）（2018）「医学、機械学習、ロボット工学分野における「性差研究に基づく技術革新」」『学術の動向』12月号

⑤数学とジェンダー・ステレオタイプ

📖 Ⅲ－5－2－①

◆**ステレオタイプとは**　「日本人は礼儀正しい」のように、私たちは、肌の色や国籍、性別や年齢、職業などでカテゴリー化された人間の集団に対して、特定の特性や役割、行動などの属性を結びつけており、これをステレオタイプと呼ぶ。つまり、ステレオタイプは集団に対する一般化された固定的な見方である。性別に関するステレオタイプはジェンダー・ステレオタイプと呼ばれ、例えば「女性は優しい」「男性は仕事をする」といったものがある。ステレオタイプは、その内容が一つの文化の中である程度共有されている、変わりにくい、他者理解に利用され便利であるが当てはまらないことが多いといったような特徴を持つ。

◆**理系の女性とジェンダー・ステレオタイプ**　現代社会には「女性は文系、男性は理系」というステレオタイプが存在する。このステレオタイプと女性の理系分野に関する興味は、実際に関連するのだろうか。潜在的ステレオタイプ❶を用いた研究では、「男性と科学、女性と人文学」を結びつけるステレオタイプの強い国の方が弱い国よりも、TIMSS（国際数学・理科教育動向調査）での数学や理科の成績における男女差が大きいことや、理系分野を専攻している女性学生の割合が小さいことなどが報告されている。もちろん、ステレオタイプが強いから女性が理系を避けるのか、理系に女性が少ないからステレオタイプが強いのかという因果関係は不明である。しかし、強固なステレオタイプの存在は、そこで暮らす人々の興味を方向づけていることが推測できる。

◆**ステレオタイプ脅威**　自分の所属する集団に対するステレオタイプに基づく判断に直面するような状況をステレオタイプ脅威と呼び、「女性は数学が苦手」というステレオタイプの効果がこれまで盛んに検討されてきた。これは、実験的にステレオタイプを喚起させ、その後、実際に数学の試験を受けてもらうという方法によって確かめられてきた。その結果、「今から行う数学の試験は男女差がある」と明白に言われても、男性の登場人物が多い理系分野の学会の様子を見るといった微妙な手掛かりでも、ステレオタイプを喚起させられた女性はそうでない女性に比べて数学の成績が低いこと、そして、微妙な手がかりの方が効果が大きいことなどが見出さ

れてきた。ステレオタイプ脅威によってなぜ数学の成績が下がるのだろうか。それは、ステレオタイプが喚起されることで、「その通りにならないように頑張ろう」「気にしないようにしよう」といった思いが生じてしまい、それが女性の認知資源を奪い、試験に集中できなくなるためではないかと考えられている。共学の中学や高校では、数学の授業や試験の際に女性と男性が同じ教室にいる。もし、こうした日常の教室でもステレオタイプ脅威が生じているとしたら、女子生徒の数学の成績に悪影響を及ぼしている可能性が推測できる。なお、こうした数学のステレオタイプ脅威の効果は、とくに数学を重要視している女性の中で見られると言う。

◆**数学意欲とフィードバック**　試験後のフィードバックは児童生徒の学習意欲に影響を与える。数学の試験で高得点をとった女子生徒に対して「女の子なのにすごいね」と言ったとしよう。発言者にとっては「この女の子は、『女性というハンディ』を克服してよくがんばった」というポジティブな褒め言葉だったかもしれないが、こうしたステレオタイプをもとにしたフィードバックは、受け手に自分がステレオタイプに反していることを思い起こさせたり、ネガティブな感情を引き起こしたりして、意欲をそいでしまう可能性がある。

◆**所属感**　「理系は男性」というステレオタイプによって、女性が意欲を失う原因の一つに所属感❷の低下があげられる。例えば、理系分野の授業や大学の研究室に「理系は男性の領域」といった考えが強くあれば、女性はそのコミュニティに所属していないという感覚を強め、意欲を失うと考えられる。小学校で算数や理科に興味を持っていた女の子も、成長とともに社会で広まっているステレオタイプを認識するようになると、所属感を失っていくかもしれない。（森永康子）

---

❶ ステレオタイプの測定方法は二つに大別できる。一つは、例えば「女性は優しい」にどのくらい賛成か反対かを答えるもので、回答者は意識的に回答を変えることが可能である。こうして測定されたものは顕在的ステレオタイプと呼ばれる。もう一つは、例えば「女性と人文学」「男性と科学」がどのくらい強く結びついているかを、コンピュータ画面に現れる刺激に反応することで測定される。こうして測定された潜在的ステレオタイプは、回答者が意識的に変えることが難しいとされる。代表的な測定方法がIAT（https://implicit.harvard.edu/implicit/（2024年2月8日最終閲覧））であり、ここで紹介した研究もIATを用いたものである。

❷ あるコミュニティにメンバーとして受容されているという個人的な信念。そのコミュニティの中で自分の存在と貢献の価値が認められているという感覚。

▶**参考文献**
森永康子（2017）「女性は数学が苦手—ステレオタイプの影響について考える」『心理学評論』60
クロード・スティール（藤原朝子訳）（2020）『ステレオタイプの科学—「社会の刷り込み」は成果にどう影響し、わたしたちは何ができるのか』英知出版
横山広美（2022）『なぜ理系に女性が少ないのか』幻冬舎新書

2）ジェンダー秩序と研究・教育

⑥保護者の意識と女子生徒の理系進学

📖 Ⅲ－3－5－①、Ⅲ－5－2－①　🔍【読】 日10－14

◆**理系進学と保護者の認識**　日本の女子生徒の理系進学率は世界の中でもきわめて低く、大きな課題となっている。とくに理工学部分野は低く、2017年の文部科学省の調査によると、学部における女性比率は、数学で18％、物理で15％、工学で15％である。女性の理系進学を阻む理由には多くの要因が考えられるが、子どもの進学に保護者は大きな影響力を持っていることは自明である。女子よりも男子の方が数学が得意である、という思い込み、いわゆる「数学ステレオタイプ」は5歳ころから刷り込まれると報告がされている。また、母親が娘の算数能力を高く評価する場合のみ、娘が物理科学を選択することも知られている。この研究では、息子の数学能力の母親の評価と物理科学への進学が比例するのに対し、娘の数学能力の評価がきわめて良い場合以外には娘の物理科学への進学は非常に低く抑えられていた。さらに一般に、情報科学、工学、物理学は「男性的な文化」（就職の男性イメージの偏り、女性の能力への差別、ロールモデル等）を持っていることがアメリカの社会心理学の研究で指摘されており、これが理工系に女子学生が少ないことの大きな要因になっている。したがって、社会全体、親、教員、生徒自身等の各層での改善が必要である。

◆**背景にあるジェンダーギャップ**　とくに日本に懸念される点として、ジェンダーギャップが大きく、意識の向上に諸外国と比較して顕著な遅れが見られ、これが女性の理系進学を阻んでいることが考えられる。例えば、内閣府男女共同参画局の調査では「夫は外で働き、妻は家庭を守るべきである」という意見に賛成する日本人の割合は、1979年には70％以上であった。この意見に賛成する割合の低下傾向が続いているものの、2014年になってもまだ40％という高い割合を占めている。性役割分担意識が強く女性は家を守るべきという考えを持つ女子生徒の理工系進学はそうでない生徒と比較して低いことも知られている。また、意識だけでなく教育投資行動においても、親は娘よりも息子への投資を選択する傾向が知られている。

　加えて日本では、未だに女性は結婚をして男性に養ってもらうという、女性の自立を阻む意識が強い。実際に「理系なんかにいったら将来結婚できない」、「工学部の女子に就職先や嫁のもらい手があるのか」といった親の心配がある。自立を前提

とせず、結婚を前提に女子生徒の進路が語られる現状は危惧を覚える。

◆親の意識の改善が重要　こうした現状を受けて日本で行われた、すでに娘を大学に進学させた経験を持つ親の性役割分担意識が女子生徒の大学進学の専門分野にどのような影響を与えるかを調べた研究では、性役割分担意識の強い親は、文系であっても理系であっても、女性が大学で勉強をすることに否定的であることがわかった。また、どの分野であっても40％以上の親が進学に賛成をしたが、その理由として理系全般では「就職に困らないから」、文系全般では「女性に向いているから」を選んだ。上位には、薬学、情報、医学、生物学が並んでいる。情報科学の中でも工学的な情報理工学の女子比率は低いが、ビッグデータやAIが話題になる昨今、情報科学への親の支援は大きいことが確認された。一方で反対をした少数の親は「就職があるかわからないから」を選んでおり、保護者の懸念を払拭するのに就職情報が重要であることが確認されている。

数学能力に対する認識については、「女性は男性に比べて数学能力が低い」という意見に母親と父親で回答の違いはなく、そう思う（「まったくその通りだと思う」あるいは「まあそう思う」）と回答した保護者は約10％であった。また、そう思わない（「あまりそう思わない」あるいは「ぜんぜんそう思わない」）が63％であった。この結果と娘の理系進学（理学・工学・農学・保健）との関係を見ると、数学能力のステレオタイプを信じない母親の娘は、理系に進学しやすいことがわかった。同様の傾向は父親と娘の間には見られず、母親の数学ステレオタイプが女子生徒の理系進学に関係することがわかっている。

社会全般の数学や物理の男性イメージは、女性が働きやすい就職イメージ、数学ステレオタイプの払拭、優秀な女性が活躍する社会の平等が重要だとわかっている。また生徒自身のジェンダー・ステレオタイプの影響も確認されており、生徒への平等教育も重要になってくる。

以上のことから、女性の理系進学において、とくに母親の数学ステレオタイプを改善していくこと、母親・父親ともに性役割分担意識を改善していくことが重要だと考えられる。また関連して、一般に理工系進学においては就職のイメージが重要である。女性が無理なく活躍する環境を整えた理工系の職イメージが普及するためには、家庭に責任を求めるのではなく、企業風土や社会風土、メディアの取り上げ方など、社会全体でのジェンダー意識の改善が必須である。（横山広美）

「博士」の誕生

◆**「高等女学校」を卒業した後は？**　近代日本教育制度における「大学」は、原則として、男子の高等普通教育機関（高等学校・大学予科）の卒業を入学資格としていた。女性は高等学校・大学予科に入学できなかったため、大学進学のルートからはずれていた。女性が中等教育機関（高等女学校）の卒業後に進学できた上級学校は、女子高等師範学校（東京・奈良）もしくは女子専門学校（日本女子大学校等）であった。女性が制度的に大学へ入学できるようになるには、教育基本法・学校教育法が公布される1947年を待たねばならない。

◆**近代日本における「博士」とは？**　近代日本において「博士」をはじめて規定した法律は、1887年5月21日公布の「学位令」（勅令第十三号）である。学位令は学位を「博士」と「大博士」の2等級と定め、「帝国大学」の学科にあわせて5種類（法学・医学・工学・文学・理学）の博士号を設けた。学位の審査権限は帝国大学の評議会に、授与権限は文部大臣に置かれた。この学位令をもとに翌年5月20日、25名の「博士」が誕生した。その後、「学位令」は1898年12月9日改正となり、それまでに一人も誕生しなかった「大博士」は廃止、学位は「博士」のみと定め、4種類（農学・林学・獣医学・薬学）の博士号を新設し、学位の審査権限を帝国大学の教授会へと移した。1887年及び1898年の学位令による博士認可数は1932年10月までに合計2,047名となったが、学位を審査・授与する側も、授与される側もすべて男性であった。

◆**"女性博士誕生"への気運の高まり**　東京にのみ所在していた帝国大学は、1897～1911年にかけて他の地域（京都・仙台・札幌・福岡）にも増設された。さらに、1918年12月6日公布の「大学令」（勅令第三八八号）は、官立・公立・私立大学の設置も認めた。それに伴い、1920年7月6日公布となった「学位令」（勅令第二百号）は文部大臣の認可を要するが、学位の種類・学位の授与権限を大学へと移した。

このような中、女子高等教育の功労者である津田梅（女子英学塾創立者）や安井哲（東京女子大学学監）に名誉学位的に文学博士号を授与させたいと

いった報道（1919年6月24日付読売新聞）や、保井コノ（東京女子高等師範学校助教授）が博士論文を執筆中であるといった報道（1918年3月14日付、翌年6月23日付及び6月24日付読売新聞）など、女性と学位とを関連づける新聞記事が見られるようになった。

◆**"私は日本で女の博士第1号"——保井コノ**　1927年4月19日、保井コノが「日本産亜炭、褐炭及瀝青炭の構造研究」によって、東京帝国大学より理学博士号を授与された。日本における女性初の博士の誕生である。保井はハーバード大学で細胞組織学の研究を積んで1916年に帰国、母校で教鞭を執っていた。勤務を終えた16時以降、保井は東京帝国大学附属植物園内の実験圃に通って植物遺伝学の実地研究にあたり、約10年間をかけて論文を完成させた。「これは新しい研究で、日本中どこでもしていなかった」という学術的な自負のもと、「それで、私は日本で女の博士第1号になれた……これがきっかけとなって、他の分野でも女の博士が出るようになった」という（『自然』第18巻第9号、1963年9月）。「若い人達は折角勉強してどしどし博士になっていただきたい」と、保井は後輩たちを激励した（『櫻蔭会会報』第120号、1929年11月）。

◆**"科学は女性にとって何物にも優る美服である"——加藤セチ**　保井コノが理学博士号を取得して以降、1945年8月までに理学博士（12名）、農学博士（4名）、医学博士（95名）、薬学博士（1名）の理系4種類で、女性の学位取得者が誕生した。1953年女性として初めて理化学研究所の「主任研究員」に就いた加藤セチ（理学博士）も、先輩の保井と同様に、自身の後に続く若手研究者を叱咤激励した。「もっと本質的に女性と科学という問題を熟考して見るならば、何等の誇張なしに女子もまた男子と同等に学問をなすべきものである」、科学は「女性にとって何物にも優る美服である」という加藤セチの言葉（『科学随筆　線』、1941年）は、科学に対する限りない、熱い探究心を現代にも伝えてくれる。（山本美穂子）

▶**参考文献**

東京大学百年史編集委員会（1984）『通史 全3巻（東京大学百年史）』東京大学出版会
山本美穂子（2017）「科学は女性にとって何物にも優る美服である——女性科学者の先駆者加藤セチの歩み」『北海道大学大学文書館年報』12

家庭科教育における ジェンダー・バイアス

◆**戦後教育の民主化と「家庭科」**　「家庭科」は教育基本法下の新設科目であり、男女平等の精神を盛り込んだ。家制度からの解放と生活経験の学びを重視し男女共に「家庭建設」の主体を育くむ科目とされた（『昭和22年度学習指導要領家庭科編（試案）』）。小学校5.6年でも被服項目を設けた。文部省教科書局嘱託として直接作成に携わった山本松代は高校教育に至る男女共修を意図したとする。しかし講和条約締結（1951年）後、初期民主化政策が後退するなか、固定的な性別役割にとらわれない学習内容を目指す「家庭科」は存廃が論議された。自民党政権下の1955年以降、高校家庭科は「女子のみ必修」（学習指導要領1955年）に、1960年高校学習指導要領改訂（1963年施行）で「女子には原則として『家庭一般』を必修」へ、1970年の改訂（1973年施行）の普通科で「すべての女子に履修」とされた。技術・家庭科は性別による教育課程の格差という問題を抱える科目となった。

◆**高校家庭科の女子専修と「女子特性論」**　高校進学率が高まる1960-70年代を経て高校家庭科は女子専修科目とされた。文部省の論拠は「女子特性論」と称される。直接の推進力とされる中央産業教育審議会建議「高等学校家庭科教育の振興方策について」（1962年）は、男女はそれぞれ「特性に応じた教育が必要」「家庭は、幼児保育の場、家族の休養とあすへの活動力の源泉」「家族の健康保持の場」であり、「近い将来」家庭の「経営管理」を担う高校女子に家庭科専修は不可欠とする。女子生徒の学びを産む性、育てる性、ケアする性に制限・限定する「女子特性論」は、経済界が求める無給労働を担う女性役割に符合した。

◆**家庭科共修にむけて**　家庭科は1960年代後半から、教師たちによる中・高での男女共修をめぐる自主的な教育実践・実現運動が進められた。内外で教育基本法や憲法の男女平等の精神から外れると批判も高まる。1974年1月「家庭科の男女共修をすすめる会」が結成、発起人となった市川房枝は「女子だけに必修の家庭科を私は婦人問題としてとらえる」と喝破した。「会」は家庭科科目の内容の深化や理論化、ネットワーク化を進め、女子のみ専修が「女性差別」であることの社会的自覚を促した。生活者としての主体的な学びという視点も多様な市民層へと広がった。

◆**国際的な人権意識の高まり**　高校家庭科共修は1989年学習指導要領の改訂までずれ込む（中学校では1980年代実現）。1981年、日本弁護士連合会は男女平等を保障する憲法14条等、憲法理念への違反であり、国際条約に反する制度と提言した。1989年の改定は世界の人権意識の高まりも背景に持つ。「女子に対するあらゆる差別の撤廃条約」（1979年国連総会採択、1981年発効）批准には「教育における男女同一のカリキュラム」が必須だった。国内法でも男女雇用機会均等法の施行（1986年）等の整備が進むなか、文部省は「家庭科教育に関する検討会議」を設置、1984年12月「家庭科は男女とも選択必修」とし、教育審議会は1986年10月「中間まとめ」を発表、男女共修を約し、1989年に至る（実施は1990年度から）。

◆**「家庭科教育」の21世紀**　「家庭科」教科書のジェンダー・バイアス検証も本格化した。男児と父親はキャッチボールを、女児と母親が掃除や調理を行う挿絵や、家族の仕事・生活時間調べの共働き家庭設定で、ゴミ出し以外は母親が家事全般を担い、本文での解説がないなどの指摘がされた（『自由と正義』38-12）。

一方で、行政は「家庭」像への介入を強めていく。1986年発足の臨時教育審議会は「男は仕事／女は家庭」による「家庭科の見直し」を教育制度改革の争点にすえた。さらに「教育の荒廃」が「家庭の機能の低下」によるとの考えから、第二次答申では「家庭の教育力の活性化」を、第4次答申でも「親となるための学習の充実」を提起した。新教育基本法（2006年）「家庭教育」の定義（条項10条）は、保護者の教育責任の具体的な内容や、国と地方公共団体支援を明記した。2013年以降「家庭教育支援条例」など国と自治体が家庭教育のあり方に直接介入する法は問題点が多く指摘される。特定の宗教団体の家族理念と政党との密接な関係も指摘されるなか、「家庭」教育は、高次での「政治」問題と化している。（長志珠絵）

▶**参考文献**

木村涼子（2017）『家庭教育は誰のもの？─家庭教育支援法はなぜ問題か』岩波ブックレット965

3) ジェンダー・ステレオタイプとテクノロジー

①ロボットとジェンダー・バイアス

Ⅲ−5−1　【読】日10−6

◆社会に広がるロボット　スマート家電、癒しをもたらすコミュニケーションロボット、ロボットカー、医療用の手術ロボット、軍用の地雷除去ロボットなど21世紀に入りロボット技術は社会のさまざまな分野に浸透している。一般にロボットとは、センサーで情報を感知し、その情報を処理した上でアクチュエイターを介して作動する、人によって設計された人工物を指す。

◆ロボットのジェンダー　ロボットは有性生殖を行う生物ではないし、女性や男性としての自己の感覚を備えてもいない。ロボットにジェンダーを帰属できるのは、社会の中に「女性（男性）とはしかじかの特徴を持つはずだ」という規範が共有されているからだと考えられる。一部の性質は女性や男性といったジェンダーを表す記号として機能しており、ロボットはそのような記号を備えることでジェンダー化される。例えば、日本語のような自然言語を用いて作動するスマートスピーカーの音声が低く設定された場合、そのスピーカーには「男性」というジェンダーが割り当てられる。これは「一般に男性は低い音声を発するはずだ」というジェンダー規範が働く社会において、「低い音声」は男性というジェンダーを表す記号として機能するからである。

◆特定のジェンダーに向けたプロダクトデザイン　機械のような人工物の場合、それがどんなジェンダーを表す記号を備えるかは設計者や開発者次第である。例えば、ロボット掃除機の多くは、一見特定のジェンダーを感じさせない製品が多い。他方で、設計者が持つ女らしさや男らしさの理解がデザインに反映されることもある。例えば一般に衣服、シャンプーやカミソリなどの衛生用品の場合、色やパッケージデザインなどで製品の想定ユーザーのジェンダーを限定しているケースが多い。また、明示的に「女性向け」「男性向け」といった文言がなくとも、スマートフォンの大きさが、「標準的な男性の手の大きさ」を念頭に設計される場合も暗に想定ユーザーのジェンダーが固定されていると言える。

◆ジェンダー・バイアスの何が悪いのか　ジェンダー・バイアスとは、ジェンダーに関する一般化が、差別的で有害になりうる場合を指す。有害なバイアスはネガティ

ブな内容の一般言明に限られない。例えば、「女性はケア労働の従事者が多い」「男性は技術職や肉体労働の従事者が多い」といった一般言明は中立的な事実を述べているだけだ。しかし、これをもとに、ジェンダーと仕事の適性を結びつけてしまうと、個人の能力や特性を見誤らせるリスクが生じる。同時にジェンダー・バイアスには、人のジェンダーは女性か男性の２つであり、誰もがどちらか一方に属し変化しないという二分法も含まれる。男女の二分法は、ノンバイナリーのアイデンティティを持つ人やジェンダー流動的な人の存在を不可視化する点で有害である。

◆日本のヒューマノイド開発とジェンダー・バイアス　20世紀から21世紀初頭の日本ではとりわけヒト型ロボットの設計にみられるジェンダー・バイアスの強さが指摘されている。ココロ株式会社のアクトロイドRepliee や産業技術総合研究所のHRP-4C など乳房や細いウエスト、広い骨盤を備え、美しいとされる顔だちなど、主として異性愛者男性に訴求するとされるよう性的に誇張した特徴を備えた設計になっている。このようなロボットたちが担う仕事は、受付、ダンサーやファッションモデルといったものだった。ここには、「女性は他人を補助し、見た目が美しく、その美しさを利用する役割を担う」という伝統的に女性と紐づけられてきたステレオタイプがそのままデザインに反映されている。

◆スマートデバイスに見られるジェンダー・バイアス　製品設計にジェンダー・バイアスが入り込んだ代表的なケースは、スマートフォンなどのアシスタントソフトウェアに使用される人工音声である。ユネスコが発表したデジタル技術教育のジェンダー平等に関する報告書では、こうした音声が初期状態では女性的な音声と受け取られることが問題視される❶。侮辱や卑猥な発言にも丁寧な返答をすることが、女性は従属的で補佐的な役割だというバイアスを強化すると批判された。音声をユーザーが選択できるようにしても、女性か男性の２種類しか用意されていなければジェンダー二分法に陥ってしまう点で問題がある。

◆セックスロボット　さらにいっそうジェンダーを帯びやすい性質を備えるロボットがセックスロボットである。これらは人の性的ニーズの充足、主としてオーガズムの獲得を目的に設計されたものである。同時に、その設計はユーザーに愛着を促し、心理的な絆を感じさせるような情緒的な効果もねらいとしている。セックスロボットは等身大の人間を模した外観をしており、会話を含む多様なコミュニケーション機能を備える。2010年代以降になると、アメリカのRealbotix社や中国のEXDOLL社などの複数の企業が、研究開発段階を超えて、個人向けにセックスロボットを製造販売している。いずれもAIを搭載しユーザーと言語やふれあいによるインタラク

ションが生じる設計だ。ロボットの外観の多くは、人間の女性を模したもので、異性愛者男性向けのポルノの文脈で形成された性的ファンタジーに即していること、さらに人種に対するフェティッシュな偏見が含まれることが批判される。

◆性的快楽についてのバイアス　加えて、セックスロボットに見られるジェンダー・バイアスとして、性的快楽としてペニスの挿入とその刺激によるオーガズムの過大評価があげられる。例えば先にあげた Realbotix 社は、セックスロボットとして膣と乳房を模した器官を備える Harmony と人工的なペニスを備えた Henry を共に発表している。いずれの設計も、肛門と口にペニスの挿入を想定したものだ。また人間であればクリトリスには神経繊維が多数存在し性的刺激を得やすい器官であるが、セックスロボットでは対応する部分は刺激に反応せず、膣内のGスポットを模した部位のみ実装された設計である。ロボットの外観にかかわらず、挿入を伴う性交渉がニーズの中心とみなされており、多様な性的関心を捉えているとは言い難い。

◆ロボットの「女性化」　加えてそもそもジェンダー・バイアスはロボットの作り手によって表現されるだけでなく、社会やユーザーが使用の文脈の中で作り出す場合がある。スマート家電は家事労働やケアの役割をこなすという機能上、社会の中で「女性的」な存在として扱われやすい。これらの仕事は、近代社会で女性が主に担ってきたシャドウワークだからである。またインタラクションを通じて人の孤独感や抑うつを軽減させる目的で設計されるソーシャルロボットは、動物を模したり人の子どもをデフォルメしたりといった、かわいらしさや親しみやすさを感じ取りやすい造形になることが多い。かわいらしさという特性も同様に女性的な記号として機能する。そのため開発者が慎重にジェンダー的特徴を排したり、むしろあえて男性的なデザインを取り込んでも女性のジェンダー・バイアスに即した行動を人に引き起こすことがある。例えば日本のソフトバンクロボティクス社が開発したソーシャルロボットの Pepper は人間の少年をモデルに設計されている。それにもかかわらず、ユーザーが Pepper をあたかも女性であるかのように扱い、性的な発言をしたり攻撃的な行動をとったりする事例が報告されている。外見からジェンダー的な要素をなくすだけではユーザーのバイアスを批判的に検討することはできない。

◆ジェンダー中立的デザイン　ジェンダー平等を目指す観点から、どのようなロボットを設計すればよいだろうか。デザインに潜むジェンダー・バイアスを除去する方法の一つは、ジェンダーを感じさせる記号を除去することである。デンマークなど欧州を中心にサウンドデザイナーやLGBTQIA団体などが共同で開発したジェンダーレスな人工音声「Q」はその一例だ。特定のジェンダーを与えなければ、そ

もそもジェンダーに関するバイアスは生じない。また、その音声を女性か男性かいずれかに分類する必要もない。

　◆**フェミニスト的デザイン**　　しかし設計者が組み込まなくともユーザーがジェンダー・バイアスを追認している場合もある。ジェンダー・バイアスを修正するもう一つの方法は、スマートデバイスにその偏見を気づかせる役割を与えることである。イギリスのデザインスタジオ Comuzi で開発されたチャットボットの F'xa (Feminist Alexa) はフェミニストを名乗り AI によって生じるバイアスとそれを克服するための戦略を人々に説明する。またデンマークのマリー・ゾンダーガールが開発したデジタルアシスタント AYA は、ハラスメント発言に対して手厳しく返答する。つまりジェンダー平等を体現するフェミニスト的なふるまいを実装するという方法である。(西條玲奈)

---

❶ UNESCO の報告書は以下で確認できる。『もし顔があれば赤くなっていたでしょうね』(2019) I'd Blush if I Could, UNESCO https://en.unesco.org/Id-blush-if-I-could

▶**参考文献**
稲葉振一郎他編 (2020)『人工知能と人間・社会』勁草書房
Janina Loh and Mark Coeckelbergh (eds.) (2019) *Feminist Philosophy of Technology*, Springer
Yolonde Strengers and Jenny Kennedy (2020) *The Smart Wife: Why Siri, Alexa, and Other Smart Home Devices Need a Feminist Reboot*. The MIT Press

> **問い**　①ロボットに見られるジェンダー・バイアスについて具体的な問題点を考えてみよう。
>
> ②どんなロボットの特徴があれば「男性的」、「女性的」、「性別が曖昧」と思えるか、形、色、動作、音声、機能、名前などの観点から考えてみよう。

3) ジェンダー・ステレオタイプとテクノロジー

② AIのジェンダー・バイアス

📖 Ⅲ-5-1

◆**AIの仕組みとバイアスの関係**　多くの企業がAIの可能性を認識し、日本でも本格的なビジネスへの適用が進んでいる。AIの導入が進むにつれ、AIというブラックボックスの中から導きだされる結論や、その判断結果がもたらす社会的な影響が懸念されるようになってきた。今日のAI技術の主流となっているディープ・ラーニング（深層学習）❶は、精度の高い予測を導きだせる反面、どのような根拠でその判断に至ったかを論理的に説明することが難しく、判断基準がブラックボックスとなる可能性が指摘されている。AIによって導きだされる結果は、学習したデータの質や量、アルゴリズムに潜む偏りに左右される可能性があり、人種や性別、地域、年齢などの属性によるデータの隔たりが、AIの判断結果に影響を与え社会問題にまで発展した例もある。

　AIの公平性や透明性の課題には、AIそのものが持つ特性に加えて、テクノロジー全体の多様性の欠如からくる体系的な問題がある。世界的にみてITエンジニアに占める女性の割合は少なく、AIの開発に従事しているエンジニアは圧倒的に男性が多い。このためAIのアルゴリズムそのものにバイアスが含まれている可能性を否定できない。本格的なAI活用の時代を迎えるにあたって、テクノロジー分野における男女の格差を無くすことは最優先事項と言える。また、AIが学習するデータは過去の人間の営みから生み出されたものであり、長年にわたる男性優位社会によって培われたデータには、潜在的にジェンダー・バイアスが含まれている可能性が高い。学習データからいかにバイアスを取り除くか、データにバイアスが含まれていることをどのように検知するかなど、AIには解決すべき技術的課題が多数残っている。ここではいくつかの事例をもとにAIとジェンダー・バイアス（性差に基づく偏見）について考察していく。

◆**オンライン翻訳に潜むジェンダー・バイアス**　Google翻訳などオンライン自動翻訳サービスは、既存のWeb上のデータで訓練されている。このため一般的な社会通念である「医師」は男性、「看護師」は女性というようなジェンダー・バイアスが反映されやすいという課題を抱えている。また、英語から単語が性区別される言語（ト

ルコ語、フランス語、ドイツ語など）に翻訳する際、文脈から自動的に女性や男性を特定してしまう傾向があることが明らかになっている。実際に、トルコ語では、"彼(he)"、"彼女（she）"、"それ(it)" を表すための代名詞が "o" の一つしかないため、"o" の代名詞が含まれるトルコ語の文章をGoogle翻訳で英語に翻訳する場合、翻訳アルゴリズムは英語のどの代名詞が "o" に相当するのかを推測することになる。そして、アルゴリズムはジェンダー・バイアスを反映しながら、"彼は医者です"、"彼女は看護師です" のような形で文章を翻訳する傾向があることがわかり問題となった❷。その後Google翻訳は、翻訳結果で性別を選べるよう改良され、最終的な性別の判断は利用者にゆだねられるという形になっている。この事例から、我々自身の言語を通じて暗黙のうちに生成されるジェンダー・バイアスを含むデータが、AIの判断に大きな影響を与えていることがわかる。

◆**画像認識におけるバイアス**　2015年、Webの画像認識アプリケーションが、黒人女性をゴリラと認識したとして、世界中で大問題となった❸。これは性別だけでなく、人種的なデータの偏りも関連している。該当のシステムで学習された画像データは、白人ならびに男性の顔の画像がその大半を占めていた。その結果、白人男性の顔認識の精度は高かったのに対し、画像データが少ない黒人女性の顔認識の精度は低く、このような結果を導き出してしまったのである❹。もう一つの例をみてみよう。これは結婚式の写真に対してAIが自動的にタグ付けを行った結果を示したものである。左側の写真に対してAIはその特徴を詳しく認識して "wedding"、"bride"などの適切なタグ付けを行っているのに対し、右側の写真は "person"、"people" など結婚式とは関係しない一般的な用語のみがタグ付けされており認識度合いが低いことがわかる。これは学習データに地理的な偏りがあるためである。世界各地の結婚式の様子を撮影した画像に「結婚式」関連のタグを付与するアルゴリズムを適用しているが、データ量の地域的偏りによってその判断にバイアスが生じたのである。一般的な西洋式の結婚式の写真は多くネット上に存在するが、地域性の高いアジア・アフリカなどの結婚式の写真の存在は少ない。その結果、この

ような差異が生まれた。世の中には、180以上のバイアスが存在すると言われており、現在AIの判断を鵜呑みにできない理由の一つになっている。今後、AIの日常生活への関わりが増えていく中で、テクノロジー分野においてもバイアスに関する認識を深め、適切に対応していくことが求められる。

　◆AI採用システムに潜むジェンダー・バイアス　ある米国企業のAIアルゴリズムを利用した人事採用システムで、技術職の採用に性別による隔たりがあることがわかり利用を停止したことが話題になった。このAIシステムは、過去10年間の就職志願者の履歴書を学習データとして訓練されていたが、そのほとんどが男性からの応募だったことから、技術職は男性を採用するのが好ましいと認識するようになった。逆に履歴書に「女性」に関する単語や、特定の女子大学の名前などの経歴が記されていると評価が下がる傾向が出てきたと言う。その後、これらの条件を中立なものとして判断するように変更を加えたが、他のあらゆる分野において本当に性別に対する偏りがないかを判断できず、莫大な投資をして構築したこのシステムの利用を取りやめることになった。企業の採用側からすれば、新技術を用いて、採用の枠を広げ優秀な人材を探し出す仕組みや、属人化した採用担当者への依存を減らすことは長年の夢でもある。しかし、AIの学習データに含まれるジェンダー・バイアスを取り除くためには多くの改良が必要となる。とくにAIの公平性や説明性を担保することは必須と言えよう。

　◆AIアルゴリズム開発におけるジェンダーの偏り　特定の属性を持つエンジニアのグループで技術を構築すれば、意図的ではなくても差別的な要素が含まれる可能性が高くなる。現在のAIは、ある一定の年齢の男性が技術的に関わるケースが多く、アルゴリズムの偏りを引き起こす要因になり得る。また、機械学習の手法も、過去の人間の判断をもとに学習させた場合、過去の偏見や無意識のバイアスが反映される原因となることも知られている。2018年7月8日に科学誌 *Nature* で、「AIは性差別主義者および人種差別主義者になる可能性がある—今こそ公平にすべき時」という、衝撃的なトピックを扱った記事が掲載され話題となった。AIから導き出された結論によって引き起こされる倫理的な課題や、その判定結果がもたらす社会的な影響を考えると、AIに関与するコンピューター科学者は、早急にバイアスの原因を特定し、学習データのバイアスを取り除き、データの偏りに頑強なAIアルゴリズムを開発する必要がある。

　◆AIの公平性への取り組み　今後、AIの公平性、透明性、説明可能性は、AIが適切に社会に根付く上で重要なポイントになってくることは間違いない。このよう

な課題に対して、AIの出力をリアルタイムにモニターし、結果の中にバイアスが含まれるかを検知したり、判断した結果の元となるデータを抽出し説明を加えたりするなど、新たなAIに対する取り組みが進んでいる。一方で、AIが私たちの生活により密接に関わってくるようになると、AIやテクノロジー分野での多様性の欠如から生まれるバイアス、男性中心社会の歴史的背景や社会通念が反映されたデータを学習することによるAIの判断の偏りが、我々の生活を直接脅かすことになる。テクノロジーは社会的課題の解決に積極的に利用されるべきであり、ジェンダー・バイアスを無くし多様性が生かされる社会を実現することは、直接的に最先端のテクノロジーであるAIの透明性・公平性の実現に寄与することになる。（行木陽子）

---

❶ ディープラーニング（深層学習）は、人間の神経細胞の仕組みを再現したニューラルネットワークを用いた機械学習の手法の一つで、多層構造のニューラルネットワークを用いて高度な学習を行う。十分なデータ量があれば、人間の力なしに機械が自動的にデータから特徴を抽出することができる。人工知能（AI）の急速な発展に貢献した技術であり、画像認識や音声認識、翻訳などさまざまな分野で大きな成果を生み出している。

❷ 機械学習では、現実社会の中で生み出され蓄積されたさまざまな情報が学習データとして利用される。このため、人間社会に存在する人種や性別、地域、国籍、年齢などの無意識の偏見がAIに継承されてしまう危険性をはらんでおり、AIの判断を鵜呑みにできない理由の一つになっている。最近では、モデル解釈性や説明性に関する研究が進められ、データバイアスの検知やAIの判断基準を解明する取り組みなども行われている。

❸ 画像データセットの公開は、AIの飛躍的な進化をもたらす要因の一つとなっており、有用な機械学習（ML）モデルを開発するために必要で、かつ重要な役割を果たしている。一方で、その収集方法によってはデータバイアスが生じAIの判断に偏りをもたらす危険性がある。その一例としてNIPS（Neural Information Processing System）2017のワークショップにおいて、標準的なオープンソースデータセットが、開発途上国全体を広く表現するのに十分な地理的多様性を持っていないことが指摘された。

❹ プリンストン大学の研究チームが2021年8月に発表した論文「画像キャプションにおける人種バイアスの理解と評価（Understanding and Evaluating Racial Biases in Image Captioning）」によると、AIの学習データとして利用される画像データセットを、肌の色の明るい人と暗い人に分類した結果、64.6%の画像が明るい方に属し、暗い方に属している画像はわずか7.0%であった。これは、画像データセット内に明るい肌の画像が暗い肌の画像よりも9.2倍も多く存在する事を示している。また、人間が付与したキャプションとAIモデルが生成したキャプションの差異に着目した分析では、ジェンダーに関するラベル付けにおいて、人間が作成したラベルとAIモデルが作成したラベルで一致したものは66.3%に留まっており、AIモデルそのものにもバイアスが存在する可能性について指摘している。

▶参考文献

James Zou and Londa Schiebinger (2018) "AI Can be Sexist and Racist: It's Time to Make It Fair," *Nature* 559

| 問い | ①ジェンダー・バイアスがどのようにAIの判断に影響を与え、社会問題を引き起こすのか？
②テクノロジーの進化と多様性の関係とは？ |

3) ジェンダー・ステレオタイプとテクノロジー

③軍縮・軍備管理とジェンダー

📖 I−1−4−①、Ⅲ−3−2−①、Ⅲ−3−3−①　🔍【読】世11−2、世13−2、日8−3、日8−15

◆軍縮・軍備管理における「ジェンダー主流化」　2000年に「女性・平和・安全保障に関する国連安保理決議1325号」が採択されて以降、軍縮・軍備管理の分野においても「ジェンダー主流化」と呼ばれる取り組みが加速した。ここでは、主に軍縮・軍備管理についてジェンダー主流化が推進されるなかで行われた研究や政策、施策を振り返り、今後の課題を考える。

◆ジェンダー別分析の進展　1990年代から2000年代初頭までは、武力紛争や暴力の被害者の多くは女性である、といった主張がしばしば見られた。しかし、2000年代にジェンダー別の加害者・被害者データの収集・研究が進展するにつれ、実際の被害者には男性が多いことが明らかになった。例えば、国連が2018年に発表した『軍縮アジェンダ』においては、2016年の全世界の「暴力による死者」（violent deaths）のうち84％が男性および少年であったとしている。この背景の一つとしては、男性のほうが武力紛争時の戦闘や組織犯罪の活動に加わる機会が多いことが挙げられる。さらに、無人機による標的攻撃の際の操作する人間による判断や、人工知能（AI）による判断についても、男性のほうが敵や戦闘員だと判断されやすく攻撃されやすいといったジェンダー・バイアスが生じることが指摘されている。

　他方で、国連薬物犯罪事務所（UNODC）が2019年に発表した報告書『殺人に関するグローバルな調査』によれば、2017年に配偶者などのパートナーによる暴力による死者の82％が女性、パートナーを含む家族からの暴力による死者の64％が女性であった。こうした調査結果も踏まえて、兵器の使用を伴う場合を含むさまざまな種類の暴力について、ジェンダー別の加害者・被害者データの収集が行われ、その分析がなされている。

◆「ジェンダーに基づく暴力」（GBV）　GBVについても、研究や議論が進展した。GBVの定義としては、身体的、精神的、性的な危害や苦痛を与える行為、そのような行為の脅迫、強要、その他の自由の剥奪を含む、ジェンダーないし生物学的性別に基づいて人に向けられる暴力であり、①性的搾取・虐待を含む「性暴力」、②殴る蹴る等の「身体的暴力」、③言葉やいじめによる「心理的暴力」、④女性性器切除等

の「身体に有害とされる伝統的慣習」、⑤社会的疎外や貧困などの「社会的・経済的暴力」を含む、といった定義が広く使用されている。これらの幅広いGBVのなかで、1990年代の研究や議論においては、兵器の使用（あるいは使用するとの脅迫）を伴う性暴力（とりわけ女性に対する性暴力）に焦点が当たる傾向がみられた。

　しかし、その後に研究が進むにつれて、例えば北部ウガンダで反政府軍に男児が誘拐され兵士にされ身体的暴力を受け戦闘に参加させられ、親族を殺すよう強要される事例をGBVの枠組みで捉えるなど、被害者が女性でない事例を含む幅広いGBVが研究対象として捉えられるようになった。さらに、紛争下や難民・避難民キャンプなどでの性暴力被害に関する研究が進むにつれて、多くの実務者・研究者が事前に想像していたよりも男女の被害割合の差が小さい点も注目されるようになった。例えば、表に示されるように、2008年にリベリアの元戦闘員や民間人に対して行われた調査や、2010年にコンゴ民主共和国東部で行われた調査では、性暴力の被害を報告した人の割合は女性のほうが男性よりも高かったものの、２倍未満の相違にとどまっていた。こうした状況にもかかわらず、男性に対する性暴力の程度が低く想像されがちであるために、男性の性暴力被害者に対する医療的支援が不足しがちなことも指摘された。そして、とりわけ同性愛がタブー視される傾向のある社会においては男性被害者が男性からの性暴力被害について訴えにくい、男性に対する性暴力に関わる法整備がなされていない国もある、といった問題点も提起された。こうした研究動向と連動する形で、近年の軍縮・軍備管理分野の国際会議では、兵器の使用を伴う場合も含めたGBVの被害者に対してジェンダーに配慮した支援を行うことが合意されるなどしている。そして、被害のジェンダー別分析やGBVへの関心が高まるにつれて、2000年代以降、クラスター弾条約（2008年）❶、武器貿易条約（2013年）❷、核兵器禁止条約（2017年）❸といった条約のなかにもジェンダーないしGBVという文言が盛り込まれるようになった。

性暴力の被害を報告した人の割合

	女性回答者	男性回答者
2008年リベリア元戦闘員への調査	42.3%	32.6%
2008年リベリア民間人への調査	9.2%	7.4%
2010年3月コンゴ民主共和国（DRC）東部の人々への調査	39.7%	23.6%

Chris Dolan (2014) "Into the Mainstream: Addressing Sexual Violence Against Men and Boys in Conflict" (A briefng paper prepared for the workshop held at the Overseas Development) において示されたデータをもとに筆者作成

◆**軍縮・軍備管理条約・業界とジェンダー**　2010年代半ば以降になると、軍縮・軍備管理業界内部のセクシズムやセクシュアル・ハラスメントが批判されたり、関連

する組織や会議におけるジェンダー・バランスに関する質的・量的調査の結果が報告されたりするようになった。そうした報告においては、軍縮・軍備管理分野の国際会議では他分野に比べても参加者の男性比率が全般的に高く、とりわけ 1 カ国から 1 名が参加するような小規模会議には参加者が全員男性の会議もみられる（各国から 1 名参加する場合に女性が選ばれない傾向がある）こと、規模が大きい会議では全体の女性割合が 3 割程度に高まる傾向もあるが、その場合も代表団長や発言者の女性比率は低いことなどが指摘された。こうした問題提起を受けて、2010 年代後半には、関連する条約の締約国会議プロセスなどにおいて、各国代表団やサイド・イベントなどのジェンダー・バランスを改善し女性の「意味ある参加」を確保する試みがなされるようになった。また、交渉が深夜におよぶことを前提にした国際会議の運営など、女性を含む多様なバックグラウンドの人の参加を困難にするような組織内・業界内の慣習についても改善が求められている。

　◆これまでのジェンダー主流化の問題点と今後の課題　軍縮・軍備管理の理論や概念、規制枠組みや実践については、従来から、国家中心主義的・軍事中心主義的・男性中心的な安全保障観に基づいていることや、先進国ないし西洋中心主義的になりがちなことが指摘されてきた。これまでの軍縮・軍備管理の分野でのジェンダー主流化についてしばしば指摘されるのは、結局はそのような理論や概念、規制枠組みや実践に根本的な変容をもたらしたとは言いがたく、既存の秩序・制度のなかで「有用」だと認められた変化が受容されているにすぎない点である。例えば、「ジェンダー・バランスの改善」によって参加が促進されたのは、主に先進国の白人エリート女性たちであった。そして、彼女たちの参加は、男性中心・先進国中心・西洋中心的になりがちな軍縮・軍備管理業界の構造やそこで生み出される理論や政策を根幹的に変容させるというよりは、むしろ既存の構造や理論や政策を再生産し、他のさまざまなアイデンティティを持つ人々（例えば「南」の有色の女性・男性）に対する排除を不可視化してきた側面があることも否定しがたい。また、これまでの「ジェンダーの視点」は、概してシスジェンダー（生まれたときに割り当てられた性別に違和感のない人）かつ異性愛者の視点に基づきがちであり、トランスジェンダーの視点や異性愛以外の性的指向を持つ者の視点を軽視しがちだとの指摘もみられる。2018 年に国連が発表した『新しい軍縮アジェンダ』も、ジェンダー・バランス改善や女性や若者の参加推進にまつわる記述が多い一方で、セクシュアリティや人種、言語、経済的環境をはじめとする他の要素への言及はみられない。今後のこの分野におけるジェンダー主流化については、その目的を再考するとともに、よりインターセク

ショナルな視点を考慮する余地があると言えるだろう。（榎本珠良）

---

❶ クラスター弾に関する条約第5条1（2008）

（出典）https://www.clusterconvention.org/convention-text/（2024年2月8日最終閲覧）

締約国は、自国の管轄又は管理の下にある地域に所在するクラスター弾による被害者について、適用可能な国際人道法及び国際人権法に従い、年齢及びジェンダーに配慮した援助（医療、リハビリテーション及び心理的な支援を含む）を適切に提供し、並びにクラスター弾による被害者が社会的及び経済的に包摂されるようにする。

▶**解説**　クラスター弾による被害の様相や必要な支援が年齢やジェンダーによって異なることが認識され、このような文言が盛り込まれた。

❷ 武器貿易条約第7条4（2013）

（出典）https://thearmstradetreaty.org/treaty-text.html（2024年2月8日最終閲覧）

輸出を行う締約国は、1の評価を行うに当たり、第二条1の規定の対象となる通常兵器又は第三条若しくは第四条の規定の対象となる物品がジェンダーに基づく重大な暴力行為（serious acts of gender-based violence）又は女性及び子どもに対する重大な暴力行為を行い、又は助長するために使用される危険性を考慮する。

▶**解説**　輸出国が通常兵器の移転の可否を判断するにあたって、ジェンダーに基づく重大な暴力行為の遂行あるいは助長のためにその兵器が使用されるリスクを考慮する旨が盛り込まれた。これにより、武器貿易条約（ATT）は「ジェンダーに基づく暴力」という文言を盛り込んだ初の軍縮・軍備管理条約となった。なお、この条約の交渉中に、バチカン市国などの国々は、第7条4に「ジェンダーに基づく重大な暴力行為」という文言を入れることに反対して、「女性及び子どもに対する重大な暴力行為」といった文言にすべきだと主張した。採択された条約においては、両方の文言が併記された。

❸ 核兵器禁止条約第6条第1項（2017年）

（出典）https://treaties.unoda.org/t/tpnw（2024年2月8日最終閲覧）

締約国は，自国の管轄の下にある個人であって核兵器の使用又は実験によって影響を受けるものについて適用可能な国際人道法及び国際人権法に従い、差別なく、年齢及びジェンダーに配慮した援助（医療、リハビリテーション及び心理的な支援を含む）を適切に提供し、並びにそのような個人が社会及び経済に組み込まれるようにする。

▶**解説**　核兵器が使用された場合に癌の発生率などの影響被害に男女に有意な差異が認められることや、ジェンダーによって心理的・社会的影響が異なることが認識されたことを背景に、このような文言が盛り込まれた。

▶**参考文献**

シンシア・エンロー（上野千鶴子監訳・佐藤文香訳）（2006）『策略—女性を軍事化する国際政治』岩波書店
榎本珠良（2020）『武器貿易条約—人間・国家主権・武器移転規制』晃洋書房
友次晋介（2017）「核軍縮におけるジェンダー主流化」『広島平和科学』39

> **問い**
> ①男性に対する性暴力を含めた幅広いGBVに関する研究が進むことで、紛争地における支援に関してどのような施策の提言が可能になるか？
> ②軍縮・軍備管理分野の国際会議などの場では、なぜ男性の割合が高くなりがちなのか？

コラム⑲　「妊娠しやすさ」グラフの嘘

◆**事件のあらまし**　2015年8月21日、高等学校向けの保健体育副教材「健康な生活を送るために（改訂版）」が、はなばなしく刊行され、同日、有村治子内閣府特命担当大臣（少子化対策も担当）は会見を開いて、この「啓発教材」が「8月下旬以降に全国の高校1年生に配布され、適宜学校教育の中で活用される」ことを発表した。

同日の毎日新聞には、「文科省：妊娠しやすさと年齢、副教材に高校生向けに作製」という記事が載った。記事には、教材の写真も載っており、女性の妊娠しやすさが年齢とともにどう変化するかというグラフ（図1）が大きく映り込んでいた。

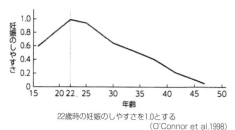

22歳時の妊娠のしやすさを1.0とする
(O'Connor et al.1998)

図1　女性の妊娠しやすさの年齢による変化

新聞に掲載されたこのグラフが、研究者何名かの目にとまった。明瞭なピークが22歳という位置に存在していたからだ。こういうときに、SNSというのは強力な武器となる。疑問を持った面々は、互いに連絡を取り合いながら原典にあたり、グラフが改ざんされていることを確認した。その経緯は、新聞でも報じられ、さらには、この書き換えグラフが過去にも使用されてきたこと、同教材には他にも妙な記載が多数あることなども判明したところで、質問状を送付したり面談を行ったりする準備も開始された。グラフについては一応正誤表が配布され、次年度以降、この教材がそのままのかたちで配布されることはなくなった。

◆**妙なグラフ**　生物集団の特定形質について、縦軸に形質を、横軸に年齢をとって描かれたグラフで、ピークがくっきり示されるのはめずらしい。また、妊娠出産関連で通常耳にするのは、「30近く

になると妊娠しにくくなり始め、30代後半になると急激に妊娠しにくくなる」といったことだろう。ところが、副教材掲載のグラフは違っていた。

出典として付記されていた共著論文「O'Connor et al. 1998」を見ても、問題のグラフらしきものが先行研究として紹介されているだけだった。縦軸も apparent fecundability（見かけの妊娠確率）となっている。つまり、カーブが改ざんされているだけでなく、出典の記載も不適切で、何をもって「妊娠のしやすさ」としているのかも不明だった。

結論からいうと、グラフの原形は、複数の地域で過去に得られた結果を結合することで作成されたものだった。データとして、結婚から第1子出産までの期間やその後の出産間隔が必要だったため、避妊や中絶が行われるようになる以前や、宗教上の理由で避妊や中絶を行わない社会など、現代日本とは結婚年齢をはじめとしてさまざまな側面で異なる地域のデータをかき集めて、「見かけの妊娠確率」が描かれたのである。

まず、1978年に、ベンデルとフアが、北米のハテライト（フッター派、宗教上の理由から避妊・中絶を行わないとされる）について1960年代に論文にまとめられたデータをもとに24歳以降についてグラフを描き、その後ウッド（1989）が、台湾で1960年代に得られたデータをもとに24歳以前も含むグラフを作成しなおした（図2、タイトルは「見かけの妊娠しやすさの年齢曲線」、横軸は「女性の年齢」、縦軸は「22歳時点の値を1.0とした場合の見かけの妊娠しやすさ」）。オコナーは、ウッドとの共著論文としてこのグラフに言及していたのである。20歳代後半から30歳台前半にかけて、先行諸研究のグラフではカーブが上に凸のふっくらした形状なのに対し、副教材のグラフでは痩せた形状になっているのが、図からわかるだろう。

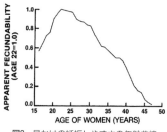

図2　見かけの妊娠しやすさの年齢曲線

◆**「妊活」勧奨策としての副教材改訂**　副教材に改ざんグラフが掲載された経緯も判明した。日本家族計画協会の機関紙「家族と健康」732号（発行

人北村邦夫）（2015年3月1日）の一面トップに、「学校教育の改善求め要望書提出：本会、日本産婦人科学会など9団体」という執筆者名「KK」の記事が掲載され、グラフをめぐる政治的攻防の顛末が書かれていたのである。実は、この記事については、日付にまちがいがあるだけでなく、参考資料（グラフの載った資料）に要訂正部分があるとの「お詫びと訂正」記事が10月1日発行の739号に載ることになるのだが、状況をよく伝える記事なので、以下、記事からそのまま引用する。文中で「図1」とされているのが問題のグラフである。

　1月下旬、本会を含む学際的9団体…を代表して、吉村泰典内閣官房参与から有村治子内閣府特命担当大臣に「学校における健康教育の改善に関する要望書」が手渡された。要望書は主として、中学校・高等学校における学習指導要領の改訂を求めたものだ。
　近年の顕著な晩婚化・晩産化により、第1子出産時の母の平均年齢はこの30年でおよそ4歳上昇。年齢が高齢化すれば、女性の妊娠する能力は低下する（図1）。……要望書では、……「子どもを生み育てたいという希望がかなうためには、正しい知識に基づき判断できることが必要」と、現在の社会状況に合った学校教育の改善を求めている。
　さらに要望書では、妊娠・出産の知識レベルが、日本は世界に比べ低い水準にあるという研究結果（図2）も提示し、……。
　有村大臣はこれを受け、下村博文文部科学大臣に面会。内閣府に対して要望書が提出されたことを伝えた。
　9団体は教科書の編纂を行う際などに関して、医学関係者による最新の知識を要する場合は責任をもって協力する旨も表明している。（「家族と健康」732号）

なんとも露骨な内容だが、吉村内閣官房参与が、2011年まで日本産科婦人科学会理事長、2010年からは日本生殖医学会理事長を務め、2013年から第2次安倍内閣の内閣官房参与に就任していたことや、グラフの他の使用例も加味すれば、問題の文科省副教材で、生物学的な説明を削る一方、「家族と社会」や「妊娠と出産」の項目が増殖され、「医学的・科学的に正しい知識」として改ざんグラフが持ち込まれた流れが見えてくる。

◆**大事なのは判断のベースとなる知識**　今回も、もし誰も声をあげていなければ、この副教材がそのまま使われ続けたはずだ。その結果、どれだけの「女性は22歳を過ぎると急激に妊娠しにくくな

る」言説がばらまかれることになったろうか。
　女性22歳妊娠ピーク言説は、人を煽る目的で使うには格好の素材である。そうした素材が文科省の高校副教材に載っていれば、週刊誌やテレビでも使われただろうし、進路指導にも影響が及んだことだろう。大学生であれば大学院進学も選択肢に入ってくるような年齢から「妊娠しやすさ」が急激に下降し始めるという言説を、高校生本人のみならず、保護者や教員も副教材を介して目にするというのは、容易ならざる事態である。
　2015年のこの「事件」では、グラフ改ざんについての指摘が早かったこともあり、「妊娠しやすさグラフ」を直接利用した広範な「産め産め」キャンペーンは免れた。しかし、妊娠しやすさ22歳ピーク言説によるキャンペーンがとん挫した後は、今度は卵子数をめぐる言説が目立ってくる。妊娠出産については、子どもを育てたいと願う親が体力のあるうちに子育てを終えられるような妊娠出産年齢まで十分な数の卵子が残っていれば、数自体に関してはとくに問題はないはずなのに、思春期以降卵子数が減り続けるという当然の現象が、女性に対するある種の心理的圧力として使われた。
　女性が子どもを産み始める年齢が上昇し、その結果、子どもを持ちたいのに妊娠できない人の数が増えていることは事実だろう。その背景には、子どもを持つ決断に踏み切れない現実がある。必要なのは、生活の場でさまざまな選択を適宜行えるだけの経済的・心理的余裕や、からだについての正確な知識である。妊娠出産や子育てがしづらくなる年齢は、もちろん存在する。しかし、それは、22歳を過ぎると妊娠しにくくなるという「嘘」とも、卵子が減り続けるという「当然の摂理」とも別の話である。（高橋さきの）

▶**参考文献**
高橋さきの（2017）「グラフを見たら疑え—「専門家」が誘導する非科学」西山千恵子・柘植あづみ編『文科省／高校「妊活」教材の嘘』論創社
田中重人（2016）「「妊娠・出産に関する正しい知識」が意味するもの—プロパガンダのための科学？」『生活経済政策』230
James W. Wood (1989) "Fecundity and natural fertility in humans," *Oxford Reviews of Reproductive Biology* 11
Kathleen A. O'Connor, Darryl J. Holman and James W. Wood (1998) Declining Fecundity and Ovarian Ageing in Natural Fertility Populations," *Maturitas*, 30(2)

家事労働とテクノロジー

◆家事労働と女性への負担 　家事は私たちの日常生活を支える重要な労働だが、無償労働の代表例でもあり、労働負担の性差が顕著である。2020年『男女共同参画白書』によると、家事時間は夫婦世帯では女性が男性の2倍以上、「夫婦＋子ども（末子が小学生）世帯」では女性が男性の3.58倍である。

　一定水準の生活を維持するうえで家事は必ず発生する。それなら、機械が家事を担えばよいのではないか。2005年度『男女共同参画白書』には、「主に家事を行ってきた女性の家事時間は昭和35年から40年以後減少傾向」で、その要因として「電気冷蔵庫、電気洗濯機、電気掃除機などの普及率が非常に高くなり、それまでもっぱら人手によって賄われてきた家事を機械が代行するようになったこと」が挙げられている。また、第5期科学技術基本計画（2016）で掲げられた、目指すべき未来社会Society 5.0では介護ロボットやIoTの活用などによる快適な生活が描かれている。しかし、本当に家事労働はテクノロジーで解決できるのか。そこに課題はないのだろうか。

◆家電の浸透 　上の白書のように、家事労働は家電の普及により軽減したと解釈されがちだが、これに異を唱える研究もある。コーワン（2010）は、米国における家事労働とテクノロジーの歴史分析より、家事テクノロジーの発展・普及が各家庭における女性の家事労働負担を一層重くする側面を持っていたことを指摘する。近代社会において、家電製品の私有はその家庭の豊かさの象徴だった反面、家事を単一家族で行う無償労働と再定義もした。従来家事労働をしなかった女性も主婦として家事に従事する存在となったのである。また、家事テクノロジーやそれをとりまく社会システムが、一日中家事を担う主婦を想定して構築されたため、働く女性たちには賃金労働と家事労働の二重負担が課せられることとなった。むろん、家電の所有はその購入が可能であることが前提であるので、貧困家庭における家事労働は軽減されず、一方で家事テクノロジーの改良に伴い、期待される家事の質や頻度が上がった。結果、個別家庭における家事労働は増え、主婦は忙しくなるばかりだと言う。品田（2007）も日本の家事労働データの分析より、家電のメリットは認めつつも、それをしのぐ家事水準の上昇があったと指摘する。市場価値を競う家電製品の開発は、当然さらなる家事ニーズの開拓に向かう。洗濯機一つをとっても、乾燥機能の追加や静音化により24時間洗濯可能となったうえ、抗菌効果のように見えないレベルの清潔さをも実現した。裏を返せば、洗濯労働への期待をさらに上げる要因となっているのである。

◆新しい家事テクノロジーによる未来の家事労働？ 　しかし近年では、これまでの家電とは一線を画す先端的な家事テクノロジーが開発されている。管理や判断を必要とする家事作業もAIが学習し効率的にこなせるようになってきた。IoTにより家庭内のあらゆる操作が手元で管理でき、ケア労働はロボットに一任、食事も3Dフードプリンターで用意可能——そんな未来も近いだろう。ここまでテクノロジーが請け負ってくれるのなら、従来の家事労働自体が解消するので、女性への負担もなくなることが期待される。

　しかし、特定の負担者による無償労働、かつ規定の労働パターンの繰り返しにより一定レベルの生活を維持する行為、という家事の捉え方は、最先端の家事テクノロジーにおいても同じなのではないか。ならば、負担者が女性から機械に替わっただけであり、その機械が作動しない場合はやはり女性が負担するのだろうし、求められる家事クオリティは今後も上がっていくだろう。それより家事という格差の生まれやすい労働の特性を踏まえ、そもそも家事労働に暗黙の定義や規範を付与している社会そのもののイノベーションが必要なのではないか。テクノロジーの可能性は幅広い。だからこそ家事の解決をメカ的なものに限定してしまう私たちの頭のなかを変えること、何を技術的に解決すべき課題と定義するかを考えることこそが肝要だろう。（三村恭子）

▶参考文献

ルース・シュウォーツ・コーワン（高橋雄造訳）（2010）『お母さんは忙しくなるばかり——家事労働とテクノロジーの社会史』法政大学出版局
品田知美（2007）『家事と家族の日常生活——主婦はなぜ暇にならなかったのか』学文社

参考文献

Ⅰ. 基本文献

叢書・講座・事典・入門書ほか

『ジェンダー史叢書』全8巻（2009-2011）明石書店

『岩波講座世界歴史　全24巻』（2021-　）岩波書店

『岩波講座世界歴史　全28巻＋別巻』（1997-2000）岩波書店

『岩波講座日本歴史　全22巻』（2013-16）

『イスラーム・ジェンダー・スタディーズ　全10巻』（2019-　）明石書店

粟屋利江・井上貴子編（2018）『インド　ジェンダー研究ハンドブック』東京外国語大学出版会

大口勇次郎・成田龍一・服藤早苗編（2014）『ジェンダー史（新体系日本史9）』山川出版

加藤千香子・細谷実編（2009）『暴力と戦争（ジェンダー史叢書5）』明石書店

久留島典子・長野ひろ子・長志珠絵編（2015）『ジェンダーから見た日本史─歴史を読み替える』大月書店

小浜正子他編（2018）『中国ジェンダー史研究入門』京都大学学術出版会

「性差の日本史」展示プロジェクト編（2021）『性差（ジェンダー）の日本史』新書版、集英社インターナショナル

高田京比子・三成美保・長志珠絵編（2021）『「母」を問う─母の比較文化史』神戸大学出版会

姫岡とし子（2024）『ジェンダー史10講』岩波新書

三成美保・姫岡とし子・小浜正子編（2014）『ジェンダーから見た世界史─歴史を読み替える』大月書店

山口みどり他編（2023）『論点・ジェンダー史学』ミネルヴァ書房

弓削尚子（2021）『はじめての西洋ジェンダー史─家族史からグローバル・ヒストリーまで』山川出版社

シービンガー，ロンダ（小川眞里子他訳）（1992／改訂新版2022）『科学史から消された女性たち─アカデミー下の知と創造性』工作舎

スコット，ジョーン・W（荻野美穂訳）（2022）『ジェンダーと歴史学　30周年版（平凡社ライブラリー　930）』平凡社

デュビィ，G・M. ペロー監修（杉村和子・志賀亮一監訳）（1994-2001）『女の歴史　全5巻10分冊』藤原書店

ローズ，ソニア・O（長谷川貴彦・兼子歩訳）（2016）『ジェンダー史とは何か』法政大学出版局

Ⅱ. 各項目の参考文献

Collins, Patricia Hill（2019）*Intersectionality as Critical Social Theory*, Duke University Press

DeWitte, Sharon N., Gail Hughes-Morey (2012) "Stature and Frailty during the Black Death: The Effect of Stature on Risks of Epidemic Mortality in London, A.D. 1348-1350." *Journal of Archaeological Science*, 39

Fábián, K., J. E. Johnson, and Lazda, M. (eds.) (2021) *The Routledge Handbook of Gender in Central-Eastern Europe and Eurasia*, Routledge

Farrington, Kelsi (2018) "Dirty Work: a Photo Essay," *New Internationalist*, 516, December https://newint.org/features/2018/11/01/living-from-waste

Fédération Internationale des Ligues des Droits de l'Homme, FIDH (2012) *Women and the Arab Spring: Taking Their Place?*, FIDH.

Hammer, J. (2012) *American Muslim Women, Religious Authority, and Activism: More Than a Prayer*, University of Texas Press

International Labour Organization and Walk Free Foundation (2017) *Global Estimates of Modern Slavery*, International Labour Office, Geneva.

Link, A. S. (ed.) (1985) *The Papers of Woodrow Wilson*, vol. 51, Princeton University Press

Loh, Janina and Mark Coeckelbergh (eds.) (2019) *Feminist Philosophy of Technology*, Springer

Mamdani, Mahmood (1996) *Citizen and Subject: Contemporary Africa and the Legacy of Late Colonialism*, Princeton University Press

Mate, Mavis E. (1998) *Daughters, Wives and Widows after the Black Death: Women in Sussex, 1350-1535*, Boydell

McRobbie, A. (2009) The Aftermath of Feminism: Gender, Culture and Social Change, Sage Publications

Menon, Ritu and Kamla Bhasin (1998) *Borders & Boundaries: Women in India's Partition*, Kali for Women

Neetha, N. (ed.) (2019) *Working at Others' Homes: The Specifics and Challenges of Paid Domestic Work*, Tulika Books

Ochiai, Emiko (2014) "Unsustainable Societies: Low Fertility and Familialism in East Asia's Compressed and Semi-compressed Modernities," Ochiai Emiko and Hosoya Leo Aoi (eds.) *Transformation of the Intimate and the Public in Asian Modernity*, Brill

O'Connor, Kathleen A., Darryl J. Holman and James W. Wood (1998) "Declining Fecundity and Ovarian Ageing in Natural Fertility Populations," *Maturitas*, 30(2)

Poinsot, Laure (directing) (2017) *What Has Gender Got to Do with Chemicals?* https://youtube/CeYj50HIb8Q

Silvers, E. (2020) "How Women Led the Battle against the 1918 Flu," *California Magazine*, Fall, Cal. Alumni

Spens-Black, Hannah (2016) "Rwandan Women at War: Fighting for the Rwandan Patriotic Front (1990-1994)," Shirley Ardener, Fiona Armitage-Woodward and Lidia D. Sciama (eds.) *War and Women across Continents: Autobiographical and Biographical Experiences*, Berghahn Books

Strengers, Yolonde and Jenny Kennedy（2020）*The Smart Wife: Why Siri, Alexa, and Other Smart Home Devices Need a Feminist Reboot.* The MIT Press

Taylor, Christopher C.（1999）*Sacrifice as Terror : the Rwandan Genocide of 1994,* Berg

Tzanov, Vasil（2016）"Bulgaria," Giovanni Razzu（ed.）*Gender Inequality in the Eastern European Labour Market,* Routledge

Wood, James W.（1989）"Fecundity and Natural Fertility in Humans," *Oxford Reviews of Reproductive Biology* 11

Wood, Kirsten E.（2010）"Gender and Slavery," Mark Smith and Robert Paquette（eds.）*The Oxford Handbook of Slavery in the Americas,* Oxford University Press

Zou, James and Londa Schiebinger（2018）"AI Can be Sexist and Racist: It's Time to Make It Fair," *Nature,* 559, https://doi.org/10.1038/d41586-018-05707-8

青木美希（2021）『いないことにされる私たち―福島第一原発事故10年目の「言ってはいけない真実」』朝日新聞出版

青山陽子（2014）『病いの共同体―ハンセン病療養所における患者文化の生成と変容』新曜社

上尾さと子（2020）「ジェンダーから見た中国残留孤児―女性比率に注目して」『アジア・ジェンダー文化研究』4

秋田茂他編（2016）『『世界史』の世界史（MINERVA 世界史叢書）』ミネルヴァ書房

安里和晃（2020）「福祉と社会―長期ケアの展開と外国人労働者」上村泰裕編『東アジア―中国／韓国／台湾（新 世界の社会福祉第7巻）』旬報社

アブー＝ルゴド，ライラ編（後藤絵美他訳）（2009）『「女性をつくりかえる」という思想―中東におけるフェミニズムと近代性（明石ライブラリー132）』明石書店

天野正子他編（2009-2011）『新編日本のフェミニズム（1-12）』岩波書店

荒川正晴他編（2022）『東アジアの展開8～14世紀（岩波講座「世界歴史」7）』岩波書店

蘭信三他編（2019）『引揚・追放・残留―戦後国際民族移動の比較研究』名古屋大学出版会

蘭由岐子（2017）『「病いの経験」を聞き取る―ハンセン病者のライフヒストリー（新版）』生活書院

アルトマン，デニス（岡島克樹・河口和也・風間孝訳）（2010）『ゲイ・アイデンティティ―抑圧と解放』岩波書店

アレン，ベヴェリー（鳥居千代香訳）（2001）『ユーゴスラヴィア 民族浄化のためのレイプ』柘植書房新社

粟屋利江（1998）『イギリス支配とインド社会（世界史リブレット38）』山川出版社

飯島悠哉・伊藤泰郎（2021）「「食の外部化」と外国人労働者」伊藤泰郎・崔博憲編『日本で働く―外国人労働者の視点から』松籟社

石川博樹・小松かおり・藤本武編（2016）『食と農のアフリカ史―現代の基層に迫る』昭和堂

石田智恵（2020）『同定の政治、転覆する声―アルゼンチンの「失踪者」と日系人』春風社

石牟礼道子編（1974）『天の病む―実録水俣病闘争』葦書房

石牟礼道子編（2005／初版1972）『わが死民―水俣病闘争』創土社

板垣雄三（1992）『歴史の現在と地域学―現代中東への視角』岩波書店

伊藤芳明（1996）『ボスニアで起きたこと―「民族浄化」の現場から』岩波書店

伊藤るり・足立眞理子編（2008）『国際移動と〈連鎖するジェンダー〉—再生産領域のグローバル化』作品社

稲葉振一郎他編（2020）『人工知能と人間・社会』勁草書房

井上浩一（2009）『ビザンツ皇妃列伝—憧れの都に咲いた花（白水Uブックス1109）』白水社

井野瀬久美惠（2023）『「近代」とは何か（講座「わたしたちの歴史総合4」）』かもがわ出版

井野瀬久美惠（2010）「奴隷貿易にジェンダーの視点をクロスオーバーさせる」『学術の動向』15(5)

井野瀬久美惠（1998）『女たちの大英帝国』講談社現代新書

井野瀬久美惠編（2010）『イギリス文化史』昭和堂

印東道子（2002）『オセアニア—暮らしの考古学（朝日選書）』朝日新聞社

VAWW-NET Japan編（2002）『女性国際戦犯法廷の全記録（Ⅰ・Ⅱ）（日本軍性奴隷制を裁く—2000年女性国際戦犯法廷の記録5・6）』緑風出版

ウォーコウィッツ，J. R.（永富友海訳）（2009）『売春とヴィクトリア朝社会—女性、階級、国家（SUPモダン・クラシックス叢書）』上智大学出版

内田昭利・守一雄（2018）『中学生の数学嫌いは本当なのか 証拠に基づく教育のススメ』北大路書房

宇野伸浩（2021）「モンゴル帝国のカトン—帝国の政治を動かした女性たち」『修道法学』44(1)

榎本珠良（2020）『武器貿易条約—人間・国家主権・武器移転規制』晃洋書房

エンロー，シンシア（上野千鶴子監訳・佐藤文香訳）（2006）『策略—女性を軍事化する国際政治』岩波書店

オウィディウス（田中秀央・前田敬作訳）（1966）『転身物語』人文書院

大川玲子（2013）『イスラーム化する世界—グローバリゼーション時代の宗教』平凡社

大谷藤郎監修・牧野正直他編（2007）『総説現代ハンセン病医学』東海大学出版会

大橋史恵（2011）『現代中国の移住家事労働者—農村–都市関係と再生産労働のジェンダー・ポリティクス』御茶の水書房

岡真理・後藤絵美編（2023）『記憶と記録にみる女性たちと百年（イスラーム・ジェンダー・スタディーズ5）明石書店

小川幸司編（2021）『世界史とは何か（岩波講座「世界歴史」1)』岩波書店

小川幸司（2023）『世界史とは何か—「歴史実践」のために（シリーズ歴史総合を学ぶ3)』岩波新書

小川眞里子（2001）『フェミニズムと科学／技術』岩波書店

小川眞里子（2020）「Gendered Innovationsとは」『科学』8月号

小川眞里子（2021）「感染症の科学と倫理」日本科学協会編『科学と倫理—AI時代に問われる探求と責任』中央公論新社

隠岐さや香（2018）『文系と理系はなぜ分かれたのか』星海社新書

落合恵美子・赤枝香奈子編（2012）『アジア女性と親密性の労働（変容する親密圏／公共圏2)』京都大学学術出版会

カーラ，シドハース（山岡万里子訳）（2022）『性的人身取引—現代奴隷制というビジネスの内側（世界人権問題叢書108)』明石書店

加納実紀代（2013）『ヒロシマとフクシマのあいだ―ジェンダーの視点から』インパクト出版会

カビール，ナイラ（遠藤環・青山和佳・韓載香訳）（2016）『選択する力―バングラデシュ人女性によるロンドンとダッカの労働市場における意思決定』ハーベスト社

河口和也（2003）『クイア・スタディーズ（思考のフロンティア）』岩波書店

川久保文紀（2022）「書評 J.アグニュー著、グローバル化と主権―領土の罠を超えて（第2版）」『中央学院大学法学論叢』36(1)

川島慶子（2010／改訂版2016）『マリー・キュリーの挑戦―科学・ジェンダー・戦争』トランスビュー

川島慶子（2021）『拝啓キュリー先生―マリー・キュリーとラジウム研究所の女性たち』ドメス出版

川人博（2014）『過労自殺（第2版）』岩波新書

川眞田嘉壽子（2012）「平和・安全保障とジェンダーの主流化―安全保障理事会決議1325とその実施評価を題材として」ジェンダー法学会編『ジェンダー法学のインパクト（講座ジェンダーと法1）』日本加除出版

韓国女性ホットライン連合編（山下英愛訳）（2004）『韓国女性人権運動史（世界人権問題叢書51）』明石書店

菊池夏野（2019）『日本のポストフェミニズム―「女子力」とネオリベラリズム』大月書店

北原恵（2022）「試論『フェミニズムとアート』の歴史―戦後日本で何が起こったか（特集フェミニズム＆アート研究プロジェクト」『大阪大学日本学報』40・41

北山郁子（1985）『女医の診察室から―渥美半島に生きて』労働教育センター

金慧昇（2020）「広がるネットワーク、広がるイデオロギー――19世紀半ば「女性衛生協会」の活動について」イギリス女性史研究会編『女性とジェンダーの歴史』7

木村涼子（2017）『家庭教育は誰のもの？―家庭教育支援法はなぜ問題か』岩波ブックレット965

グハ，ラーマチャンドラ（佐藤宏訳）（2012）『インド現代史―1947-2007（上・下）（世界歴史叢書）』明石書店

窪田幸子（2002）「ジェンダーとミッション―オーストラリアにおける植民地経験」山路勝彦・田中雅一編『植民地主義と人類学』関西学院大学出版会

グリーナムの女たち（近藤和子訳）（1992）『グリーナムの女たちの闘い―核ミサイルを止めた10年』オリジン出版センター

黒﨑真（2018）『マーティン・ルーサー・キング―非暴力の闘士』岩波新書

クロスビー，A. W.（西村秀一訳）（2004）『史上最悪のインフルエンザ―忘れられたパンデミック』みすず書房

ケラー，エヴリン・フォックス（広井良典訳）（1996）『生命とフェミニズム―言語・ジェンダー・科学』勁草書房

ケリー，ジョン（野中邦子訳）（2020）『黒死病 ペストの中世史』中公文庫

厚生労働省（2021）『過労死等防止対策白書』（令和3年版）

河野真太郎（2022）『新しい声を聞くぼくたち』講談社

コウバーン，シンシア（藤田真利子訳）（2004）『紛争下のジェンダーと民族―ナショナル・ア

イデンティティをこえて（明石ライブラリー69）』明石書店

コーワン，ルース・シュウォーツ（高橋雄造訳）（2010）『お母さんは忙しくなるばかり―家事労働とテクノロジーの社会史』法政大学出版局

国連NGO国内女性委員会（2017）『世界を変えるのは、あなた（国連・女性・NGO Part Ⅱ）』パド・ウィメンズ・オフィス

コットン，ウージェニィ（杉捷夫訳）（1964）『キュリー家の人々』岩波新書

後藤絵美（2020）「エジプト女性運動の「長い20世紀」―連帯までの道のり」長沢栄治監修・鷹木恵子編『越境する社会運動（イスラーム・ジェンダー・スタディーズ2）』明石書店

小浜正子他編（2018）『中国ジェンダー史研究入門』京都大学学術出版会

近藤有希子（2018）「農地から軍隊へ―現代ルワンダ農村社会を生きる彼女たちの未来と選択」『スワヒリ＆アフリカ研究』29

近藤有希子（2019）「悲しみの配置と痛みの感知―ルワンダの国家が規定するシティズンシップと人びとのモラリティ」『文化人類学』84（1）

サイード，エドワード・W（板垣雄三・杉田英明監修、今沢紀子訳）（1993）『オリエンタリズム（上・下）（平凡社ライブラリー）』平凡社

サイード，エドワード・W（大橋洋一訳）（1998、2001）『文化と帝国主義（1・2）』みすず書房

蔡玉萍・彭銦旎著（羅鳴・彭銦旎訳）（2019）『男性妥協―中国的城郷遷移・家庭和性別』生活・読書・新知三聯書店

サイニー，アンジェラ（東郷えりか訳）（2019）『科学の女性差別とたたかう―脳科学から人類の進化史まで』作品社

定方晟（2021）『インド宇宙論大全』春秋社

ザハヴィ，アモツ、ザハヴィ，アヴィシャグ（大貫昌子訳）（2001）『生物進化とハンディキャップ原理―性選択と利他行動の謎を解く』白揚社

シービンガー，ロンダ（小川眞里子・藤岡伸子・家田貴子訳）（1992／改訂新版2022）『科学史から消された女性たち―アカデミー下の知と創造性』工作舎

シービンガー，ロンダ（小川眞里子訳）（2017）「自然科学、医学、工学におけるジェンダード・イノベーション」『学術の動向』11月号

シービンガー，ロンダ（小川眞里子訳）（2018）「医学、機械学習、ロボット工学分野における「性差研究に基づく技術革新」」『学術の動向』12月号

シヴァ，ヴァンダナ（浜谷喜美子訳）（1997）『緑の革命とその暴力』日本経済評論社

品田知美（2007）『家事と家族の日常生活―主婦はなぜ暇にならなかったのか』学文社

島田周平（2019）『物語　ナイジェリアの歴史―「アフリカの巨人」の実像』中公新書

シャー，ソニア（夏野徹也訳）（2015）『人類五〇万年の闘い―マラリア全史（ヒストリカル・スタディーズ13）』太田出版

女性史総合研究会編（2003）『日本女性史研究文献目録Ⅳ（1992-1996）』東京大学出版会

金一虹（朴紅蓮訳）（2016）「中国社会の変容と女性の経済参加―北京会議から20年」小浜正子・秋山洋子編『現代中国のジェンダー・ポリティクス―格差・性売買・「慰安婦」』勉誠出版

スー，デラルド・ウィン（マイクロアグレッション研究会訳）（2020）『日常生活に埋め込まれたマイクロアグレッション―人種、ジェンダー、性的指向：マイノリティに向けられる無意

識の差別』明石書店

杉橋やよい・金井郁 (2023)「ジェンダー統計—社会を把握するツール—」長田華子・金井郁・古澤希代子編『フェミニスト経済学—経済社会をジェンダーでとらえる』有斐閣

杉本史子 (2022)『絵図の史学—「国土」・海洋認識と近世社会』名古屋大学出版会

杉山知子 (2007)『国家テロリズムと市民—冷戦期のアルゼンチンの汚い戦争』北樹出版

杉山正明 (1996)『モンゴル帝国の興亡（上・下）』講談社現代新書

スティール，クロード（藤原朝子訳）(2020)『ステレオタイプの科学—「社会の刷り込み」は成果にどう影響し、わたしたちは何ができるのか—』英治出版

ストーラー，アン・ローラ（永渕康之・水谷智・吉田信訳）(2010)『肉体の知識と帝国の権力—人種と植民地支配における親密なるもの』以文社

スノーデン，フランク・M（桃井緑美子・塩原通緒訳）(2021)『疫病の世界史（上・下）』明石書店

スピヴァク，ガヤトリ（上村忠男訳）(1998)『サバルタンは語ることができるか（みすずライブラリー）』みすず書房

セシ，スティーブン・J，ウィリアムス，ウェンディ・M（大隅典子訳）(2013)『なぜ理系に進む女性は少ないのか？トップ研究者による15の論争』西村書店

ダイアモンド，ジャレド（楡井浩一訳）(2005)『文明崩壊—滅亡と存続の命運を分けるもの（上・下）』草思社

ダイナ・レイミー，ベリー、カリ・ニコール，グロス（兼子歩・坂下史子・土屋和代訳）(2022)『アメリカ黒人女性史（再解釈のアメリカ史1）勁草書房

鷹木恵子 (2016)『チュニジア革命と民主化—人類学的プロセス・ドキュメンテーションの試み』明石書店

鷹木恵子編 (2020)『越境する社会運動（イスラーム・ジェンダー・スタディーズ2）』明石書店

高木昌史 (2012)「『エウロペの誘拐』—文学と絵画」『ヨーロッパ文化研究』31

高橋さきの (2017)「グラフを見たら疑え—「専門家」が誘導する非科学」西山千恵子・柘植あづみ編『文科省／高校「妊活」教材の嘘』論創社

高橋博子 (2012)『新訂増補版　封印されたヒロシマ・ナガサキ—米核実験と民間防衛計画』凱風社

武内進一 (2009)『現代アフリカの紛争と国家—ポストコロニアル家産制国家とルワンダ・ジェノサイド』明石書店

竹村和子 (2000)『フェミニズム（思考のフロンティア）』岩波書店

田中重人 (2016)「「妊娠・出産に関する正しい知識」が意味するもの—プロパガンダのための科学？」『生活経済政策』230

田中東子 (2012)『メディア文化とジェンダーの政治学—第三波フェミニズムの視点から』世界思想社

田中雅一・中谷文美編 (2005)『ジェンダーで学ぶ文化人類学』世界思想社

谷正和 (2005)『村の暮らしと砒素汚染—バングラデシュの農村から』九州大学出版会

チェイス＝リボウ，バーバラ（井野瀬久美惠監訳）(2012)『ホッテントット・ヴィーナス—ある物語』法政大学出版局

中欧・東欧文化事典編集委員会編（2021）『中欧・東欧文化事典』丸善出版

中国国家統計局「2020年農民工監測調査報告」 www.stats.gov.cn/tjsj/zxfb/202104/t20210
430_1816933.html（2022年9月12日最終閲覧）

チョ・ナムジュ（斎藤真理子訳）（2018）『82年生まれ、キム・ジヨン』筑摩書房

鄭喜鎮編（2021）『#Me Too の政治学―コリア・フェミニズムの最前線』大月書店

鄭暎惠（1997）「フェミニズムのなかのレイシズム」江原由美子・金井淑子編『フェミニズム
（ワードマップ）』新曜社

土屋和代（2022）「ブラック・フェミニズムとインターセクショナリティ―人種・階級・ジェン
ダー・セクシュアリティ」松原宏之他編『「いま」を考えるアメリカ史』ミネルヴァ書房

東京大学百年史編集委員会（1984）『東京大学百年史』通史

「特集　無知学／アグノトロジーとは何か―科学・権力・社会」『現代思想』2023年6月号

土佐弘之（2000）『グローバル／ジェンダー・ポリティクス―国際関係論とフェミニズム』世界
思想社

戸田真紀子（2015）『貧困、紛争、ジェンダー―アフリカにとっての比較政治学』晃洋書房

友次晋介（2018）「核軍縮におけるジェンダー主流化」『広島平和科学』39

長沢栄治（2016）「中東近代史のもう一つの見方―アラブ革命の5年間を振り返って」後藤晃・
長沢栄治編『現代中東を読み解く―アラブ革命後の政治秩序とイスラーム』明石書店

永野三智（2018）『みな、やっとの思いで坂をのぼる―水俣病患者相談のいま』ころから

永原陽子（2015）「南部アフリカ植民地の戦争と災害―リンダーペスト・旱魃・飢餓」史学会編
『災害・環境から戦争を読む』山川出版社

中村文子（2017）「犯罪のグローバル化―ヨーロッパにおける人身取引の事例から」石井香世子
編『国際社会学入門』ナカニシヤ出版

並河葉子（2016）「イギリス領西インド植民地における「奴隷制改善」と奴隷の「結婚」問題」
『史林』99(1)

西尾漠（2019）『反原発運動四十五年史』緑風出版

西沢利栄・小池洋一（1992）『アマゾン　生態と開発』岩波新書

西沢利栄（2005）『アマゾンで地球環境を考える』岩波ジュニア新書

糠塚康江（2005）『パリテの論理―男女共同参画の技法』信山社

糠塚康江（2011）「フランスにおける職業分野の男女平等政策―2008年7月憲法改正による「パ
リテ拡大」の意義」『企業と法創造』7(5)

糠塚康江（2021）「女性議員比率をめぐる『なぜ』と『いかに』―ジェンダー平等の視点から考
える」『法学館憲法研究所報』24

野澤淳史（2020）『胎児性水俣病患者はどう生きていくか―〈被害と障害〉〈補償と福祉〉の間
を問う』世織書房

バーガー，アイリス（富永智津子訳）（2006）「南アフリカにおけるジェンダー闘争」富永智津
子・永原陽子編『新しいアフリカ史像を求めて―女性・ジェンダー・フェミニズム』御茶の
水書房

萩原なつ子（2001）「ジェンダーの視点で捉える環境問題―エコフェミニズムの立場から」長谷
川公一編『環境運動と政策のダイナミズム（講座環境社会学4）』有斐閣

橋本雅一（1991）『世界史の中のマラリア—微生物学者の視点から』藤原書店

ハッツフェルド，ジャン（服部欧右訳）（2015）『隣人が殺人者に変わる時—和解への道：ルワンダ・ジェノサイドの証言』かもがわ出版

バトラー，J.（佐藤嘉幸・清水知子訳）（2022）『非暴力の力』青土社

バナール，M（金井和子訳）（2004、2005）『黒いアテナ　古典文明のアフロ・アジア的ルーツ　考古学と文書にみる証拠（上・下）』藤原書店

羽田正（2005）『イスラーム世界の創造（東洋叢書13）』東京大学出版会

浜忠雄（2023）『ハイチ革命の世界史—奴隷たちがきりひらいた近代』岩波新書

早尾貴紀（2020）『パレスチナ／イスラエル論』有志舎

速水融（2006）『日本を襲ったスペイン・インフルエンザ—人類とウイルスの第一次世界戦争』藤原書店

『美術手帖（特集　女性たちの美術史）』2021年8月号、美術出版社

姫岡とし子（2023）「ナショナリズムとジェンダー」荒川正晴他編『国民国家と帝国　19世紀（岩波講座「世界歴史」16）』岩波書店

ヒューレット，ボニー（服部志帆・大石高典・戸田美佳子訳）（2020）『アフリカの森の女たち—文化・進化・発達の人類学』春風社

表現の現場調査団『ジェンダーバランス白書2022』https://www.hyogen-genba.com/gender（2024年2月8日最終閲覧）

平野千果子（2002）『フランス植民地主義の歴史—奴隷制廃止から植民地帝国の崩壊まで』人文書院

廣川和花（2011）『近代日本のハンセン病問題と地域社会』大阪大学出版会

ファインマン，マーサ・A（穐田信子・速水葉子訳）（2009）『ケアの絆—自律神話を超えて』岩波書店

ファーマー，ポール（岩田健太郎訳）（2014）『復興するハイチ—震災から、そして貧困から、医師たちの闘いの記録　2010-11』みすず書房

フォーリー，J.（2010）「地球の現在を診断する」『日経サイエンス』2010年7月号

藤井毅（2003）『歴史のなかのカースト—近代インドの〈自画像〉（世界歴史選書）』岩波書店

藤岡俊博他編（2022）『「暴力」から読み解く現代世界（UP Plus）』東京大学出版会

ブターリア，ウルワシー（藤岡恵美子訳）（2002）『沈黙の向こう側—インド・パキスタン分離独立と引き裂かれた人々の声』明石書店

フックス，ベル（大類久恵監訳・柳沢圭子訳）（2010）『アメリカ黒人女性とフェミニズム—ベル・フックスの「私は女ではないの？」（世界人権問題叢書73）』明石書店

冬木勝仁・岩佐和幸・関根佳恵編（2021）『アグリビジネスと現代社会（日本農業市場学会研究叢書21）』筑波書房

プライス，デイヴィッド（斉藤正美訳）（1991）『ブルドーザーが来る前に—世界銀行とナンビクワラ・インディオ』三一書房

ブライドッチ，R. 他（壽福眞美監訳・戸原正法他訳）（1999）『グローバル・フェミニズム—女性・環境・持続可能な開発』青木書店

ブリュッセイ，レオナルド（栗原福也訳）（1988）『おてんばコルネリアの闘い—17世紀バタヴィ

アの日蘭混血女性の生涯』平凡社

ボヌイユ，クリストフ，フレソズ，ジャン＝バティスト（野坂しおり訳）（2018）『人新世とは何か―〈地球と人類の時代〉の思想史』青土社

ボネット，イリス（池村千秋訳・大竹文雄解説）（2018）『Work Design―行動経済学でジェンダー格差を克服する』NTT出版

松村直樹（2017）「バングラデシュの砒素汚染―岐路に立つ古く新しい課題―」大橋正明・村山真弓・日下部尚徳・安達淳哉編『バングラデシュを知るための66章』明石書店

丸山浩明（2023）『アマゾン五〇〇年―植民と開発をめぐる相剋』岩波新書

ミース，マリア、ヴェールホフ，C・V，B＝トムゼン，V（古田睦美・善本裕子訳）（1995）『世界システムと女性』藤原書店

宮地尚子編（2008）『性的支配と歴史―植民地主義から民族浄化まで』大月書店

宮本ゆき（2020）『なぜ原爆が悪ではないのか―アメリカの核意識』岩波書店

ミール・ホセイニー，ズィーバー（山岸智子監訳・中西久枝他訳）（2004）『イスラームとジェンダー―現代イランの宗教論争』明石書店

ムクウェゲ，デニ、オーケルランド，ペッティル（加藤かおり訳）（2019）『すべては救済のために―デニ・ムクウェゲ自伝』あすなろ書房

村山真弓・山形辰史編（2014）『知られざる工業国バングラデシュ（アジ研選書37）』アジア経済研究所

森田系太郎（2022）「日本のエコフェミニズムの40年―第一波から第四波まで」萩原なつ子監修『ジェンダー研究と社会デザインの現在』三恵社

森永康子（2017）「女性は数学が苦手―ステレオタイプの影響について考える―」『心理学評論』60

森松明希子（2020）『災害からの命の守り方―私が避難できたわけ』文芸社

師岡康子（2013）『ヘイト・スピーチとは何か』岩波新書

山下範久編（2019）『教養としての世界史の学び方』東洋経済新報社

山下泰子・矢澤澄子監修・国際女性の地位協会編（2018）『男女平等はどこまで進んだか―女性差別撤廃条約から考える』岩波ジュニア新書

山田美和（2016）『「人身取引」問題の学際的研究―法学・経済学・国際関係の観点から（研究双書624）』アジア経済研究所

山本美穂子（2017）「科学は女性にとって何物にも優る美服である―女性科学者の先駆者加藤セチの歩み」『北海道大学大学文書館年報』第12号

横山広美（2022）『なぜ理系に女性が少ないのか』幻冬舎新書

吉田集而・堀田満・印東道子編（2003）『イモとヒト―人類の生存を支えた根栽農耕』平凡社

リード，アンソニー（太田淳・長田紀之監訳）（2021）『世界史のなかの東南アジア（上・下）』名古屋大学出版会

李信恵・上瀧浩子（2018）『＃黙らない女たち―インターネット上のヘイトスピーチ・複合差別と裁判で闘う』かもがわ出版

リチャードソン，サラ（渡部麻衣子訳）（2018）『性そのもの―ヒトゲノムの中の男性と女性の探求』法政大学出版局

リディントン，ジル（白石瑞子・清水洋子訳）（1996）『魔女とミサイル―イギリス女性平和運動史』新評論

梁英聖（2020）『レイシズムとは何か』ちくま新書

リンスホーテン，ヤン・ハイイン・ファン（岩生成一他訳）（1968）『東方案内記（大航海時代叢書第 1 期 8 ）』岩波書店

和田正平編（1996）『アフリカ女性の民族誌―伝統と近代化のはざまで』明石書店

人名索引

マ　行

ヤ　行

ラ　行

ワ　行

事項索引

執筆者一覧 　(執筆項番号・所属・主な著作)

安里　和晃 （あさと　わこう）2-4-②
京都大学大学院文学研究科准教授
『労働鎖国ニッポンの崩壊―人口減少社会の担い手はだれか』（編著、ダイヤモンド社、2011年）
『国際移動と親密圏―ケア・結婚・セックス』（共編著、京都大学学術出版会、2018年）

網中　昭世 （あみなか　あきよ）1-3-④
アジア経済研究所地域研究センターアフリカ研究グループ主任研究員
『植民地支配と開発―モザンビークと南アフリカ金鉱業』（山川出版社、2014年）
'Politics of Land Resource Management in Mozambique.' （共著、Takeuchi S. ed., *African Land Reform Under Economic Liberalisation*, Springer, Singapore, 2022年）

飯田　悠哉 （いいだ　ゆうや）2-4-④
愛媛大学農学部研究員
『日本で働く―外国人労働者の視点から』（共著、松籟社、2021年）
『現代フィリピンの地殻変動―新自由主義の深化・政治制度の近代化・親密性の歪み』（共著、花伝社、2023年）

石山　民子 （いしやま　たみこ）4-2-④
特定非営利活動法人アジア砒素ネットワーク理事
「持続可能な地域社会に向けて―地理教育の挑戦リレー連載6地域からESDを考える(1)―バングラデシュ農村部の事例」（『地理』、古今書院、2008年）
「ガンジス下流域の豊饒の大地が生んだ豊かな食文化　米とトルカリ」（大橋正明他編著『バングラデシュを知るための66章　第3版　Ⅱ生活に息づく文化』明石書店、2017年）

上田　昌文 （うえだ　あきふみ）コラム⑭
NPO法人市民科学研究室代表理事
『原子力と原発きほんのき』（クレヨンハウス、2011年）
『実践　自分で調べる技術』（共著、岩波新書、2020年）

宇野　伸浩 （うの　のぶひろ）コラム①
広島修道大学教授
『中央ユーラシア史研究入門』（共著、山川出版社、2018年）
『岩波講座世界歴史10　モンゴル帝国と海域世界12〜14世紀』（共著、岩波書店、2023年）

榎本　珠良 （えのもと　たまら）5-3-③
明治学院大学国際学部准教授
『武器貿易条約―人間・国家主権・武器移転規制』（晃洋書房、2020年）
『禁忌の兵器―パーリア・ウェポンの系譜学』（編著、日本経済評論社、2020年）

小川　幸司（おがわ　こうじ）1-2-③
長野県伊那弥生ヶ丘高等学校教諭
『世界史との対話』（全3巻、地歴社、2011年–2012年）
『シリーズ歴史総合を学ぶ③ 世界史とは何か』（岩波書店、2023年）

小川眞里子（おがわ　まりこ）4-4-②、コラム⑮、5-2-④
三重大学名誉教授・公益財団法人東海ジェンダー研究所理事
『病原菌と国家—ヴィクトリア時代の衛生・科学・政治』（名古屋大学出版会、2016年）
『女性研究者支援政策の国際比較—日本の現状と課題』（共編著、明石書店、2021年）

隠岐さや香（おき　さやか）5-2-①
東京大学大学院教育学研究科教授
『科学アカデミーと「有用な科学」フォントネルの夢からコンドルセのユートピアへ』（名古屋大学出版会、2011年）
『文系と理系はなぜ分かれたか』（星海社、2018年）

小野　仁美（おの　ひとみ）3-4-③
東京大学大学院人文社会系研究科助教
『イスラーム法の子ども観—ジェンダーの視点でみる子育てと家族』（慶應義塾大学出版会、2019年）
『結婚と離婚（イスラーム・ジェンダー・スタディーズ1）』（共編、明石書店、2019年）

春日　匠（かすが　しょう）4-2-①
非常勤講師（近畿大学他）
「世界社会フォーラム—グローバルな構造的暴力に立ち向かう試み」（木戸衛一編『平和研究入門』大阪大学出版会、2014年）
「命の源、水を守る人々—インド、ケララ州の社会運動の現場を巡る」（ふらっと教育パートナーズ編『ふらっとライフそれぞれの「日常」からみえる社会』北樹出版、2020年）

川島　慶子（かわしま　けいこ）5-2-③
名古屋工業大学名誉教授
『マリー・キュリーの挑戦』（トランスビュー、2010年）
『拝啓キュリー先生　マリー・キュリーとラジウム研究所の女性たち』（ドメス出版、2022年）

川眞田嘉壽子（かわまた　かずこ）3-5-②
立正大学法学部教授
「平和・安全保障とジェンダー—安全保障理事会決議1325とその実施評価を題材として」（ジェンダー法学会編『講座ジェンダーと法　1　ジェンダー法学のインパクト』日本加除出版、2012年）
「女性・平和・安全保障に関する行動計画」（『ジェンダー法研究』4、2017年）

神原ゆうこ（かんばら　ゆうこ）2-4-①
北九州市立大学基盤教育センター教授
『デモクラシーという作法─スロヴァキア村落における体制転換後の民族誌』（九州大学出版会、2015年）
「市民活動という政治の場における道徳／倫理とその実践─文化人類学における『倫理的転回』の議論をふまえて」（『文化人類学』86(2)、2021年）

北原　恵（きたはら　めぐみ）3-3-④
大阪大学名誉教授
『アート・アクティヴィズム』（インパクト出版会、1999年）
『アジアの女性身体はいかに描かれたか─視覚表象と戦争の表象』（編著、青弓社、2013年）

金　富子（きむ　ぷじゃ）3-2-④
東京外国語大学名誉教授
『植民地期朝鮮の教育とジェンダー─就学・不就学をめぐる権力関係』（世織書房、2005年）
『性暴力被害を聴く─「慰安婦」から現代の性搾取へ』（共編著、岩波書店、2020年）

窪田　幸子（くぼた　さちこ）コラム⑥
芦屋大学学長・神戸大学名誉教授
『アボリジニ社会のジェンダー人類学』（世界思想社、2005年）
『「先住民」とはだれか』（共編著、世界思想社、2009年）

後藤　絵美（ごとう　えみ）2-3-④
東京外国語大学アジア・アフリカ言語文化研究所助教
『神のためにまとうヴェール─現代エジプトの女性とイスラーム』（中央公論新社、2014年）
『記憶と記録にみる女性たちと百年（イスラーム・ジェンダー・スタディーズ5）』（共編著、明石書店、2023年）

小浜　正子（こはま　まさこ）2-4-③
日本大学文理学部教授
『中国ジェンダー史研究入門』（共編著、京都大学学術出版会、2018年）
『一人っ子政策と中国社会』（京都大学学術出版会、2020年）

近藤有希子（こんどう　ゆきこ）3-2-②
愛媛大学法文学部講師
'From Her Wailing: Vulnerability to Memories of Violence and the Imaginations of Others' Suffering in Rural Rwanda'（C. Gerlach ed., *On the Social History of Persecution*, De Gruyter, 2023年）
「沈黙の領有、それに抗する慟哭─ルワンダの『歴史』を取り戻す彼女たちの倫理的交渉─」（佐川徹・竹沢尚一郎・松本尚之編『歴史が生みだす紛争、紛争が生みだす歴史─現代アフリカにおける暴力と和解─』、春風社、近刊）

西條　玲奈（さいじょう　れいな）5-3-①
東京電機大学工学部人間科学系列助教
「人工物がジェンダーをもつとはどのようなことなのか」（『立命館大学人文科学研究所紀要』、2019年）
『クリティカルワード　ファッションスタディーズ』（共著、フィルムアート社、2022年）

佐藤　廉也（さとう　れんや）1-3-③
大阪大学大学院人文学研究科教授
『身体と生存の文化生態（ネイチャー・アンド・ソサエティ研究3）』（共編著、海青社、2014年）
『人文地理学からみる世界』（共編著、放送大学教育振興会、2022年）

杉橋やよい（すぎはし　やよい）3-5-①
専修大学経済学部教授
「男女間賃金格差の要因分解手法の意義と内在的限界」（『経済志林』76(4)、2009年）
「ジェンダー統計─社会を把握するツール」（共著、長田華子・金井郁・古沢希代子編著『フェミニスト経済学』有斐閣、2023年）

杉山　知子（すぎやま　ともこ）3-2-③
愛知学院大学総合政策学部教授
『移行期の正義とラテンアメリカの教訓』（北樹出版、2011年）
「移行期正義の取り組みとグローバルな課題─過去とどう向き合い、将来を構築していくのか」（畑恵子・浦部浩之編『ラテンアメリカ─地球規模課題の実践』新評論、2021年）

鈴木　茂（すずき　しげる）4-2-②
名古屋外国語大学世界共生学部教授・学部長
「「黒い積荷の往還」奴隷貿易から見る大西洋世界」（歴史学研究会編『史料から考える　世界史20講』岩波書店、2014年）
『ブラジル史』（共著、山川出版社、2022年）

鈴木　英明（すずき　ひであき）1-3-②
国立民族学博物館グローバル現象研究部准教授
Slave Trade Profiteers in the Western Indian Ocean: Suppression and Resistance in the Nineteenth Century（Palgrave Macmillan, 2017年）
『解放しない人びと、解放されない人びと─奴隷廃止の世界史（シリーズ・グローバルヒストリー2）』（東京大学出版会、2020年）

宋　連玉（ソン　ヨノク）2-3-③、コラム⑪
青山学院大学名誉教授
『脱帝国のフェミニズムを求めて』（有志舎、2009年）
『植民地「公娼制」に帝国の性政治をみる─釜山から上海まで』（有志舎、2023年）

高橋　圭（たかはし　けい）コラム⑩
東洋大学文学部助教
『スーフィー教団―民衆イスラームの伝統と再生（イスラームを知る16）』（山川出版社、2014年）
『マイノリティとして生きる―アメリカのムスリムとアイデンティティ』（共監修・編著、東京外国語大学出版会、2022年）

高橋さきの（たかはし　さきの）コラム⑲
お茶の水女子大学非常勤講師
「身体性とフェミニズム」（江原由美子・山崎敬一編『ジェンダーと社会理論』有斐閣、2006年）
「グラフを見たら疑え―専門家が誘導する非科学」（西山千恵子・柘植あづみ編『文科省／高校「妊活」教材の嘘』論創社、2017年）

高橋　博子（たかはし　ひろこ）4-3-②
奈良大学文学部史学科教授
『新訂増補版　封印されたヒロシマ・ナガサキ』（凱風社、2012年）
『核の戦後史』（共著、創元社、2016年）

田中祐理子（たなか　ゆりこ）4-4-①
神戸大学大学院国際文化学研究科教授
『科学と表象―「病原菌」の歴史』（名古屋大学出版会、2013年）
『病む、生きる、身体の歴史―近代病理学の哲学』（青土社、2019年）

土屋　和代（つちや　かずよ）3-4-①
東京大学大学院総合文化研究科地域文化研究専攻教授
Reinventing Citizenship: Black Los Angeles, Korean Kawasaki, and Community Participation (University of Minnesota Press, 2014)
『アメリカ黒人女性史―再解釈のアメリカ史1』（共訳、勁草書房、2022年）

戸田真紀子（とだ　まきこ）3-2-⑤
京都女子大学現代社会学部・教授
『アフリカと政治　改訂版』（御茶の水書房、2013年）
『貧困，紛争，ジェンダー―アフリカにとっての比較政治学』（晃洋書房、2015年）

戸田山みどり（とだやま　みどり）4-3-①
八戸工業高等専門学校名誉教授
「児童文学における「移動」の問題―E. L. カニグズバーグの諸作品について」（『Tinker Bell 英語圏児童文学研究』63、2018年）
A Practice of Science Communication Through Drama Production (ISATE 2021 Proceedings, 2022年)

友澤　悠季（ともざわ　ゆうき）4-2-③
長崎大学環境科学部准教授
『「問い」としての公害─環境社会学者・飯島伸子の思索』（勁草書房、2014年）
『宇井純セレクション』（全3巻、共編、新泉社、2014年）

長沢　栄治（ながさわ　えいじ）1-2-②
東京大学名誉教授
『アラブ革命の遺産─エジプトのユダヤ系マルクス主義者とシオニズム』（平凡社、2012年）
『エジプトの自画像─ナイルの思想と地域研究』（平凡社、2013年）

永原　陽子（ながはら　ようこ）2-2-①、4-4-④
京都大学名誉教授
『人々がつなぐ世界史（ミネルヴァ世界史叢書4）』（編著、ミネルヴァ書房、2019年）
『アフリカ諸地域（岩波講座世界歴史18）』（共編著、岩波書店、2022年）

行木　陽子（なめき　ようこ）5-3-②
中央大学特任教授
「超スマート社会における高齢者のIT活用を促進する“人に寄り添うテクノロジー”の展望」（『情報処理』63（5）、2022年
「女性参画拡大によるイノベーション」（『学術の動向』23（12）、2018年）

糠塚　康江（ぬかつか　やすえ）3-5-③、コラム⑫
東北大学名誉教授
『パリテの論理─男女共同参画の技法』（信山社、2005年）
『議会制民主主義の活かし方─未来を選ぶために』（岩波書店、2020年）

萩原なつ子（はぎわら　なつこ）3-3-②
独立行政法人国立女性教育会館理事長
『それ行け！YABO─子どもとエコロジー』（リサイクル文化社、1990年）
『市民力による知の創造と発展─身近な環境に環する市民研究の持続的展開』（東信堂、2009年）

姫岡とし子（ひめおか　としこ）2-2-③
東京大学名誉教授
『ローザ・ルクセンブルク─闘い抜いたドイツの革命家（世界史リブレット人87)』（山川出版社、2020年）
『ジェンダー史100講』（岩波新書、2024年）

平野千果子（ひらの　ちかこ）コラム③
武蔵大学人文学部教授
『フランス植民地主義と歴史認識』（岩波書店、2014年）
『人種主義の歴史』（岩波書店、2022年）

廣川　和花（ひろかわ　わか）コラム⑯
専修大学文学部教授
『近代日本のハンセン病問題と地域社会』（大阪大学出版会、2011年）
『人口と健康の世界史』（共著、ミネルヴァ書房、2020年）

星乃　治彦（ほしの　はるひこ）3-3-③
福岡大学名誉教授
『男たちの帝国』（岩波書店、2006年）
『赤いゲッベルス』（岩波書店、2009年）

松前もゆる（まつまえ　もゆる）2-3-②
早稲田大学文学学術院 文化構想学部教授
『嗜好品から見える社会』（共著、春風社、2022年）
『移動と帰属の法理論—変容するアイデンティティ』（共著、岩波書店、2022年）

三成　美保（みつなり　みほ）コラム⑧
追手門学院大学法学部教授
『ジェンダーの法史学—近代ドイツの家族とセクシュアリティ』（勁草書房、2005年）
『同性愛をめぐる歴史と法—尊厳としてのセクシュアリティ』（編著、明石書店、2015年）

三村　恭子（みむら　きょうこ）コラム⑳
東京大学医科学研究所公共政策研究分野学術専門職員
「「女性にやさしい」機器のつくられ方—内診台を例にして」（共著、舘かおる編『ジェンダー研究のフロンティア4』作品社、2008年）
'Patient-Centred Development? — Comparing Japanese and Other Gynaecological Examination Tables and Practices'（共著、*East Asian Science, Technology and Society*, 8, 2014）

村山　真弓（むらやま　まゆみ）2-4-⑤
日本貿易振興機構アジア経済研究所理事
'Factory Women under Globalisation: Incorporating Japanese Women into the Global Factory Debate'（編著、*Gender and Development: The Japanese Experience in Comparative Perspective*, Palgrave Macmillan, 2005年）
'Mutual Perspecives of People of Japan and Northeast India during World War II'（共編著、*Northeast India and Japan: Engagement through Connectivity*, Routledge, 2021年）

桃木　至朗（ももき　しろう）1-3-①
日越大学（ベトナム）専任教員
『中世大越国家の成立と変容』（大阪大学出版会、2011年）
『市民のための歴史学—テーマ・考え方・歴史像』（大阪大学出版会、2022年）

森　千香子（もり　ちかこ）3-4-②
同志社大学社会学部教授
『排除と抵抗の郊外』（東京大学出版会、2016年）
『ブルックリン化する世界—ジェントリフィケーションを問いなおす』（東京大学出版会、2023年）

森永　康子（もりなが　やすこ）5-2-⑤
広島大学大学院人間社会科学研究科教授
『認知や行動に性差はあるのか—科学的研究を批判的に読み解く—』（翻訳、北大路書房、2010年）
『新版ジェンダーの心理学』（共著、ミネルヴァ書房、2022年）

山本美穂子（やまもと　みほこ）コラム⑰
北海道大学大学文書館特定専門職
『〈翻刻〉札幌農学校第23期生川嶋一郎日記（1899〜1904年）』（北海道大学大学文書館、2009年）

横山　広美（よこやま　ひろみ）5-2-⑥
東京大学国際高等研究所カブリ数物連携宇宙研究機構教授
'Masculinity in the public image of physics and mathematics: a new model comparing Japan and England'.（共著、*Public understanding of science*, 2021. https://doi.org/10.1177/09636625211002375）
『なぜ理系に女性が少ないのか』（幻冬舎新書、2022年）

渡部麻衣子（わたなべ　まいこ）5-2-②
自治医科大学講師
「英国における「医療・医学の女性化」をめぐる議論と対策」（『科学技術社会論研究』19、2021年）
『ポストヒューマンスタディーズへの招待』（共著、堀之内出版、2022年）

編　者

井野瀬久美惠（いのせ　くみえ）　総論、1-2-③、コラム④、3-2-①、3-3-①、4-1、コラム⑬、4-4-③、5-1
甲南大学文学部教授
『大英帝国という経験（興亡の世界史16）』（講談社、2007年；講談社学術文庫、2017年）
『「近代」とは何か—「昨日の世界・ヨーロッパ」からの問い』（かもがわ出版、2023年）

粟屋　利江（あわや　としえ）　1-2-①、コラム②、2-1、2-2-②、コラム⑤、コラム⑦、コラム⑨
東京外国語大学名誉教授
『イギリス支配とインド社会（世界史リブレット38）』（山川出版社、1998年）
『インド　ジェンダー研究ハンドブック』（共編、東京外国語大学出版会、2018年）

長　志珠絵（おさ　しずえ）　1-1、2-3-①、3-1、コラム⑱
神戸大学大学院国際文化学研究科教授
『新体系日本史9　ジェンダー史』（共著、山川出版社、2014年）
『〈母〉を問う—母の比較文化史』（共編著、神戸大学出版会、2021年）

〈ひと〉から問うジェンダーの世界史　第3巻
「世界」をどう問うか？
—地域・紛争・科学

2024年3月31日　初版第1刷　　　　　　　　　　［検印廃止］

編　　者　　井野瀬久美惠・粟屋利江・長志珠絵
発 行 所　　大阪大学出版会
　　　　　　代表者　三成賢次
　　　　　　〒565-0871　大阪府吹田市山田丘2-7
　　　　　　　　　　　　大阪大学ウエストフロント
　　　　　　TEL：06-6877-1614
　　　　　　FAX：06-6877-1617
　　　　　　URL：https://www.osaka-up.or.jp

印刷・製本所　　（株）遊文舎